中华创世神话上海论坛代表合影（2017年12月22日，摄于上海交通大学）

中华创世神话上海论坛
上海市社会科学界联合会主办
上海交通大学神话学研究院承办

上海创世神话论坛文集

主编 叶舒宪 雷欣翰

上海交通大学出版社
SHANGHAI JIAO TONG UNIVERSITY PRESS

内容提要

本书为首届“中华创世神话上海论坛”论文集，收录了海内外二十四位学者的二十二篇论文。论文集广泛而深入地探讨了创世神话的基础理论、研究方法和具体案例。就基础理论而言，涉及对创世神话言语结构、文本属性、类型体系、价值功能的研究；就研究方法而言，主要是对文学人类学派提出的“四重证据法”的挖掘与实践；就具体案例而言，包括《山海经》、“无生老母”、白虎神话、洪水神话、神话历史、哲学神话、地方神话和考古文明中的神话等话题。

图书在版编目（CIP）数据

上海创世神话论坛文集 / 叶舒宪，雷欣翰主编．—
上海：上海交通大学出版社，2020
ISBN 978-7-313-23064-5

Ⅰ．①上…　Ⅱ．①叶…　②雷…　Ⅲ．①神话—研究—
世界—文集　Ⅳ．①B932．1-53

中国版本图书馆CIP数据核字（2020）第040451号

上海创世神话论坛文集
SHANGHAI CHUANGSHI SHENHUA LUNTAN WENJI

主　　编：叶舒宪　雷欣翰
出版发行：上海交通大学出版社　　地　　址：上海市番禺路951号
邮政编码：200030　　电　　话：021-64071208
印　　制：上海盛通时代印刷有限公司　　经　　销：全国新华书店
开　　本：710 mm × 1000 mm　1/16　　印　　张：18
字　　数：273千字
版　　次：2020年6月第1版　　印　　次：2020年6月第1次印刷
书　　号：ISBN 978-7-313-23064-5
定　　价：98.00元

序

创世神话作为文化的“底牌”[1]

叶舒宪

2010年，我来到上海交通大学，组建文学人类学研究中心。八年来，我们做了一些理论上的探索。这些探索，都是为了回答一个问题：什么是“神话中国”？

把“中国”写一遍，会发现这两个字都来自神话。“中国”是中央之国的意思。古人认为，大地是方的，有四个边，而中国处于大地的中央。这种“中心化”的思维方式，几乎可见于所有民族的创世神话。“国”字在清代以前与“國”字并用，是古代的俗字。四四方方的外围，代表城池和城墙。城墙里面，只守着一种东西——“玉”。如果认为“国”字不够，还可以把“宝贝”的“宝”字也写一写。代表房子的“宀”下面，仍然只有一种东西——玉。繁体的“宝”字，房子下是“玉”加“贝”。“贝”相当于货币。以玉为国和以玉为宝，都起源于以玉为神的信仰。可见，“中国”这两个字，都来自神话。

神话研究新的理论指引叫文化大传统。我们把甲骨文出现以前的文化，叫大传统。用汉字书写的历史，以甲骨文算，也就3 000多年。这期间产生的文化，次生于大传统，叫小传统。习近平总书记曾经说过，我们有5 000多年的

[1] 本序原为2017年12月22日在中华创世神话上海论坛开幕式致辞，后根据录音整理而成。

中华文明，但他马上又补充了一句，有文字记载的是3 000多年。这里说的3 000多年，指的就是从甲骨文算起。不过，大传统理论，不是仅仅依赖汉字文献，而是以出土文物为主要证据探寻中华文明的脉络。

1971年，基辛格博士来华，是当时中美关系的破冰之旅。基辛格来北京只有48小时，但他专门提出要看紫禁城。紫禁城中的太和殿，在明清两朝600多年的历史上，都是最重要的典礼举办地。太和殿的建造，动用最多的一种建材，是汉白玉——整个地基都是它。在太和殿的基座上，还有1 142个龙雕。我们说中国人是龙的传人，而祭天的太和殿用汉白玉、龙雕做地基。这些文化现象的背后，都是神话。过去，我们不知道龙的神话有多么久远，只知道《周易》起首就是龙、甲骨文也有“龙”字。今天，大传统的知识把这个底牌亮出来了：明清两朝二十四个皇帝，每年万寿、元旦、冬至三大节，都在太和殿举行典礼，赐宴群臣。大殿基座“千龙吐水”的奇观，与“开天辟地”的华夏创世神话观，紧密地联系在一起。

在甘肃省天水市，有一座始建于明代的伏羲庙，取法《周易》开天辟地的神话模式。紫禁城内廷的后三宫是乾清宫、坤宁宫和交泰殿，也与《周易》体现的开天辟地神话模式吻合。在六十四卦中，第一卦叫《乾》、第二卦叫《坤》、第三卦叫《屯》、第四卦叫《蒙》。《周易》始于开天辟地，终于《既济》《未济》，终始呼应。乾清宫代表天，是皇帝住的地方；坤宁宫代表地，是皇后、妃子们住的地方；中间的交泰殿最为神圣，象征“天地交而万物生”。这是中国创世神话中最基本的原意。历史上，交泰殿还是存放传国玉玺的地方，而传国玉玺的制度，从公元前221年开始，就由秦始皇确立了。玉玺上刻着的八个字“受命于天，既寿永昌”，是用神话语言讲述神话历史。

这些解读，如果没有大传统新知识的理念，是不可能成功的。那么，什么是大传统新知识？以今人熟知的玉璜这种器物为例，就可以说明。红山文化的总年代，距今6 000至5 000年之间。双龙首玉璜，距今约5 500年。什么是玉璜？就是模拟彩虹。彩虹在下雨以后出现，是沟通人与自然、人间与天上的桥梁。上海有一个地名叫虹桥，这个名称与玉璜的文化内涵相通。在这里建造的虹桥机场，更让我们联想到古老民族升天的梦想。在红山文化双龙首玉璜上，有两个龙头，它们张着嘴，与太和殿下1 142个龙雕一样。只不过，张嘴的龙在5 000年前是喝水而非吐水——暴风雨倾倒了天上的水，于是天神化作双头龙，到地上喝水。这就是运用大传统新知识，解读彩虹与玉璜。

有人说这种解读很玄奥，其实并非如此。在后世，这样的文化传统一直在延续。中华民族是世界上唯一一个3 000多年来一直使用象形字的民族。“虹”字的甲骨文写法“”，就是双头龙饮水的形态。但文字这种符号，只能算是二级编码。甲骨文以前的大传统，才是一级编码。一级编码的真实情况，以前根本看不到。中国考古学经过90年的发展，发掘出大量与神话相关的器物，才让我们有希望一窥大传统的堂奥。玉璜的形制与甲骨文“虹”字的底牌——双首龙，就是一个例子。

2017年9月27日，在黑龙江小南山遗址考古发掘现场，出土了数百件玉器、陶器和石器等新石器时代早期文物。考古发掘介绍，目前出土文物包括30多件璧、珠、环等玉器和400多件石器。根据考古学研究和测年数据专家判断，出土文物属于新石器时代早期，距今9 000年左右。

9 000年的大传统延续不断，960万平方公里的玉文化脉络延绵不绝。这就是文化自信最扎实的底气。

大传统的理论方法，不仅向前拓展了我们稽古的视野，也提醒我们不要将神话研究局限在书斋里。我在上海交通大学，给学生开了一门叫“神话与创意”的课程。上一代学者受教育的时候，根本没有这些名称——“创意”“文化产业”，在那时候是“现代化”“亚洲四小龙”和“中国制造”。今天，情况发生了变化。新的问题是：我们要怎么样创意？在这个课程里，我给学生设计了一个9 000年、9 000公里的玉文化之旅。旅程的第一站是红山文化，最后一站则回到上海——不看东方明珠，也不看迪士尼，只看一个地方——松江大学城旁的广富林遗址。崧泽文化，是南方文明的重要源头之一。

除了学术方面，神话研究还应该做一些对社会经济转型、文化创意产业有贡献的事情。迪士尼度假区是上海市重要的文化旅游资源，它的高消费众所周知。据说，有一位学者一家去迪士尼，三人花了一万多。全世界唯一一个600年的皇宫，是紫禁城，美国前总统克林顿一家人看完，就说了四个字，翻译成汉语，叫“精妙绝伦”。可是，故宫的门票是多少钱呢？迪士尼的门票动辄数百，加上吃住，这个钱被谁赚了？中国只有产业没有文化，就亏在这里。现在，由政府出面做经纪人，把中国的神话资源作为品牌，这是我们能为中国的文化产业作贡献的地方。

早在2005年，我们就在杂志开设专栏，叫“符号经济时代”。文化和神话的资源可以做什么？文化如何变资本？传统文化的核心价值何在？神话创意如何驱动新经济？本书收录的许多论文的作者，都曾参与撰写这个专栏，探讨《哈利·波特》《达·芬奇密码》和《黑客帝国》等作品成功的奥秘。对于这个话题，未来上海交通大学神话研究院还会有一批学者致力推进。

在神话研究的工作中，对创世神话及其与玉文化之关系的研究，又有其独特的重要性。创世神话的丰富内涵，开启了中国思想史之门。比如以盘古为代表的尸体化生型创世神话，讲一个巨人去世了，他的尸体化成世界万物。这种类型的神话，与印欧系统的神话，尤其是北欧神话非常相似，具有普世性。但只有到了中国，盘古的精髓才化为玉。根据《五运历年记》的说法：“首生盘古，垂死化身。气成风云，声为雷霆，左眼为日，右眼为月，四肢五体为四极五岳，血液为江河，筋脉为地里，肌肉为田土，发髭为星辰，皮毛为草木，齿骨为金石，精髓为珠玉，汗流为雨泽，身之诸虫，因风所感，化为黎虻。”[1]

过去，海外汉学界认为中国没有神话，主要就是说中国没有创世神话。20世纪80年代，学术界开始讨论这个问题。1988年，拙著《中国神话哲学》就以创世神话为主攻方向，建构中国创世神话的理论体系，发掘其中隐含的文化编码。经过研究可以知道，我们日常以为与创世神话无关的一些文化现象，如混沌开七窍的传说、新年的饮食礼俗等，都是创世神话的“遗产”。也许有人会说，这些文化现象已经是遥远的过去，其实并非如此。创世神话并不遥远，而是就在我们的身边。例如，现在中国的“苹果”粉丝很多。这个“苹果”不是苹果树上长出来的苹果，而是乔布斯想象的伊甸园苹果。把伊甸园的苹果做成产品，乔布斯是用讲故事的方式占领市场的成功典型。

[1]（清）马骕撰：《绎史》，清文渊阁四库全书本，卷一。

伊甸园的“苹果”已经行销全球，中国人的logo还在沉睡。

创世神话讲述人是怎么来的，因此尤其体现出文化“底牌”的意味。“万物起源”的叙事，体现的是文化共同体的基本价值观。它通过叙述世界、空间和时间的发生，在宇宙自然中为人类共同体定位。创世神话及其相关的仪式活动，还为特定的文化奠定其信仰和思维模式。如“礼拜日”的习俗，就是创世神话的遗留。全球化以后，中国人的作息制度是七天一周期，但如果回到商代，就是十天一周期——也就是所谓的“旬”。中国神话说东海扶桑一共有十个太阳，甲、乙、丙、丁……每天一个，轮流照耀世界。这就是十天一周期作息制度的来源。今天我们的作息以七天为一个周期，是由希伯来的创世神话规定的。又如中国人吃饺子的习俗，如今是随时都可以吃，但在古代一年只有一个时间包饺子，只有一个时间吃饺子，那就是除夕夜和大年初一。大年初一太阳刚刚升起，为什么不吃别的，只吃饺子？这是中国人用饮食行为重演“辞旧迎新”。“饺子”是现代汉语，古代叫“馄饨”，隐喻着“混沌”。馄饨的特点是浑然一体、不能“露馅儿”。和混沌的一年告别，迎接新时代、新纪元的开始，所以要吃饺子。这是一种“潜规则”——中国新年的饮食行为，遵循混沌创世神话的观念。

总体而言，中国的创世神话，可以分成七类。以往认为创世神话有五类，是《不列颠百科全书》的说法。《不列颠百科全书》的每一个词条，都聘请世界顶尖学者撰写，但西方汉学界认为中国没有神话，因此五类的分法没有考虑中国的情况。现在，我们通过新的分类，回答中国文本中的创世神话问题：① 由至高的创世主主宰的创世神话；② 通过生成实现的创世神话(creation through emergence)；③ 世界父母的创世神话(creation by world parents)；④ 宇宙蛋的创世神话(creation from the cosmic egg)；⑤ 陆地潜水者的创世神话(creation by earth divers)；⑥ 尸体化生的创世神话（盘古：牺牲=创造之源）；⑦ 工匠型的创世神话（凿开孔窍、天地剖判、斧钺）。

2017年，创世神话上海论坛举办之前，刚刚就任美国总统的特朗普来华，并观摩了紫禁城。与此前外国领导人光临紫禁城不同的是，他在这里看了三出京剧，还要跟美猴王握手。演出京剧的戏台建于乾隆时期，牌匾上写的是“壶天宣豫”。中美元首在故宫看京剧，“壶天”用的是壶公神话的典故。这些行为背后的文化“底牌”，就是葫芦剖判型创世神话。

我们承担上海市“创世神话”创新基地项目完成的第一本书，就是《中华创世神话精选》。目前已经找到50多个民族的创世神话，只有个别民族的没有找到。今后的研究，也希望能够呈现中国创世神话的多样性、丰富性。

目录

创世神话的思想功能与文化多样性

叶舒宪[1]

（1，上海交通大学，上海，200240）

摘要：创世神话具有人类思想范型的重要功能。创世神话通过讲述宇宙起源和人类由来的故事，给族群奠定最基本的文化观念和命运共同体的意识。当代哲学家和科学家从少数民族创世神话中汲取思想原型的现象表明，这些初民时代的遗产具有被当代激活和创造性转化的潜能。如从道家创世观中的混沌，到今日的混沌科学。中华多民族遗产中蕴藏着大量的创世神话作品，其中多数尚处在不为人知的沉睡状态。

伴随着20世纪以来思想史的“人类学转向”风潮，以《人类简史》为代表的当代大历史写作潮流，正是在信仰衰微的条件下，填补创世神话的空缺。大历史将宇宙自然史与人类进化史熔为一炉，这样的系统思想恰恰源于创世神话式的思维范型。如何像保护生物多样性一样，尊重和保护文化多样性，可成为当代语境下研究中华多民族创世神话的新关注点。

二三十年前的中国创世神话理论研究，关注点在于从神话到哲学和思想史的发生脉络。21世纪以来则拓展到关注从创世神话范型到神话历史展开的整个过程。尤其是在文学人类学一派提出文化大小传统再划分的理论创新，使得神话学研究视野通过非文字符号物的解读，从两三千年延伸到八九千年，与玉文化的大历史相互打通和衔接。

关键词：创世神话；思想功能；文化多样性

一、不忘初心：我从哪里来?

人类群体的原初组合是以血缘和族群为社会基本单位。一个血缘家族或一个族群部落的根本凝聚力所在，就是该群体所讲述并由全体成员所分享的信仰和神话，以及配合神话讲述的仪式行为。进入文明社会的民族国家时代，这样一类配合创世神话的仪式行为被人为宗教所整合和制度化，如犹太教和基督教的礼拜日制度。由此逐渐形成特定的社会共同体赖以传承和发展其文化的核心意识与精神纽带。创世神话是被社会群体传承和讲述的所有神话故事中最重要也最具权威性的一种。唯其如此，《创世记》才有可能被堂而皇之地敬奉在《圣经》的第一篇！创世神话通过讲述宇宙起源和人类由来的故事，给族群奠定最基本的文化观念和命运共同体的意识。

如法国当代哲学家让-吕克・南希说："有一些人聚集在一起……聆听着同一个故事。"[1] 通常，创世神话的讲述者和听讲者属于同一种信仰支配下的群体。他们通过对创世神话的认同，以本族的利益代表人类的利益，以本族的视角看待宇宙和自然，确认人与自然世界的关系，以及本族与他族的关系。从这种认知效果看，神话的神圣叙事，其文化功能在于奠定特定人群的世界观和历史观。在此过程中，每一族群的创世神话之产生，都不免带有强烈的我族中心主义倾向。

只有当神话的世界观被科学的世界观所取代，整体性的全球文化观念才会出现，人类命运共同体的意识才有条件形成。19世纪的马克思希望在资本主义经济社会的现实中找出一种能够解放全人类的力量。马克思主义创始人的大历史观相当明确：从原始时代的共产社会，经过奴隶社会、封建社会、资本主义社会和社会主义社会，最终通向共产主义社会。这是一种将人类往昔历史和未来史整合为一体的世界观的体现。20世纪的马克思主义研究，继承着批判和超越资本主义现实的初衷，同时更多关注文化观念对人类行为的支配作用。当今

[1] [法] 让-吕克・南希著，夏可君编校，郭建玲、张建华、张尧均等译：《解构的共通体》，上海人民出版社，2007年，第71页。

学界方兴未艾的“大历史”或“全球史”潮流，其实质是在信仰衰微的条件下填补创世神话缺失带来的世界观和历史观的空白。

自古以来，“我从哪里来”的叩问，一定还联系着“世界从哪里来”“人类从何而来”“我的族从何而来”的系列叩问。这就是所有的创世神话所共同蕴含的一种基本精神：不忘初心，溯本求源。神话以故事形式回答此类终极之问，看似是非理性的想象产物，但是这种精神本身却足以开启理性和哲学的大门。由此而形成一种系统思维的方式，可以称为“创世神话式的思维”。这种系统思维，在人类思想史上发挥的是思想范型的作用，它足以不断催生与时俱进的新知识，变换着不同时段的不同答案。

例如，当代法国哲学家德勒兹、政治学家加塔利合著的《资本主义与精神分裂（卷2）：千高原》，其最难解的核心概念“无器官身体”（Body-without-Organs），就直接取自少数民族的卵生型创世神话。《资本主义与精神分裂（卷2）：千高原》一书以十五个高原的依次展开为全书结构，其第六高原，开篇就引用多哥人的卵的图像（第207页）。可以对照起来看的，除了大家熟知的汉文典籍《三五历纪》中盘古神话首句“天地混沌如鸡子”[1]以外，还可以举出中国西藏苯教的卵生型创世神话原型图像。所不同的是，《资本主义与精神分裂（卷2）：千高原》赖以建构其“无器官身体”概念的多哥人的宇宙卵意象，是单一的卵；而苯教的宇宙卵意象则可分可合，能够转化为黑卵、白卵的二元对立意象。据藏文的苯教经典《初始人类繁衍经》叙述：

> 两枚“宇宙卵”（Srid-pavi-sgong-nga），一枚发光，一枚发暗，分别生成了人界与非人界、光明界与黑暗界。其概述如下：一开始，在空界，由于赤杰库巴（光和人的本源——引者注）的力量，形成了风要素。……这些风流动形成了一个光漩涡。光漩涡猛烈旋转释放出热能，形成了露珠和雾凇。物质的微小尘粒（土要素）冷凝在它们的上面。这些微粒被空间急速旋转的风吹得摇摇晃晃，搅和在一起，形成了大地和群山。从五大本原物质生成了光明卵和黑暗卵。

---

[1]（唐）欧阳询等编：《艺文类聚》卷一引《三五历纪》。

……

光卵靠自身的光力和光线孵化，从弥散在空间的明光里生成了三百六十个承担着护业重任的散光神。下射光生成了一万名箭神，牵着十万匹马。它们承担着维持神人无畏精神的任务。内卵精生成了赤杰库巴的化身什巴桑波奔赤。这个人形神圣化身呈白色，七根葱绿色发辫垂至腋窝。它是界主、富庶之主，也是善主（“dKar”的字面意思是“白色”）和德主。

黑卵在黑暗界孵化。上射黑光生成了黑暗、惑和障。下射光生成了癫狂、惑和障。内卵精里生成了一个黑光人，他的头发编成了三根粗大的发辫。梅本那波给他取名为门巴色丹（具光黑暗）。他是偏爱毁灭、倒空、斩断和摧毁的一位王。[1]

当代哲学书《资本主义与精神分裂（卷2）：千高原》和西藏苯教经典《初始人类繁衍经》，不约而同地诉诸宇宙卵型创世神话，这足以表明，世界各民族创世神话作为思想资源存在，一直以来由于受到西学的一元主义知识观的遮蔽和压抑，大体处在潜藏的状态中，根本就不为大多数学者所知。其对当代思想的借鉴意义非常可观，需要研究者转换视角，从文化多样性立场去重新审视，以求逐步彰显其再认识与再开掘的思想价值。当代人对创世神话思想范型作用的再认识，意味着从不忘初心到古为今用，即努力探寻“创造性转化”和“激活”的时代契机。

各个民族或族群的创世神话的首要功能即从思想观念上奠定一种不忘初心和归根返本的情结意向。这势必给后来的思想史和文化史带来难以估量的、巨大而深远的影响。从结构的相似性看，《圣经》的第一篇《创世记》与最后一篇《启示录》，首尾呼应，构思为人类史的循环模型，给西方思想奠定一个“伊甸乐园—失乐园—复乐园”的叙事范式。尼采虽然大胆宣称上帝已死，不再相信神的创造，却依然自觉继承了永恒循环的神话模型。这正是20世纪大师级作者

[1]［意大利］曲杰·南喀诺布著，向红笳、才让太译：《苯教与西藏神话的起源——“仲”、“德坞”和“苯”》，中国藏学出版社，2014年，第281—282页。

和学者们再出发的共同起点：从T. S. 艾略特的《四个四重奏》和詹姆斯·乔伊斯的《尤利西斯》，到M. 耶律亚德的《宇宙与历史:永恒回归的神话》[1]和德勒兹等人的《资本主义与精神分裂（卷2）：千高原》，都是把知识全球化大视野与人类学想象融为一体的学术创作实验。而华夏上古经典方面类似的创世神话思维原型，也完全可以从这种全球化大视野出发，做出新的解读。以位于儒家六经之首的《周易》为例，其名称中已经隐含着循环变易的哲理。其六十四卦的第一卦《乾》卦，开篇四字"元亨利贞"所隐含的四段循环论，虽然起源于先民的占卜实践，却足以给中国思想的发生奠定基本的推理原型。笔者的《庄子的文化解析》一书第七章题为"四段循环式"，解析这种四段论的推理模型在《庄子》文本中置换出的七种表现形式，包括概念思维的和寓言故事的：

（1）一、分、成、毁；

（2）发、留、杀、厌；

（3）无、有、封、是非；

（4）混芒至一、顺而不一、安而不顺、文博惑乱；

（5）德、命、形、性；

（6）气、形、生、死；

（7）子祀、子舆、子犁、子来。[2]

四段论的关联是循环性的，这意味着起点和终点具有重合性。《周易》六十四卦始于《乾》卦和《坤》卦，隐喻着天父地母型的创世神话原型。六十四卦的最后两卦（即第六十三卦和第六十四卦）《既济》卦和《未济》卦，它们不仅本身就构成一种叙事上的对应循环，还在叙事中共同凸显一对循环性的意象:"首"与"尾"。这种暗示的循环结构，正如现代主义文学的代表人物詹姆斯·乔伊斯《芬尼根的觉醒》之首句话和末句话都是半句，只有合起来看才是一句话。不忘初心的思想情结，在道家的创始人那里被表述为一种归根返璞的强烈诉求，甚至提升为宇宙之道的普遍运动规则——"反（返）者道之

[1]［美］M. 耶律亚德著，杨儒宾译:《宇宙与历史：永恒回归的神话》，联经出版事业公司，2000年。

[2] 叶舒宪著:《庄子的文化解析——前古典与后现代的视界融合》，湖北人民出版社，1997年，第360—427页。

动”。老庄都认为：创世之前的混沌状态，在价值上优于创世之后的秩序状态，未出生的婴儿状态优于出生后的成人状态。浑沌未凿的状态隐喻着潜在的生命状态，这当然要大大优于被迫开窍以后的状态——死亡。这是道家创始人典型的对创世神话思维模型的逆向颠倒。在提倡革命和进步的历史语境中，老庄这样的思想很自然被误解为代表着倒退和反动。可是，当我们改革开放之后，打开国门，看到西方现代科学发展的新成就之一——混沌学，道家创世观中独特的思想火花一面，也才能够获得重新理解的知识全球化契机。读过美国学者约翰·布里格斯和英国学者F·戴维·皮特合写的《混沌七鉴：来自易学的永恒智慧》，看到他们一再诉求与中国古代的《周易》和《庄子》构成古今对话，所看中的恰恰是道家创世观的逆向思维取向，从而认定其为当代科学混沌理论的先驱。[1]在他们看来，正是混沌这个原始的意象中包含着如下的思想：系统性、整体性和不确定性。

> 我们现代社会沉迷于征服和科学上驾驭我们周围的世界。然而，非线性混沌系统（如自然、社会和个人生活）皆处在企图预言、操纵和控制它们之外。混沌表明，我们与其抗拒生命的不确定性，不如接受它们提供的诸多可能性。[2]

布里格斯和皮特努力阐发他们所理解的日常生活中混沌的七条鉴识：① 创造；② 运用蝴蝶力量；③ 行云流水；④ 上下求索；⑤ 观世术；⑥ 在时间内生活；⑦ 回归整体。这些鉴识对当代人的规劝意义是：假如你一度感到生活失控、趋于混沌，切莫沮丧和绝望。混沌学给出的重要忠告是：生活即混沌，那正是引人入胜和耐人寻味的地方所在。不过，当代混沌理论的精髓不仅仅是回到老庄所向往的“未凿”的全封闭状态。其积极的方面是，必须要链接到当今的科学宇宙观。“与可怕的未知的混沌邂逅会带来似乎矛盾的情感，这是对养育我们的宇宙的既亲密又超越的真诚与信任。”[3]“休戚相关”——成

[1]［美］约翰·布里格斯、［英］F·戴维·皮特著，陈忠、金纬译：《混沌七鉴：来自易学的永恒智慧》，上海科技教育出版社，2008年。

[2] 同上书，“内容提要”第3页。

[3] 同上书，第156页。

为混沌科学要突破机械论的宇宙观，重建新的宇宙万物整体观的第一关键词，随之而来的行为变化是：从强调个人英雄般地与世界斗争，到协同进化与合作，成为这个蓝色星球的参与者而不是管理者。

既然创世神话中潜含着将自然史、宇宙史与人类史、族群史和民族史熔为一炉的系统思想原型，它就潜含着对后代书写和创作的巨大牵引力和塑性作用。笔者曾经依此思路，简述《尚书》以下的六种华夏上古经典，试图透析它们不约而同地遵循着神话编码规则的结构特色。

第一，《春秋》始于“元年春王正月”所隐含的创世神话观，终于“西狩获麟”的日落隐喻神话。

第二，《庄子》内七篇始于第一篇《逍遥游》第一段鲲化鹏神话的自北冥向南冥的运动，终于第七篇《应帝王》第七段浑沌君七日开七窍而死于南海之帝与北海之帝之手的神话。外篇则终于《知北游》篇，让人格化的主人公“知”完成一种对应鲲鹏神话的自南向北运动。将内篇第一篇和外篇末篇的神话运动方向组合起来，刚好是一个圆圈。

第三，《周礼》始于天官地官，终于以春夏秋冬四季循环为完整周期的冬官，全书结构潜含宇宙四方六合的时空运转法则。

第四，《礼记》今传本为七七四十九篇，全书以《曲礼》开始，意在以其委曲说吉、凶、宾、军、嘉五礼之事，故名“曲礼”（参看《礼记·曲礼上》，孔颖达疏）；以《丧服》为终，表明生命循环的一个完整周期。综观全书旨意，“因依天地之道，比顺鬼神之德，用成礼乐、道德之规范，以为政治教化之依归”。[1]

第五，《吕氏春秋》是号称统一贯合百家之说的大著。其结构以十二纪为纲目，统合八览六论。十二纪则以“孟春纪”开始，到“季冬纪”结束，其效法天道运行的含义非常明确。其每一纪都是五篇，凡六十篇，也是六十甲子进位制循环的明证。其每一纪的第一篇，同于《礼记·月令》。全书效法天地之道的循环运动。八览，每览八篇，八八六十四篇（今本脱一篇，为六十三篇），

[1] 方俊吉著：《礼记之天地鬼神观探究》，文史哲出版社，1985年，第95—96页。

以吻合八卦之理。始于“有始览”，叙述的是天地开辟和万物发生的秩序。终于“恃君览”，说的是如何为君的道理，将人事与天道对应。

第六，《说文解字》收录汉字9 353个。全书的编纂框架暗含着天干地支的循环数码：始于“一”字而终于“亥”字。这就像詹姆斯·乔伊斯写《尤利西斯》一样，给全书赋予了表层叙事与深层象征相互对照的象征性整体结构。许慎对“一”字的解说：“惟初太始，道立于一；造分天地，化成万物。”这哪里是在编写字典呢？其实是在演示创世神话的叙述程序。桂馥指出：

> 本书，二从偶一，地之数。然则一者，天之数也。《系辞传》：“天下之动，贞夫一者也。”虞注：“一谓乾元万物之动。各资天一阳气以生，故贞夫一。”《春秋元命包》：“阴阳之性以一起，人副天道，故一生子。”《老子》：“有物混成，先天地生。”……又云：“昔之得一者，天得一以清，地得一以宁，神得一以灵，谷得一以盈，万物得一以生，侯王得一以为天下贞。”……《易》谓之太极，《春秋》谓之元，《老子》谓之道。王弼注《老子》：“一者数之始也，物之极也。”《鬼谷子·外篇》：“道者天地之始，一其纪也。物之所造，天之所生，包宏无形化气，先天地而成。”[1]

再看《说文解字》编排在最后的一个字“亥”的释义：“亥而生子，复从一始。”这就如同读到《周易》末尾第六十四卦《未济》卦的比喻叙事：先说“濡其尾”，再说“濡其首”，让首和尾圆贯组合为一个循环整体。“亥而生子”，终点也意味着重新开始。这样的寓意写法也表现在现代派诗歌的里程碑之作《荒原》所演示的意象和结构中。《荒原》第一章为“死者葬仪”，诗人让其中的“我”发出如下追问：“去年你在花园里种下的尸体抽芽了吗？”这里喻示的是死亡中的新生，亦即绝望中潜含的希望，其观念原型直接来自尸体化生型创世神话。第四章“水中的死亡”，让水这种孕育生命的渊薮意象，再度承接死亡之后的再生希望，也对应宇宙起源于水的古希腊自然哲学，其原型还是宇宙发生始于混沌的创世神话。回到《说文解字》9 353个字的循环过程，从“子”

[1]（清）桂馥撰：《说文解字义证》，中华书局，1987年，第1页。

到“亥”，也就相当于从数字十二返回数字一，体现出典型的死而复生神话观，呼应着老子“反（返）者道之动”的归根理念和庄子的首尾回环的文本整体寓意。

以上中外思想和作品的列举，旨在说明创世神话如何发挥着人类思想的范型作用，给后世的文、史、哲写作奠定基调。人们一旦从信仰上对创世神话的内容表示怀疑，那就会在某种程度上意味着思想失范的精神危机。回归创世神话原型或再造新的创世神话，就成为人类“不忘初心”的实际行动。

二、砥砺奋进：我该向何处去？——从创世神话到当代的全球史热潮

20世纪蓬勃发展起来的文化人类学，首先带来的是对全球创世神话的整合观：以20世纪初年詹姆斯·弗雷泽《〈旧约〉中的民间传说》为代表。其学术史意义凸显出知识全球化的观念变革和研究范式转型，从各族单一性的创世神话，到人类总体的系统观照。这种总体关照的优势，至20世纪中期时，催生出结构主义人类学派。其代表作有英国人类学家E. 利奇的名篇《作为神话的〈创世记〉》。[1]利奇用二元对立分析模型的精细阐释，让自幼熟读圣书的西方读者们看到以前根本没有想到的科学规则的内涵，这就充分体现出结构主义派神话学视角的穿透力。随后，在法国史学年鉴学派和整个知识界的“人类学转向”作用下，迎来历史人类学和文化史研究的当今热潮。

自从达尔文进化论揭示出生命起源和人类起源与上帝的创造无关以后，西方经典的创世神话观就逐渐失去神圣叙事的光环，沦为神话文学研究的对象。按照人类“大历史”学派的领军人物、美国学者大卫·克里斯蒂安的观点，当代的人类史著述热潮，就相当于一场当代创世神话的再造运动。这种观点具有古今贯通的透视性意义。就学术发展脉络看，从查尔斯·罗伯特·达尔文发表《物种起源》和史蒂芬·霍金发表《时间简史》，到大卫·克里斯蒂安推出《时间地图：大历史，130亿年前至今》，再到以色列学者尤瓦尔·赫拉利的超级畅销书《人类简史》，这是一个延续两个世纪的完整生成序列。“在很久很

[1] 叶舒宪编选：《结构主义神话学》（增订版），陕西师范大学出版总社有限公司，2011年，第92—105页。

久以前”，是人类讲述故事的惯用开篇套语。但是究竟“很久”是多久，却无人能够说得清。赫拉利《人类简史》第一章的开篇第一句话“大约在135亿年前”，[1]是现代宇宙学知识诞生以前的人，根本讲不出来的。

只要看大卫·克里斯蒂安撰写的教科书之完整书名——《时间地图：大历史，130亿年前至今》，就顿时能够明白赫拉利书的第一句话之出处。看来，当今全球图书市场上的现象级爆款的学术书，绝非无中生有。从查源知流的意义上审视这种现象，简捷的方式就是锁定《人类简史》这一类著述的学术前驱者。大卫·克里斯蒂安何许人也？原来他就是国际大历史学会的主席，是方兴未艾的大历史学派的奠基人。他早在1989年就开始在大学历史系开设此类课程。他为其教科书所设定的第一关键词就是“创世神话”。因为他把这种结合宇宙发生史与人类起源史的“大历史”写法比作当代知识界的一种新的创世神话。

这部60万字的教科书有一个近二万字的导论，其题目为明知故问的问句“一部现代创世神话吗？”作者首先对当代新兴的大历史的文化功能与早期社会中创世神话的相关性，做出对比分析：

> “我是谁？我的归属何在？我所属的那个整体又是什么？”任何人类社会都会以某种形式提出这些问题。在大多数社会，其正规和非正规的教育体系都在尝试回答这些问题。而答案又常常体现为创世神话故事。通过讲述令人难忘而权威的关于万事万物——从人类社会，到动物、植物以及我们周围的环境，再到地球、月球、天空甚至整个宇宙——如何起源，创世神话提供了一个普遍坐标，通过这个坐标，人们就能够在一个更大的框架里想象自身的存在，并且扮演自己的角色。创世神话是强有力的，因为我们在精神上、心理上，以及社会上有一种深层次的需要，那就是要有一种定位感、一种归属感，而创世神话正好满足了这种深层次需要。[2]

[1] [以色列] 尤瓦尔·赫拉利著，林俊宏译：《人类简史》，中信出版社，2014年，第3页。

[2] [美] 大卫·克里斯蒂安著，晏可佳、段炼、房芸芳等译：《时间地图：大历史，130亿年前至今》，中信出版社，2017年，第2页。

如今的人类史或全球史潮流给知识界带来的震动和变革是有目共睹的。按照最新的科学观念重新确认“我们从哪里来”的问题，自然也同时意味着“我们向哪里去”的思考。这就是赫拉利在《人类简史》之后，紧接着推出《未来简史》的逻辑。这也是诗歌《荒原》在诸多死亡表象背后寄托新生希望的逻辑。2017年，即人工智能元年之际，深切思考人类向何处去的问题，已经成为足以牵动全球知识人的共同性终极关怀。[1]

面对一个新时代，由崛起的中国所倡导的国际社会新秩序，以及中国领导人近年来所倡导的“人类命运共同体”观念，我们当然也需要大历史的观照方式。在此，创世神话的思想资源具有十足的学术对接意义和古今对话空间。如法国哲学家阿兰的名言所说：“历史是对现在的宏观，而不只是关于过去。”

新兴的大历史或全球史潮流，对应的国际大趋势是全球一体化。各个分立的民族国家，由于经济关联和信息依赖的一体化，开始向国际同盟或地球村整体的大方向整合。当此之际，对文化和文明之间差异的尊重，就显得尤其重要。以差异哲学家而著称的德勒兹等人，在20世纪70至80年代相继推出其哲学理论大著。如德勒兹和加塔利合著的《资本主义与精神分裂（卷2）：千高原》，700多页大书，以创世神话式思维为其构思的原型，但最后的结尾仅有一个词——“机器界”。[2]在此，两位思想者针对全球一体化趋势所寄寓的警示意义，有发人深省之效。人类一旦乐此不疲地朝向非人方向演进，批判、扭转和纠偏的力量，一定潜藏在不为人知的多民族想象的创世神话图景中。因此，如何像保护生物多样性一样，尊重和保护文化多样性，就成为当代语境下研究创世神话的关注点。为此，当代混沌科学给出的智慧提示在于，混沌看似是未分化的“一”，其实这“一”中潜含着生成无限之多的可能。能保住混沌的整全系统不被分解，有助于维系生命的多样性不被消减：

[1] 如美国人类学家斯宾塞·韦尔斯所说：“目前人类正处于关键时刻，是人类这个物种史上从来没有碰过的情况：我们的文化威胁着要摧毁生而为人的本质。我们必须记取过去的教训，才能够更了解自己，以及猜测未来该朝哪里去。我们对自己的未来有所掌控，而且我们是有史以来头一代拥有这种能力的人。”[美]斯宾塞·韦尔斯撰，潘震泽译：《潘多拉的种子：人类文明进步的代价》，广西师范大学出版社，2013年，第282页。

[2] [法]德勒兹、[法]加塔利撰，姜宇辉译：《资本主义与精神分裂（卷2）：千高原》，上海书店出版社，2010年，第738页。

竞争与合作不是非此即彼的对立概念，它们复杂地交织在一起。

如果我们削减多样性，使系统更均匀同质，那么系统将会变得脆弱，易于非线性地崩溃。[1]

仅以我们多民族国家的文化内部多样性为例，境内各民族所遗留下的创世神话遗产50种（目前所知的材料，仅有中国少数民族中的俄罗斯族和塔吉克族等为数不多的民族中尚未发现创世神话）。如果加上单一民族口传遗产中多种不同叙事的创世神话，其总数将达到一百至二百种。这样巨大数量的创世神话的丰富多样叙事，过去不仅不为国际学界所熟知，就连我们本国知识人也知之甚少。这是一笔非常珍贵的昭示多民族初民智慧和想象力的思想资源，也能够充当引领知识全球化新潮流的示范样本。根据中国民间文艺家协会和汉王公司在2016年结项的“中国口头文学遗产数字化工程”的一期成果，新发现的多民族田野调研的口传文学资料汇聚在一起，达到约5 000册书近9亿字的数据库规模。[2]这个字数，已经超过中国历史上传世文献集成性质的《四库全书》。其中神话故事部分中有很多以往闻所未闻的稀罕文本，包括各民族的创世神话和创世史诗之类。其可探讨的学术空间是巨大的，新材料的发现和系统整合工作，预示着中华创世神话研究的未来将会给世界带来以往根本意想不到的新局面。

三、大传统论PK大历史观——中华创世神话研究的理论突破

神话学在改革开放以来的中国学界获得飞跃式发展，甚至出现“神话热”现象，笔者也是在这样的语境下开启学术研究之旅的。在20世纪后期，主要的学术关注点是：如何从原型和结构的视角，对中国汉族典籍中潜含的创世神话做出发掘和钩沉的尝试，试图建构出一种从创世神话到哲学思想的理论分析模型。1988年撰写的《中国神话哲学》（此书初版于1992年，2020年第四版）

---

[1]［美］约翰·布里格斯、［英］F·戴维·皮特撰著，陈忠等、金纬译：《混沌七鉴：来自易学的永恒智慧》，上海科技教育出版社，2008年，第61、65页。

[2] 中国民协数据库工作组，《中国民间文化遗产抢救工程——中国口头文学遗产数据库简介》，2015年7月9日，http://www.cflas.com.cn/mx/MXDT/8a814da24e0b197b014e24ab54c91994.html。

就是此类研究的案例。其所针对的，是一个长期流行国际学界的偏见“中国没有创世神话”。1989年之后，随着陶阳、钟秀的《中国创世神话》[1]一书问世，又有更大部头的书——陈钧编著《创世神话》[2]面世，西方汉学界有关中国没有创世神话的偏见已经不攻自破。“中国口头文学遗产数字化工程”的结项表明相关原始资料的丰富程度，已经到了令人惊叹的地步。接下来的研究工作需要从长计议，充分有效利用这举世罕见的资料海洋，把打造中国版的神话学理论作为重要推动力，从而推进传统的研究范式和研究格局的时代变革。

进入21世纪后，文学人类学作为新兴交叉学科日渐成长，我们团队的研究重心从“神话哲学”和上古经典的文化人类学解读，拓展到“神话历史”方面。如果说，二三十年前，研究是聚焦于中国创世神话与神话哲学、思想史的发生学关系；那么在2009年之后，则是聚焦于中国创世神话与神话历史的渊源关系和因果关系，特别是上溯到神话历史在汉字产生以前的深度表现形态——非文字的符号传承方面。在这方面，先是观照彩陶图像等，随后关注玉礼器符号，并据此方面的出土玉器实物的系统线索，将中华文明探源的神话学研究视野，拓展到8 000年前的兴隆洼文化玉器解读。2010年以来，提出文化大小传统再划分的理论，把甲骨文作为文字小传统的开端，把先于和外于文字记录的文化传统作为大传统。[3]这一本土化的文化理论给神话学带来的巨大改观，就是能够超越文字牢房的局限，到史前期玉石雕刻的神像和玉礼器的系统资料那里，去做神话解读工作。过去的中国神话研究以《山海经》《楚辞》为基础资料，其视野只能是两千多年的小传统视野。如今则通过红山文化的玉龙和玉蚕、良渚文化的玉蛙和玉神徽，把神话研究拓展到五六千年之前。

据新华网哈尔滨2017年9月27日消息，位于乌苏里江边的黑龙江饶河县小南山遗址考古发掘现场，出土数百件玉器、陶器和石器等新石器时代早期文物，包括30多件玉璧、玉珠、玉环等玉器，400多件石器标本。根据考古学

[1] 陶阳、钟秀著：《中国创世神话》，上海人民出版社，1989年。新版为陶阳、牟钟秀著：《中国创世神话》，上海人民出版社，2006年。

[2] 陈钧编著：《创世神话》，东方出版社，1997年。

[3] 叶舒宪、章米力、柳倩月编：《文化符号学——大小传统新视野》，陕西师范大学出版总社有限公司，2013年。

研究和测年数据专家判断，出土文物的年代为距今9 000年左右。从黑龙江史前玉器到兴隆洼文化的玉器，其间的渊源关系，若从玉器形制上看，是一目了然的。一个从9 000年前延续至今而从未中断过的玉文化，一定对华夏文明的创世想象起到了不可磨灭的奠基性作用。暂且不说后世想象的天空主神玉皇大帝，就连举世皆知的盘古创世神话，也要特别强调盘古尸体化生的精髓部分去向如何，那就是人间所见珍稀玉石的来源：

首生盘古，垂死化身。气成风云，声为雷霆，左眼为日，右眼为月，四肢五体为四极五岳，血液为江河，筋脉为地里，肌肉为田土，发髭为星辰，皮毛为草木，齿骨为金石，精髓为珠玉……[1]

如今的考古知识已经明确，金属文化进入华夏是距今4 000年前后的事；而玉文化的出现大大早于任何金属，甚至也要大大早于任何有关盘古或伏羲的创世景观想象。这就给出了从大传统新知识，重审小传统叙事知识的条件。

三十年后，重新回到创世神话的理论研究方面，感觉到最为有利的条件就是新材料和新理论的支持作用，确实今非昔比。今日所不同的视角在于，有了本土理论的引导作用，这是中国本土文化自觉精神的体现：9 000年没有中断的文化连续体——中国玉文化。若考虑到“中国”这个概念是在距今3 000多年的商周时期萌生的，或可改称“东亚洲玉文化”。

再举一例，就文化小传统中记录的创世观而言，有关宇宙生命创生的原动力思想，非常古老。东周时期在和楚国国君的对话中，观射父明确说出“玉帛为二精”的思想。但这思想显然不是周代人的发明，其渊源一旦落实到考古新发掘出土的红山文化玉蚕和玉蝉上，这些玉石材料所塑造的生命意象，就显示为生命力自我再生的神话化动物标本。这样，玉帛为两种“精”，即能够自我生成的生命正能量之神话观念，一下子就可上推到6 000年以前的北方红山文化时期。[2]

---

[1]（三国）徐整著：《五运历年纪》，（清）马骕撰，《绎史》卷一引，中华书局，2002年。

[2] 叶舒宪：《“玉帛为二精”神话考论》，《民族艺术》，2014年第3期，第36—45页。《玉帛为二精神话续论》，《民族艺术》，2015年第3期，第24—32页。吴玉萍：《“玉帛为二精”神话申论》，《百色学院学报》，2016年第1期，第50—57页。

至于后代小传统中儒家的“生生”精神，溯源到《周易》天地之大德曰生的观念，和天父地母型创世神话观有密切联系，诸如《泰》卦的“天地交而万物通”之说等，迹象显然。如果需要在天与人之间找到一种中介性的生命力联系的圣物，那就非“君子必佩玉”理念中的玉石莫属。[1]小传统的思想观念，其原型必定来自史前大传统。这是今日的中华创世神话研究，不同于西方的神话原型批评就作品论作品的超越之处。

再举一例，即道家创世观的大传统原型探索。根据《礼记》的说法，有“夏人尚黑”之说。后代注经的学者众说纷纭，莫衷一是。最近一些年的考古工作，给出完整的玄钺、玄圭等史前实物的新发现，这就使得今日的研究者，得到前所未有的深度源流审视的新知识条件，能够进入距今五千年以上的中原仰韶文化庙底沟期，直接看到那个时代留下的一批深色蛇纹石玉钺，足以对照《山海经》所述黄帝于峚山播种玄玉的神话叙事。

以上几个研究个案表明，鉴于文化大传统理论的建构，我们今日的创世神话研究可以依照四重证据法提示的大方向，向史前史的广阔天地中挺进，从而给文献中的相关记录，找出真伪虚实判断的实物证据，并尝试勾勒出从大传统礼器符号物到小传统文字叙事的完整原型变化链条。

[1] 叶舒宪：《从玉教神话看“天人合一”——中国思想的大传统原型》，《民族艺术》，2015年第1期。

神圣“中心”：创世神话中的认知原理

彭兆荣[1]

（1，厦门大学，福建厦门，361005）

摘要：“中心”的认知是一个有限合理的悖论。有“中心”就有“边缘”，“中心—边缘”架构与古希腊的地理学有关。世界上的古代文明大都有自己的“中心说”，几乎没有例外。神话表述原本是现实中“真实”的变形化表述，也有地理依据。“中心”的原始意义来源于人群聚落的地理空间。中国有自己的“天下体系”，中华文明的政治地理学也秉承“中心”（包括“中国”）理念，这便是“一点四方”的形制。世界的“中心”原理，早在创世神话中就已经定型，成为原型。虽然世界的格局一直在发生变化，“中心话语”也会随着发生变化，却不妨碍其历史的谱系和客观的存在。

关键词：“中心”；创世神话；认知原理

无论如何，世界是有“中心”的，因为人类的认知是以自我为“中心”向外推展，这是人类的认知原理。看看每个国家的地图，自己的国家大都在“中心”位置。世界上的创世神话反映了人类原始认知的原理，故都有神圣中心。

无论如何，世界是唯我为“中心”的，这是政治地理学原理昭示的道理。看看《禹贡》之“九州攸同”“四海会同”“成赋中邦”便能明白。“中邦”原是“天下体系”之原理，“中”（中土、中国、中原、中央等）皆由此而衍出。

无论如何，世界都没有“中心”，因为地球是圆的，这是自然地理告诉人们的道理。“圆”在客观上是无所谓“中心”的，如果有，每一个点都可以是“中心”。不过，那就是认知性的，主观的。

一、创世神话的“中心”

“中心”的认知是一个有限合理的悖论。从认识论的角度，人们认识世界是以“己”为中心向外推展的“差序格局”，即像石子一般投入水中，一圈一圈推出去，愈推愈远，愈推愈薄，人的社会关系格局因此建立。[1]由此推演出“我群—我族”“近我/远我”的关系格局。这种认知原理几乎在全世界的创世神话中都是相同的。比如，在“欧洲中心”（“罗马中心”）的格局中，中国被置于“远东”；而在我国传统的“一点四方”的认识论中，中国是世界的“中心”。每一个族群都有创世神话，神话学有一个所谓的“推原神话”，主要讲述万物之起源。所以，世界上的古代文明大都有自己的“中心说”，几乎没有例外，比如古代的埃及、美索不达米亚、印度、希腊等。

在西方，“天下”（世界）的“中心”肇端可以远溯至古代希腊，希腊语中意为“肚脐”，围绕它有一个古老的神话传说：天神由浑沌创世，浑沌为“元”，却无秩序，亦无中心。为了确定“天下的中心”，天神遂派两位天使向两极相反的方向飞行寻找，最后天使在德尔菲会合，那个会合点即是“天下的

[1] 费孝通著：《乡土中国　生育制度》，北京大学出版社，1998年，第27页。

中心”——世界的立基之点，阴、阳、天三界在这一点交汇。上帝就在那个点上打造了一块“脐石”。现陈列在希腊德尔菲博物馆内的一块饰以网状织物的蜂窝状石头，代表着宇宙之中心，也因此被人们认定为它是具有感召力的神谕者。有意思的是，那个著名的、不断怂恿人类的“斯芬克斯谜咒”的原发地忒拜城正在去往德尔菲的必经之路上。那个倒霉的英雄俄狄浦斯虽然参破了“斯芬克斯谜咒”，却没能摆脱“杀父娶母”的厄运而自己刺瞎了双眼。出于好奇，出于愚顽，出于对“命运”的将信将疑，笔者曾经专门造访、谒拜过那个曾经是人类文明和文化史上的两大命题“世界/人类”的“西方出处”。具有历史隐喻的是，在“世界中心”德尔菲还有两处遗址，即太阳神阿波罗和酒神狄俄尼索斯的神庙。它组成了人类对世界、对自我认识上的永恒相背：理性与迷失。

“中心”永远是一个有限的合理悖论，尤其是“中心论”与“天下观”形成一个认知上的自我满足和自我陶醉，它存续性逻辑的合理性成了叙事的实况，“老子天下第一”便是活生生的写照。人类认识上的“由点及面”原属正常。如果秉承文化相对论的尺子，任何“天下”都以“我”为中心。问题是这种我群中心主义的环境认知模式被扩张至政治地理学范畴，“西方中心”（罗马中心）说便是一个举证。当然，中国古代的“一点四方”也是一个例证。从地理学上的空间形制来看，任何一个位置都可以成为某一地方的“西方”或“东方”，它是不确定的，相对的。可是，在政治地理学上，“西方”是确定的，绝对的。它是“我者”，而“西方”的对方“东方”（他者）却成了区分与排斥的另一种圭臬。

在世界文明史的发展过程中，“西方中心”逐渐演变为一个主控叙事的核心概念并处于主导地位，形成了一整套权力话语和话语秩序，是为不争。这一政治地理学的话语隐喻在后殖民时代虽然被强烈地质疑、反抗，却未得到根本性的清算。从“知识考古学”的历史谱系看，许多在社会价值系统中得到认可和认同的话语秩序，往往并无“考古”依据。如果对这种想象性攀附的谱系加以索考，人们会发现它原来起源于“空无”。福柯在《知识考古学》中对话语秩序的两个主题做过这样的解说：

> 第一个主题认为在话语秩序里，要确定一个真正事件的介入是永

远不可能的；并认为在所有表面的起始之外，还有一个秘密的起源，它如此神秘，如此独特以至无法完全在其自身把握住它。以至人们就注定通过朴实无华的编年学，被引导到一个无限遥远的起点，一个从未出现在任何一部历史中的起点；而这个起点本身可能是自己的一个空无。……与这主题相关联的是另一个主题，它以为每一个明显话语都神秘地建立在一个已说过的东西上……而话语却将它遮掩，使它沉默。[1]

“西方中心”的话语秩序很符合这样两个主题以及它们的关联性。

这种“天下—中心”观早在人类远古时代，或曰神话推原时代，就被建构成一个宇宙的微型塑模。在这个宇宙塑模中，人类的居处区域都可以被称为“中心”——一个至为神圣的地方。它既是物质的绝对，又是经验的感知。在许多远古的文明类型里面它具有“神性”。有些文明类型的宇宙塑模同时有几个“中心”，每一个中心都可能被当作“世界的中心”——神圣之所。[2]它的推原性质早就打上了政治地理志的隐喻烙印。古希腊的原始城邦大都有一个制高点，也就是“中心”。这种以城市为核心所建立的国家政治体制，先确立神位中心，进而确立权力中心、地域中心、结构中心……现存的雅典卫城遗址Acropolis仍不失为西方古代国家形态“城市国家”的标准模型。“Acro”意为地理上的“高点”，延伸意义为崇高、权力等。“polis”为城市国家，它与“政治”有着脉理上的贯通。这样的国家模型彰显出宗教的崇高性、公理的民主性、政治的权力性、区划的核心性、城市的防御性等功能。政治学就是从那里演化而来的。

希腊的“中心”话语通过与宗教的链接，托起了世俗化公共制度的规矩与惯习。有的时候，“中心”“中间”也有“公共”的意味。比如希腊语说：某些决议或某些决定应该“放在中间（中心）”。国王原有的特权，甚至执政权也应该“置于中间”“置于中心”，而这种权力关系还必须展现和展示在“公共

[1] [法] 米歇尔·福柯著，谢强、马月译：《知识考古学》，生活·读书·新知三联书店，1998年，第28—29页。
[2] M. Eliade, *Images and Symbols*, translated by P. Mairet. Princeton University Press, 1991, p. 39.

场域”范围之内。现在世界上通行的国家共和制与原始国家形制亦与之有涉。“共和”的原始意思指的正是在公共场所中具有“公正”“公开”“公平”以及强调“公民”“公众”“公权”。它对更加远古的氏族内部的权力无疑是一种抑制，即通过“公共—民主”另一个更大的城邦国家的“民主寡头”政治形制获得更大范围、更大强度的制约和平衡。一方面，它承认在氏族内部的权力关系；另一方面，借用公共空间来表达早期国家的边界范围和人群共同体的认同意识。这种原始的中心价值甚至还被运用于城市的规划与设计之中。在防御工事环绕的王宫周围形成了城市的中心，它是“公众集会广场”，是公共空间，是安放“公共之火”的地方，是讨论大家共同关心事务的场所。城市本身反倒被城墙围了起来，保护并限定组成它的全体市民。在过去耸立着国王城堡（即享有特权的私人住宅）的地方建起了为公共祭祀而开放的神庙……城市一旦以公众集会广场为中心，它就已经成为严格意义上的“城邦”。[1]

有“中心”就有“边缘”，“中心—边缘”架构与古希腊的地理学有关。最著名的地球模型之一要数公元2世纪的“托勒密世界”模型。今天虽然人们都已经认识到哥白尼的“太阳中心说”更接近于客观，但“托勒密世界”模型无疑是人类认识世界过程中的一个标志性里程碑，这一点毋庸置疑。“托勒密世界”模型深受古希腊地理学的影响，认为世界由三个洲组成，它们是欧洲、亚洲和非洲，希腊罗马当然是世界的中心。

在古代希腊人的认知中，这个世界模型的边缘居住着希腊罗马和中世纪神话记述的那些真实但带有想象性描述的族群和人们。比如，在希腊地图的北边居住着所谓的希伯波里安人。按照希腊神话的描述，这是一群居住在高山洞穴里的极乐族群，这些洞穴起源于北风。[2]另一方面，在荷马史诗《伊利亚特》里面，“希波莫尔吉”和“加拉克托发吉”属于西希昂牧马的游牧民族，他们占据着亚洲和欧洲东南的广大地区。更低一些的，则是旦和德内波人。由于这些地区较近和易于接触，因此，早期的希腊人与西希昂在族性上有着密切的关

[1]［法］让-皮埃尔·韦尔南著，秦海鹰译：《希腊思想的起源》，生活·读书·新知三联书店，1996年，第33—34页。

[2] R. Graves, *The Greek Myths*, London: Penguin Books, 1955, Vol 1: 21.

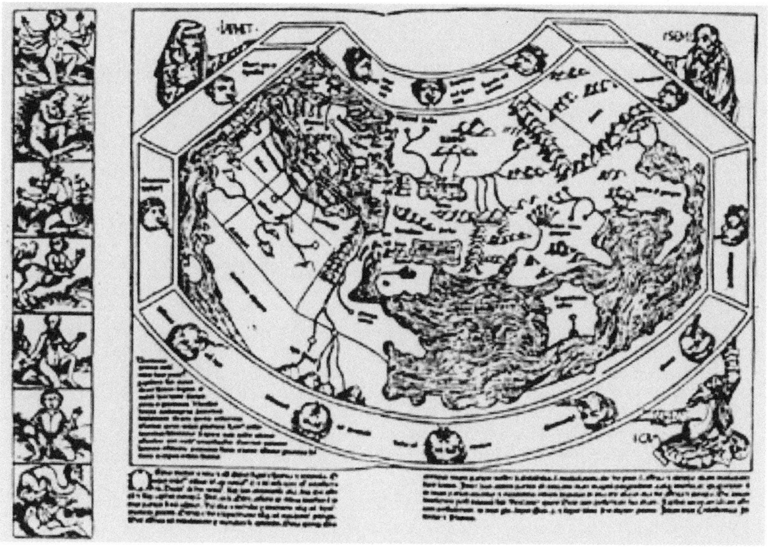

图1 "托勒密世界"模型图

系。该世界模型的西面，希腊人认为是神秘的伊利修人（参见荷马史诗《奥德修纪》Ⅳ和品达的《奥迪·奥林匹亚》Ⅱ），这个地区被认为是不易于栖息的地方。它也是希腊具有地理方位的一个极地，类似于天堂一样。

古代世界，南方可涵盖东方的广大地域，希腊人相信那广袤的地区居住着深皮肤的族群，他们一律被称作伊西欧皮昂人。从词源上看，"伊西欧皮亚"源自"伊西欧珀斯"，这个词在早期希腊用语里指太阳升起和降落的地方。那个时候人们相信太阳与地面非常靠近，所以那个地方人们的皮肤也就显得更黑，"黑皮肤民族"的文学描述为"太阳灼色的民族"。在这些族群当中，可以确指的就是居住在埃及南部的族群。[1]不过，对于这些非白人种族，希腊人和罗马人有差别，比如对于皮肤的深浅差异有不同的解释。代表性的解释有两种：环境的差异所致和人种的混杂而来。到了18、19世纪，科学家们才逐渐开始通过人种类型来认识人类。但是，在古希腊罗马时期的学者眼里，这些不同人种和族群体质上的不同特征只是不同环境下的差别。这也意味着，种族中

[1] F. Spencer, *Ecco Homo: An Annotated Bibliographic History of Physical Anthropology*, New York: Greenwood Press, 1986, pp.4-5.

心主义、白人至上论等论调基本上是在罗马帝国以后以及十字军东征这样一个历史时期渐渐滋长出来的。换言之，在“托勒密世界”模型中，“中心”的含义主要指地理族群。

二、神话地理中的“中心”格局

神话表述原本是现实中“真实”的变形化表述，也有地理依据。事实上，历史上的荷马世界大到东地中海的广大地区。在公元前8到7世纪，希腊人根据他们的地理知识已经到达了更大的范围，包括西班牙、埃及和克兰尼。因此，这个时期的旅游交通和殖民使希腊民族和文化包含了丰富的人类学色彩。随着波斯帝国的强大，希腊商人与“东方”开始频繁的商业贸易。这一切都使得希腊古典学变成具有跨区域、多族群、多文化鲜明特点的学科，许多神话和历史人物一身兼有复合的文化因子。克拉克洪据此认为“希腊事实上成了一个人类多民族汇集的中心”。[1]这种历史中心主义虽然为以后帝国的政治意识和“欧洲中心论”奠定了基础，但被后来者篡改了。希腊原始中心的特质主要指其作为族群、物产、交通、文化交流的一个中心枢纽。它表达一种融合，一种变化。比如在埃及的神话里有动物头的神，到了希腊就没有了：霍勒斯变成了阿波罗，奥西里斯变成了狄俄尼索斯。希腊文化事实上是一个典型“天下知识”的集萃者。这时的希腊与欧洲没有任何文化独立主义意味，恰恰相反，它是东方思想、东方学说、东方遗产的学习和继承者。由早先的“希腊中心”到后来的“欧洲中心”，不啻为一个以西方为中心的、扩大的历史政治的“自我格局”。

众所周知，“中心/边缘”概念首先表现为一个地理概念。许多考古学家、人类学家的研究成果证明，“中心”的原始意义来源于人群聚落的地理空间。古代希腊的早期国家类型——城邦国家就具有明确的地理空间性质。高度稠密的人群聚集起来的城邦形成了一个个各自相对独立的地理空间单位，在城邦与城邦之间也就自然地形成了地理上有形的“国家边界”。荷马时代为古典

[1] C. Kluckhohn, *Anthropology and the Classics*, Rhode Island: Brown University Press, 1961, p. 29.

希腊的开放时期，特殊的地理交通便利成了一个重要因素，它滋养、造就了希腊人开放、张扬、明朗的“文化性格”。这种文化性格的形成，除了具备生态环境条件外，族群之间的相互融合也是不可或缺的因素。希腊人的生物种性至今没有一个明确的概念，它只有在独立的个体中才显得有意义。这意味着以“种族”为中心的欧洲文明源泉说缺乏归纳和抽象的意义和价值。希腊人只是自然环境和族群交流的结果。希罗多德曾就他们的体质特征发表过这样的观点：未知往昔，他们只是一些黑皮肤和带有卷曲头发的人群。颜色对希腊人同样不具有特征性。在古典希腊时期，皮肤的黑和白不具备价值分类和意义，只有“自由人”和“奴隶”才有社会意义。所以，今天人们在区分“希腊人/野蛮人”的时候常犯错误。虽然古希腊人也会因为自己是希腊人而感到骄傲，但与野蛮人的差别并不在于其他，而是看他会不会讲希腊语。克拉克洪认为，对于古希腊的人类学研究有助于我们对当代人类学，尤其是“新天下观”（“地球村”）进行重新反思。对于希腊文化，他总结道：“它变化得越大，越是同一回事情。”[1] 在许多方面，我们今天的“文化—族群”分类以及所赋予的可接受性还不及古希腊时代。

在殖民时代，“西方中心”有一个强权依据，这就是欧洲人种优越论。汤因比在他的《历史研究》一书中借用了考古人类学和体质人类学方面的材料，对米诺斯文明的起源作了这样的认定：根据“考古学家的证据，证明在这里最早的人类居住的遗址是出现在克里特岛上，这个岛屿离希腊和安那托利亚都比较远，但是比它同非洲的距离却近得多。人种学支持考古学的这个论点；因为看起来已经是肯定的事实，已知的最初住在面向爱琴海的大陆上的居民有一些明显的体型特征。安那托利亚和希腊的最早的居民是所谓‘宽颅人’……这个人种学上的证据肯定了这样一个结论，就是最早在爱琴群岛的任何一个岛屿上居住的人们乃是由于亚非草原的干旱而迁来的移民。”[2] 从此可以看出，以地理的“中心”观念引申出“人种”的高级、优等说完全没有任何根据。更值得重

[1] C. Kluckhohn, *Anthropology and the Classics*, Rhode Island: Brown University Press, 1961, pp. 34–42.

[2]［英］汤因比著，［英］索麦维尔节录，曹未风等译：《历史研究》（上册），上海人民出版社，1959年，第94—95页。

视的是，人群的迁移带来了文化的交流。格鲁塞曾经就古典的经院知识做过考述："事实上，希腊人的科学思潮最后是在拉基德人或罗马人的亚历山大形成了，欧克里德在那里宣布了我们的古典几何学；埃拉托色德尼在那里发现了地球的椭圆性；萨莫斯的阿里斯塔克发现了地球是围绕着太阳旋转的规律！地理学家托勒密最终圆满地完成了有关马其顿远征军结果的研究……他是通过研究丝绸之路和香料之路而取得如此成就的，这两条路线从此以后就分别通过陆路和海路而把希腊化的亚洲与远东联系起来了。然而，希腊科学就这样最终在东方的领土上形成。"[1]

根据知识的传授途径，国家的、政治的、学术的、宣传的、商业的、媒体的，似乎已经促使人们对西方文明先祖的追索，并通过对知识谱系的上溯确立古希腊文明——人种上、地域上、政治上、语言上、宗教上的体系，从而整合成为确认的文化源泉。我们所说的古代希腊在很长的历史时期之内并非指现代意义的、有明确领土边界的一个南欧国家，而是包含着地中海所属的周边范围，包括小亚细亚地区的亚洲国家在内。甚至有的学者认为荷马史诗都与所属的亚洲国家有着不可剪断的联系。公元前334年，当他到达伊利奥斯成长的圣地时，便认为正处于历史全盛时代的荷马新史诗《伊利亚特》应属于亚洲土地上的古老史诗……亚历山大使这个新的希腊，即亚洲的希腊在十个多世纪的时间内一直属于希腊文化圈……在亚历山大之后，希腊化主义道德征服了中央安纳托利高原地区的弗利基和卡波杜斯，并且一直持续了十三个世纪之久。亚历山大通过这次征服揭开了对真正高地亚洲进行全面征服的序幕。因为小亚细亚高原没有河流，那里已经接近大亚细亚地区了。大亚细亚地区从伊朗到蒙古，到处是高山、草原、牧场、沙漠和绿洲。从此以后大亚细亚就形成了一个大希腊，一个安纳托利亚的大希腊。[2]

宇宙本无中心，只是在井底之蛙的眼里，天下才有那么一个圆心。在浩瀚的宇宙面前，人类仿若渺小的蜉蝣，唯自我大焉。欧洲"文艺复兴"曾飞扬着

---

[1] [法] 格鲁塞著，常书鸿译：《从希腊到中国》，浙江人民美术出版社，1985年，第13页。

[2] 同上书，第9—10页。

人类为“宇宙的精华，万物的灵长”的口号，多少有些物种“中心”的荒谬，所以今天听起来多少有些可笑。

三、“东方/西方”之中心话语

从某种意义上说，萨义德充当了一个当代“皇帝新装”的指出者。尽管他的“东方”概念有这样和那样的偏狭，尽管他的“东方学”地理概念局限于中东的伊斯兰教社会，尽管他的知识系统中还包含着大量的“西方背景”，但都不妨碍他的“后殖民主义”的挑战价值。他的《东方学》对“东方”有了一个人人清楚却不愿意挑明的评说：“东方几乎是被欧洲人凭空创造出来的地方，自古以来就代表着罗曼司、异国情调、美丽的风景、难忘的回忆、非凡的经历。现在，它正在一天一天地消失；在某种意义上说，它已经消失，它的时代已经结束。”“东方不仅与欧洲毗邻；它也是欧洲最强大、最富裕、最古老的殖民地，是欧洲文明和语言之源，是欧洲文化的竞争者，是欧洲最深奥、最常出现的他者（the Other）形象之一。”[1]那么，建立“我者/他者”的关系实质是什么？是权力关系，也就是福柯所定义的“话语系统”。在任何非集权社会，某些文化形式都可能获得支配另一些文化的权力，即所谓“文化霸权”。“霸权”首先指喻一种特殊的既成关系，没有建立“我者/他者”的关系，霸权便无从实现。这也就是西方文化内部所形成的对东方的权威——一种策略性成规。“权威既不神秘也非自然形成。它被人为构成，被辐射，被传播；它有工具性，有说服力；它有地位，它确立趣味和价值的标准；它实际上与它奉为真理的某些观念，与它所形成、传递和再生的传统、感知和判断无法区分。”[2]所以“东方学”便超越了简单的工具性概念：首先是一个通用的术语，指西方向东方一步一步入侵和浸透的过程；它也是一个学科，专指在这一过程中西方学术和实践对东方的逼迫；它当然更是一套“话语系统”，

[1]［美］爱德华·W·萨义德著，王宇根译：《东方学》，生活·读书·新知三联书店，1999年，“绪论”第1—2页。
[2] 同上书，第26页。

是一系列与之相关的政治和学术策略的组合。[1]萨义德在《东方学》里将概念、目标、策略、计划、实践等都讲述得非常清楚。我们无意沉湎于对这一概念或学科的更多讨论，不过，在今天的社会价值之下，他给我们提出了一个不得不面对的社会实践问题。认识这一关键问题有赖于一个必要前提——“我是谁?”和“我在干什么?”如果一开始你便明白自己属于“他者”范畴，那么，依据权力话语基本的“区分原则”，任何“族群/地域/文化”价值事先就已经被规定和评价了。

对于“东方”文化知识的“帝国主义”策略和殖民历史，“后殖民主义理论”的汹涌浪潮并不缺乏批判的力度。有人甚至冠以“文化帝国主义”名目，主要的理由是:“帝国主义”与“支配”二词所包含的负面含义相当明显，它们均涉及了权力、统治权或控制，“文化帝国主义”也就是在文化上实施控制的权力。[2]这样，“文化帝国主义便成了‘民族—国家’的话语”。[3]因为，“民族—国家”成为事实上近代资本主义的基本表述单位。在讨论“文化帝国主义”这一命题的时候，有两个原则与之相关：第一，“学科”的原则。字如其义，指用于强化秩序与控制的东西。英文“学科”既可解为“领域性知识”，也可作“纪律”“规约”解。第二，“作者”的原则。西语中的“作者”与“权威”同源，实指具有限制性话语的功能。[4]于是，“谁在说话”便成为至关重要的事情。与此同时，西方“我者”的文化帝国主义有着一套符合自我的话语表述。最有代表性者便是“鲁滨孙”形象。笛福的《鲁滨孙漂流记》是一部与欧洲早期殖民经验平行对应的作品，其中记录了通过阐释来进行复制这样一种做法。[5]鲁滨孙是海难的唯一幸存者，经过他的劳动，建立起了属于自己的小小领地——按照新教传统建设这个领地——筑墙来保卫它。同时，与“星期五”建立了“我者/他者——主人/仆人”的人际关系。将西方人所认知的关

[1]［美］爱德华·W.萨义德著，王宇根译:《东方学》，生活·读书·新知三联书店，1999年，第94页。

[2]［英］汤林森著，冯建三译:《文化帝国主义》，上海人民出版社，1999年，第40页。

[3] 同上书，第46页。

[4] 同上书，第19—20页。

[5]［英］艾勒克·博埃默著，盛宁、韩敏中译:《文化帝国主义》，辽宁教育出版社、牛津大学出版社，1998年，第18页。

系象征符号恢复在一个荒芜的海岛。鲁滨孙既符合西方原始资本积累的“英雄主义”形象，同时也是西方列强殖民的原始面貌。欧洲人在阐释域外世界时，总是把当地的文化说成原始的和野蛮的。但这一切都不影响他们对东方文本的掠夺、盗窃、搜集、整理和分析研究。而且西方人会在东方作品隐喻符号的解释中“再生”新质。[1]“作为载体，隐喻又将殖民文学的谱系传递下去。”[2]与其说西方的话语传统不断地传承着他们的殖民文学谱系，还不如说传承着殖民的谱系：权力的、知识的、隐喻的话语。

“权力”在话语中的作用至关重要：对于“东方”来说，“西方中心”的价值缘起无疑为“欧洲中心”。但是，随着资本主义的发展，其话语中的权力指示显然已经播衍到了欧美，而欧洲内部也随着历史的步履，原先起到相对重要的国家和区域逐渐地不及以前。相对静止的“东方”与相对变迁的“西方”在话语变迁中都会根据现代国家的基本单位“民族—国家”权力格局的变化而不断地移动“单位的边界”。即使在“欧洲中心”的传统价值结构中也会产生出新的边界移动，并逐渐地由地理上的概念指称趋向于成为一个权力指示的概念。“欧洲这一个观念，它本来是直指地理上的意义，而现在却由于某些神秘的吸力而转化成为一种形上范畴。在今日，谁能够说欧洲到底是指什么？我所知道的是，它仅仅是一项暗喻（Shibboleth，用以识破或辨别国籍、阶级而编的测验词句——译者）。当我着手检定我们国家当中的欧化人物所称谓的‘欧洲’时，我往往发现：它的大部分外围的国家——当然是指西班牙，还包括英国、意大利、斯堪的纳维亚诸国、俄罗斯——仍然被摒弃在它的范围之外，因此，它所指的只是属于中央地带的法、德两国，以及她们的属地和附庸。”[3]甚至像西班牙这样老牌的资本主义国家都将在“欧洲中心”中随着权力疏远而视自己为“堂吉诃德”，属于近代欧洲话语游戏中的“悲喜剧”。[4]我们看到，连属于“中心”系统的边缘部分都会因受到权力核心的挤压而发出埋怨，那么，

[1]［英］艾勒克·博埃默著，盛宁、韩敏中译：《文化帝国主义》，辽宁教育出版社、牛津大学出版社，1998年，第51页。

[2] 同上书，第62页。

[3]［西班牙］乌纳穆诺：《生命的悲剧意识》，北方文艺出版社，1987年，第173—174页。

[4] 同上书，第202页。

作为“我者”的对立面“他者——东方”所承受的长时间历史压迫的程度便可想而知。由此可见，所谓的“话语”其实包含着对历史过程中权力“评估—重新评估”原则的恪守。它的指喻范畴处于策略性变动之中。

因此，如果不对被偏见化的“东方”进行颠覆，还其基本的面貌，那么，任何学科和学术工作都可能为“我者”的谋略做“资本的投入”。不管他是谁，甚至是东方人自己。其实，我们今天所使用的许多概念和接受的价值多数属于“东方学”范畴，有些连起码的地理常识都变了味。维柯认为西方知识和文明赖以为据、为由、为源的价值从一开始就出现了地理上的简单错误：一方面，希腊以东的那个大半岛被称为小亚细亚，而小亚细亚再推广到世界的东方大部分，至今仍称亚细亚，不加任何形容词；另一方面，希腊本土因为在亚细亚的西方，叫作欧罗巴，就是天帝约夫乔装成一条公牛去诱拐的那位欧罗巴公主。[1]

希腊历史，按狭义来说，是从公元前800年左右开始的，可是它的起源却比这个年代要早2 000多年。各种文化相继出现，都留下了历史遗物。就我们对希腊最早的居民的现有知识来说，他们是处于前金属器文化阶段。这个时间可以追溯到公元前3000年。彼时东方已经开始使用金属，先是黄铜，后是青铜。这些技术不断地向西传播，传到小亚细亚沿岸。公元前3000年初期，又从小亚细亚海岸由一次可能发生的民族大迁移传入了希腊。克里特岛所反映出来的米诺斯文化便是与埃及和东方交往的结果。人们甚至还可以从一些宫殿遗墟中看到代表单词的象形文字。所谓的“乙种线型文字”只限于克诺索斯以及大陆上的皮洛斯和迈锡尼。比它更古老的“甲种线型文字”只有克里特岛才有。所谓的“希腊文化”[2]正是数千年来文化交流、民族迁徙、商贸殖民的果实。[3]古希腊神话与亚细亚历史性传承的例子还有很多。比如希腊著名的俊美男子阿都尼斯，据说他与叙利亚的塔穆斯一年一度的生死有关，甚至连阿都尼

[1][意大利]维柯著，朱光潜译：《新科学》，人民文学出版社，1986年，第390页。

[2] 希腊文化（Helladic Civilization）。Helladic来自希腊语（Hellad+ikos，意为希腊的），希腊语Hellad指“希伦人”（Hellenes）居住的地方；汉语“希腊”就是Hellad或Hellas的译音。——原译注

[3][英]A·休特利等著，中国科学院世界历史研究所翻译小组译：《希腊历史》，商务印书馆，1974年，第7—13页。

斯之名都取自叙利亚的一条河流“阿都尼斯”。[1]就此而言，刻意强调和强化希腊文化的“西方性”，若不是阴谋，至少也表现为对历史的“盲视”。

相对而言，中国有自己的“天下体系”，中华文明的政治地理学也秉承“中心”（包括“中国”）理念，这便是“一点四方”的形制。这在“盘古开天地”的创世神话中，就形成了“四达自中”肇始，而这样的格局在《山海经》中就已经定调了。[2]这是完整的“天下—一点”的道理。依据学者的分析，“天下”这一核心概念包括三层意思：

世界整个大地。在存在论语境中大致为中华文明之立基结构“天、地、人”中的“地”。地为天下之“大家”所共有，是最大的公物和财产。

世界上的全体人民。在政治社会语境中相当于“民”。更准确地说，是指人心所向，即民心。故得民心者得天下。

一种世界制度。在世界治理的方式方面，天下制度就是天下的存在形式，“家、国、天下”贯穿着家庭性原则而形成三位一体的结构。[3]

四、创世神话的文化文本

作为常识，古典时期希腊人的宗教观念来源应当从更远古时代，其中包括克里特—迈锡尼时代的社会结构和意识形态中去寻找。希腊众神中的许多神，如宙斯、赫拉、波塞冬、阿尔忒弥斯、狄俄尼索斯等在迈锡尼时代的铭文中都已提到。对世界文学有着巨大影响的希腊神话，在上古时期已经形成，其中一些早在克里特—迈锡尼时代就开始形成，并且以这个时代的事件作为这些神话的基础。[4]事实上，以米诺斯文明为标志的克里特文明形态远比以雅典为中心的希腊城邦文明类型悠久得多，甚至雅典还要为克里特提供给养。雅典王子忒修斯的最伟大业绩就与此有关。依据历史传说，米诺斯的儿子死于雅典，克里特王怀疑其为雅典人所谋杀，遂率强大的舰队征讨雅典。雅典人投降后便成为

[1]［英］弥尔顿著，朱维之译：《失乐园》，上海译文出版社，1984年，第24页。
[2] 叶舒宪著：《中国神话哲学》，中国社会科学出版社，1992年，第317—336页。
[3] 赵汀阳著：《天下体系：世界制度哲学导论》，中国人民大学出版社，2011年，第43—44页。
[4]［苏］兹拉特科夫斯卡雅著，陈筠、沈澂译：《欧洲文化的起源》，生活·读书·新知三联书店，1984年，第2页。

克里特的祭献国，定期送童男童女给米诺斯怪牛吃。后来，雅典王子在第三次进贡时主动将自己作为怪物的祭贡品，并在米诺斯公主的帮助下杀死怪物。我们与其将这样的传说当作神话读，还不如视其为历史。从历史发展的形态来看，以克里特为核心的文明类型深受东方文明特别是小亚细亚和埃及的影响。而雅典在很长的历史时期内不过是人家的贡献国。这非常符合历史发展的线索，只是西方人几乎不从或不愿从这样的角度去认识、寻找、研究、解释。这便是"历史记忆"的重要特征：有些东西被"遗忘"了，有的东西被"记忆"下来，而什么需要记住，什么需要遗忘，悉数经过"选择"以后做出。必须承认，希腊神话不仅在前荷马时期就已经存在，而且在希腊人迁移到希腊本土之前就已经有了原生形态。[1]虽然对于像迈锡尼这样的早期文明全貌还缺乏深入的了解，但是，任何一个研究古典学的学者都明白古代迈锡尼对于"希腊文化"的渊源作用和影响意义。虽然迄今为止人们已经无法彻底地了解迈锡尼文明时代的全貌和细节，但正如迈锡尼泥板文书向我们展示的那样，最古老的希腊世界在很多特征上都接近同时代的近东各国：克诺索斯、派罗斯等。[2]

尽管在许多背景联系、考古疑点、建筑和艺术等方面尚有未曾揭开的谜底，却并不妨碍西方"我者"对这一话语系统的建构、修补、拼凑、诠释和想象。换言之，许多"东方"还未清楚，就已经被仓促地确定和应用，这才是人类最大的一桩"疑案"。希腊神话明显地产生于不同的时期，其中许多神话中的地方性英雄系因政治目的而出现。此种情况贯穿于整个希腊历史。然而，其中大多数的神祇，像狄俄尼索斯形象变迁或者形态变形的因素非常古老，只不过其情节的演变和定型成就于希腊时期。[3]维柯甚至认为酒神巴库斯也是从印度来的，他以凯旋的方式坐在黄金车里（即一车谷物），所以他也是一位能驯服蛇和虎的人，正如赫拉克勒斯能驯服九头蛇和狮子一样。[4]相比较

[1] Martin P. Nillson, *The Mycenaean Origin of Greek Mythology*, Berkeley: University of California Press, 1972, p. 3.

[2]［法］让-皮埃尔·韦尔南著，秦海鹰译：《希腊思想的起源》，生活·读书·新知三联书店，1996年，第33—34页。

[3] Martin P. Nillson, *The Mycenaean Origin of Greek Mythology*, Berkeley: University of California Press, 1972, p. 1.

[4]［意大利］维柯著，朱光潜译：《新科学》，人民文学出版社，1986年，第392页。

而言，缘起和过程都可以淡化，结果在这里显得至关重要。很显然，当谢里曼发现墓地里的金面具，打电报给希腊国王说他“正面对阿伽门农的脸”的时候，不幸在时间上出了问题。人们通过把迈锡尼遗墟中的器物与古代近东进行比较，发现它们有着密切的关联。可是，迈锡尼的遗物和特洛伊战争在时间上有出入。前者被确认为是公元前1550年的物品，而特洛伊战争发生的时间为公元前1200～1100年。特洛伊遗墟的发掘显示它是被人焚毁的。[1]

神话的“中心说”少不了“天神”。在古希腊神话中，“宙斯”即为天神。据学者考述，宙斯这个词根与印欧语根有关系，拉丁文dies-deus、梵文dyeus同样有印欧语根。与印度的特尤斯天父、罗马主神朱庇特一样，Zeus Pater，即宙斯天父直接继承的是上天伟大的印欧神。同时，“天神”是一个系统，在这个系统中，簇拥着一群神祇。这些神在历史时序中的重要性会发生相应的变化。比如在希腊神话中，酒神可以作为一个典型的个案。娄斯认为酒神狄俄尼索斯是于公元前7世纪左右才进入希腊的。[2]据此，人们尚无法完全弄清酒神狄俄尼索斯属于哪一个民族，但至少有一点可以肯定：在他身上凝聚着浓郁的东方色彩。从他的身世来看，他曾经为了躲避天后赫拉的迫害，带领一群狂女浪迹天涯，足迹遍布埃及、叙利亚和印度。如果依据习惯上的地理概念，那么，在整个奥林匹亚神系统中，酒神狄俄尼索斯是最具有东方因子、东方价值、东方特点、东方形象、东方情调的一个神祇。由此可知，后来的酒神形象以及整个祭祀仪式也没能逃脱话语权力对它的规定和作用，被不断地加以改造。

话语具有单位界线，它会体现在社会的方方面面。它既有分类的意义，也有指认的意义。而且，现代社会中的“文本”本身就熔铸着权力的各种指示和命令。那么，一部小说或一部作品是否具备话语的单位性质呢？福柯在《知识考古学》中厘清了“书的单位/作品的单位”。对于一般的文本叙事作品而言，

[1] K. Dover, *The Greeks*, Oxford : Oxford University Press, 1982, pp. 3-4.

[2] H. J. Rose, *Gods and Heroes of the Greeks: An Introduction to Greek Mythology*, New York: Meridian Book Inc., 1960, p. 23.

书籍的物质单位构成了一部作品的基本物化性界限。但是，如果以书籍为话语单位就显得很无力和次要。因为在同一个书籍的物质单位里面，包括的叙事内涵远不相同。一部司汤达的小说或一部陀思妥耶夫斯基的小说的个体化不同于《人间喜剧》诸篇，而《人间喜剧》中的各篇又不同于《奥德赛》《尤利西斯》。[1]从此可知，话语的单位标志可以多种多样，而这些不同系统的标志和语义交织在一起。在经过这些复杂的折磨之后，福柯给出了一个话语单位界线的更高层次的原则："关于这些话语我们可以简要地说，它们确定着'人类的科学'。但这只是特权的基点。我们应该牢记两个事实：话语事件的分析绝对不会被界限于这样一个领域中；另一方面，对这个领域本身的分割也不能被视为最终的，也不是绝对有价值的；它只是近似值。这个近似值应使一些关系的出现成为可能，而这些关系又有可能消除那个最早构想的界限。"[2]

世界的"中心"原理，早在创世神话中就已经定型，成为原型。虽然世界的格局一直在发生变化，"中心话语"也会随着发生变化，却不妨碍其历史谱系和客观存在。今天，在"反思原则"之下，有些问题属于当代政治形态格局，但就认知原理和文化文本的角度，一些带根本性的问题早就在创世神话中潜匿着。所以，我们毋宁将人类的创世神话视为一份独特的、关于人类认知性表述的文化遗产。

[1] [法] 米歇尔·福柯著，谢强、马月译：《知识考古学》，生活·读书·新知三联书店，1998年，第26页。
[2] 同上书，第36—37页。

神话文本：从天地创生到万物显灵

徐新建[1]

（1，四川大学，四川成都，610207）

摘要：神话是一个文本。神话的核心在于灵性思维。在人类迄今的大多数文明类型中，由于感性力量及万物有灵的信仰传承，世界各地——尤其是拥有被称为“原生知识”的人群仍保存着滋养自身文化与传统的灵性思维和灵气特征。这种特征的主要呈现方式即传承至今的神话。面对智能时代的严峻挑战，重新直面人类社会普遍存在的神话传统，无疑具有重大意义并将产生深远影响。

关键词：神话文本；灵性思维；原生知识；智能时代

一

神话是一种文本，也是一种精神现象的世代传承。神话在过去关涉文学和信仰，如今已开始关涉科技、历史以及人类命运与未来前途。因此，神话不应只被看成远古的传说或被封存的遗产，而当视为人类与生俱来的思维方式及其从源起到将来的超验践行。

2017年，美国畅销书作者皮埃罗·斯加鲁菲邀请中国作者以汉语首发方式合作出版一部新著，宣称由于现代科技的突飞猛进，人类正在变为新的物种，进入前所未有的2.0阶段。作为人工智能专家及《硅谷百年史》的主要作者，皮埃罗被誉为硅谷模式的最佳观察者与见证人。在有关人类2.0的描述中，他表达的看法是，人类历史已发生根本性突变，在迈向未来的新阶段里，生物与机器必然结合，技术将改变生命的原本面貌。[1]这就是说，随着科技日新月异的发展，"旧人类"时代就要结束，"新人类"即将登台。什么样的"新人类"呢？皮埃罗没有指明。

在此之前，以色列人赫拉利在《未来简史》一书里已有回答。按照他的推断，"新人类"的标志是借助科技手段实现生命进化史上的再一次"脱胎换骨"，最终完成从"智人"到"智神"的转化：

> 进入21世纪后，曾经长期威胁人类生存、发展的瘟疫、饥荒和战争已经被攻克，智人面临着新的待办议题：永生不老、幸福快乐和成为具有"神性"的升级人类。[2]

赫拉利所言的"智神"由Homo Deus构成，是拉丁语"人类"与"创世神"的组合。因此，《未来简史》对从"智人"到"智神"转折的描述，即已意味着"新人类"代表的出现及其朝向神话的升华与回归。现在的问题是，面对神话，赫拉利们代表的"新人类"只是回归，而非开创。因此，即便为了返本开新，也不得不转向与人类长久伴随且普遍存在的神话传统，重新领悟其丰

---

[1]［美］皮埃罗·斯加鲁菲、牛金霞、闫景立著：《人类2.0：在硅谷探索科技未来》，中信出版社，2017年，第375页。

[2]［以色列］尤瓦尔·赫拉利著，林俊宏译：《未来简史：从智人到智神》，中信出版社，2017年。

富多彩的本貌与原型。

这就需要越过“现代性”，回望被遮蔽已久的超验世界和神灵信仰。与技术理性主导的“现代”不同，在前现代的人类文明类型中，由于感性力量及万物有灵的信仰传承，世界各地——尤其是拥有被称为“原生知识”的人群中，仍保存着滋养自身文化与传统的灵气特征。在我看来，这些灵性思维的文明根脉，不是别的，就是至今仍普遍传承的神话传统。

二

在讲述与传播形式上，神话是人与万物相互关联的故事，是人与外界交往中，对生命存在与宇宙运行的认知、理解和表达。在神话故事的表达中，宇宙是万物有灵的世界，与人的心灵内外相连。在这样的神话世界里，时间、空间和万物完整对应，构成了因果关联的有机整体，其中包括从初始的缘起到终极的未来、从茫茫无际的星空到微不足道的沙粒，同时也呈现了极乐至美的天堂与恶魔称霸的地狱。

过去的一些理论把神话视为原始，认为是人类进化阶段中的过去式产物，仅仅隶属于不发达的史前社会，这是一种误解。作为人类思维的灵性体现，神话永恒存在，不止源于过去，延续至今，而且指向未来。神话“提供智慧而非知识，统一而非碎片，秩序而非混乱，精神慰藉而非不信，意义而非困惑”。[1]

迄今以来，人类物种的演化进程，主要依靠三组由内及外的思维类型：① 依托情感和意志养育个体经验的“感性思维”；② 借助智能（也就是如今科技术语所说的程序、算法）使社会组织有效运行的“理性思维”；③ 通过万物有灵信仰建构世界整体的“灵性思维”。作为囊括并整合了感性与理性的升华物，“灵性思维”堪称最高象征。“灵性思维”的突出代表就是神话。关联如下：

[1] [日] 马修·斯滕伯格撰，王继超译：《神话与现代性问题》，《长江大学学报（社会科学版）》，2018年第3期，第1—8页。

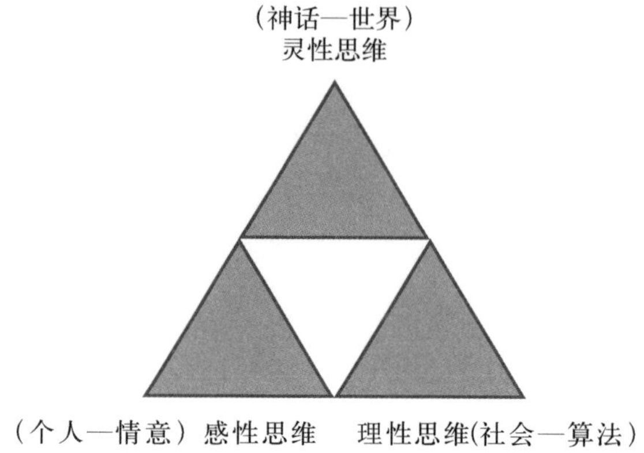

图1　三者关联示意图

在人类演变的时间序列中，神话长久存在，只不过相对于工业兴起后的现代而言，它更为普遍地呈现于被称为“初民社会”的“原始”人群里。必须重新厘清的是，此处的“初民”当指秉持“人科人属智人类”天赋的人。“初”和“原始”的意思，也非被进化史观判定的代表蒙昧、野蛮的史前阶段，而当指人人具有的原初性，即可由基因传递的生物特性，因此是人类与生俱来的生命基点和本源。所谓“原始”该理解为“元始”才对。由此类推，将神话体现的灵性思维称为“元始”而非“原始”就更合适了。作为人类社会的知识类型，神话承载的知识也不该归入史前遗产而当视为更深层和珍贵的原生知识。

于是可以说，与人类成员普遍具有并以“知、情、意”三位一体构成的心理模式相类似，灵性、感性与理性也是三维并置的人类思维类型，是共时性互补结构而非历时性的前后替代。这样说来，列维-布留尔那部流传甚广的《原始思维》就暴露了明显的认知局限和表述误导。因为在他笔下，“原始”的含义还不仅仅指“前”和“初”，而更表示“低级”和“落后”。[1]

世界文明的多元事实是，通过口头传诵及仪式展演，神话承载的“万物有灵”或“万物归主”信仰的确获得了普遍而充分的呈现。“初民”的神话表达

[1]［法］列维-布留尔著，丁由译：《原始思维》，商务印书馆，1985年。布留尔对“原始”的解释与评判最早出自其在1930年代出版的《低级社会中的智力机能》（*Les fonctions mentalcs dans les societes inferieures*）一书。在其中他把与“地中海文明”相异的其他类型称为野蛮、落后和低等。布留尔的此种划分对后世影响深远，负面与正面并存。

出，人类与万物赖以栖居的世界是被超自然神灵创造出来的，因而这个世界不仅具有生命，而且与神性关联。由此，天、地、人、物乃至整个宇宙，绝非彼此疏离的散沙或相互对抗的仇敌，而是血肉相连的有机整体。

希伯来《旧约》记载：神（上帝）创造出天地之后，又按自己的样子造出人，从而把神性赋予人类，使之成为高于其他存在的有灵类。

在多民族构成的中国传统里，华夏世界流传着“盘古开天辟地”及“女娲造人”的创世传说。被郭璞注解《山海经》(《大荒西经》) 时记载下来的神话：

女娲，古神女而帝者，人面蛇身，一日中七十变，其腹化为此神。[1]

在汉代应劭的《风俗通》里，则阐发为更为具体的“造人说”，曰：

俗说天地开辟，未有人民，女娲抟黄土作人。[2]

如今，“女娲造人”神话已列入当代中国的学校课本，女娲在具体教学案例中不仅被称为中华民族的“伟大母亲”，[3]并被作为“神和人的结合体”予以强调，继而希望引发对传统神话之现代意义的关注。教学者转引学界阐发的观点说：“中国现代文明远离神话，现代人不能从祖先那里感知‘灵性’，这个损失太大了！”[4]

这样的事例说明，作为一种思维传统，神话不仅并未消失，而且其所隐喻的人神合一观念仍对当代人的认知产生着深刻影响。

在与华夏关联的四夷人群里，流传于湘西与黔东的苗族古歌唱诵了神灵对天地的多次创造，表达说本来的世界“开天立地，气象复明”，后又混沌不清，“陆地粘着故土，天空连接着陆地”。在被称为平地公公和婆婆两位神灵的合作开创下，天地才重新分离，平地公公用平地婆婆的身躯为材料再度创制了万物相连的血肉世界：

把她的心制成高高的山梁，
将她的肾做成宽大的陡坡。

[1] 袁珂校注：《山海经校注》，上海古籍出版社，1980年，第389页。

[2]（宋）李昉等撰：《太平御览》，中华书局，1960年，第365页。

[3] 刘云：《还原一个朴实感人的母亲——〈女娲造人〉教学片段》，《语文教学通讯》，2011年第32期，第28页；新沪教版语文小学四年级上册《盘古开天辟地》资料《女娲造人》：https://wenku.baidu.com/view/c7c9dfa5c9d376eeaeaad1f34693daef5ff71305.html。

[4] 刘宏业：《从发现到呈现——以〈女娲造人〉为例谈神话教学核心价值的确立和实施》，《语文学习》，2010年第4期，第60—61页。

这样地分开了，
下面的就成了陆地，
上方的变成了天空……[1]

在收集于21世纪的田野资料中，贵州麻山地区的苗族歌手则颂唱了创世过程中人神与万物及子孙后代的因果关联：

女祖宗造成最初的岁月，
男祖宗又造接下的日子。
造九次天，造九次人。

有了天，才有地，
有了太阳，才有月亮。
有了天外，就有旷野，
有了大地，才有人烟。
……
有了根脉，才有枝丫。
有了上辈，就有儿女。[2]

在此前发表的论述里，笔者曾尝试对苗族古歌的创世颂唱进行分析，认为其核心就在“万物相关”和“神灵创世”。从知识论及认识论意义来说，这种颂唱的重要意义不但体现为“道出了万物起源、人类由来以及历史演变和族人命运”，而且“为关涉者自我的主体确认和文化的口承传递提供了最基础的构架和前提”。[3]

三

可见，神话及其依存的灵性思维皆指向一个双关的问题核心，也就是都在同时追问何为世界本源以及何处才是存在所归。在这意义上，可以说神话的原

[1] 石如金、龙正学收集/翻译：《苗族创世纪史话》，民族出版社，2009年，第113页。
[2] 中国民间文艺家协会主编：《亚鲁王》，中华书局，2011年，第57页。
[3] 徐新建：《生死两界“送魂歌”——〈亚鲁王〉研究的几个问题》，《民族文学研究》，2014年第1期，第74—90页。

型一是描绘生命起始的“创生源”，二是预言万物今后的“未来世”。

在由古至今的神话思维认知中，创生并非时间上的一次事件，而更指向宇宙万物的超时空因果关联，因此不仅关涉起源论意义上的原初创造，并且还涉及世界——天地、人间的多次诞生。在如今中国境蒙、藏等族中流传的《格萨尔王传·天界篇》里，其不但描绘了天界、地域与人间整体联系的三重场景，而且以连续创生——化身、演变、转世的方式叙说了世间邪魔的由来。歌中唱道：

> 四个黑头滚下坡时，向天祈祷：我们是恶魔的精灵，但愿来世能变成佛法的仇敌，世界的主宰。这四个黑头，后来果然变成北方魔国的鲁赞王、霍尔国的白帐王、姜国的萨当王、门国的辛赤王。[1]

在这种神话思维支配下，就连降魔英雄格萨尔的降生也与此同构：

> 最后一个白头抓起一把黄花，抛向天空，虔诚祈祷：但愿来世我能变成降伏黑魔的屠夫，拯救众生的上师，主宰世界的君王。他的善良的心愿实现了，成为威震世界的格萨尔大王。[2]

可见，与其把《亚鲁王》《格萨尔》等有关某一人群世俗性由来的描述归入民族学范围的“族源神话”，不如视为更广泛、内在地揭示世界之发生学意义的本源原型。也正因为本源与归所相互关联，在这些千古流传的神话颂唱中，才会普遍出现为亡灵指路，引导他们走完由生到死、再向死而生的生命路程。从来处来，到去处去，实现起点与归属的结构连接，生死一体。一如彝族《指路经》展示的那样，先向亡灵告知生命归属的地方——祖灵所来之地：

> 钠铁书夺山，有一和确居。
>
> 那座和确里，爷死归那里，奶死归那里，父死归那里，母死归那里……人人必同归。[3]

而后用神话之歌将亡灵引向未来：

> 赴阴寻祖去。你爷去的路，你奶去的路，你父去的路，你母去的

[1] 降边嘉措：《扎巴老人说唱本与木刻本〈天界篇〉之比较研究》，《民族文学研究》，1997年第4期，第23—28页。
[2] 同上。
[3] 果吉·宁哈、岭福祥主编：《彝文〈指路经〉译集》，中央民族学院出版社，1993年，第597页。

路，你宗去的路，你族去的路……[1]

四

如今，与初民通过创世神话表述的“肉身世界”不同，后现代的新科技话语推出了迈向机器主宰的新历史。表面看来，二者似乎隔着鸿沟，截然对立，然而仔细辨析，在对超自然存在的信念上却存有深层关联，因此可望在兼收并取基础上达成新的融合。

对于被过度理性困扰尤其是面临人工智能（AI）挑战的现代人类来说，重新回顾并挖掘各民族“创世神话”蕴藏的多重内涵，无疑具有重大的现实意义，并将产生深远影响。

对此，皮埃罗・斯加鲁菲这样的硅谷专家也呼吁说：

当我们不断追逐科技创新的一个个高峰之时，或许有时候需要回到起点，重新反思走过的路。[2]

如果说皮埃罗反思起点还局限于科技自身，呼吁直面人工智能新挑战的尤瓦尔・赫拉利则体现出前现代与后现代的打通和兼容。赫拉利认为，在经历了人文主义的表述破灭之后，人类社会的未来目标只剩下一个：获得神性。[3]

如果来自科技界的这种担忧值得关注的话，以往被现代话语视为蒙昧落后的神话传统无疑将显示出多重意义和价值。

苗族古歌演唱说，人类诞生于一只枫木上的蝴蝶：

最初最初的时候，
最古最古的时候。
枫香树干上生出妹榜，
枫香树干上生出妹留。

“妹榜”“妹留”是苗语音译，译成汉语，就是“蝴蝶妈妈”。

[1] 果吉・宁哈、岭福祥主编：《彝文〈指路经〉译集》，中央民族学院出版社，1993年，第597页。
[2] [美] 皮埃罗・斯加鲁菲、牛金霞、闫景立著：《人类2.0：在硅谷探索科技未来》，中信出版社，2017年，第400—401页。
[3] [以色列] 尤瓦尔・赫拉利著，林俊宏译：《未来简史：从智人到智神》，中信出版社，2017年。

还有枫树干
还有枫树心
树干生妹榜
树心生妹留
这个妹榜留
古时老妈妈[1]

这些至今流传的创世神话始终倾诉着这样的道理：万物有灵，人类来自万物显灵之处；世界一体，生死同归；历史并非单线，存在便是循环。千万年来，秉持这样的信念，人类不但与自然融合相处，自身亦保存内在神性。

或许这才是认知神话传统的方法和路径？

在文学与人类学的交叉路上，学兄舒宪长期呼吁重视神话的价值和意义，强调神话是文学和文化的源头，是人类群体的梦。在介绍西方神话学家坎贝尔的一部新著写的“代序”里，舒宪还表示出对未来充满期盼。他指出，“各民族古老的神话故事，能充当永恒的精神充电器和能量源”。[2]

但愿如此。

结合数能时代的最新挑战，我欲补充的是：神话是一个文本，漫长而又幽深。神话文本如同一部口耳相传且因时变异的大书。今来古往，从世界创生到万物显灵，我们都生活在神话这个文本之中。灵性不灭，神话永存，除非有一天机器人“索菲娅”后裔掌控的量子计算机使宇宙越过奇点，坠入黑洞，万物沉寂，天地重归于无。[3]

不过，那样的图景，不又是一则未来神话了吗？

[1] 贵州省民间文学组整理，田兵编选：《苗族古歌》，贵州人民出版社，1979年，第183—184页。

[2] 张洪友著：《好莱坞神话学教父约瑟夫·坎贝尔研究》，陕西师范大学出版总社有限公司，2018年，第5—6页。

[3] 2017年10月26日，机器人“索菲娅”（Sophia）在沙特阿拉伯被授予公民身份，人工智能产物开始享有与其他人类成员同等的地位和权力。参见中新网（2017年11月3日）：《地球公民迎来新“物种”——人类能否控制人工智能？》（http://www.chinanews.com/gj/2017/11-03/8367235.shtml）。

创世神话传说的内容类型及其文化扩展

郑杰文[1] 张 伟[2]
（1，山东大学，山东济南，250100；2，山东大学，山东济南，250100）

摘要：天地创造类神话传说包括天地开辟、抵御灾害、工具创造等类别，延伸为九州说、大九州说、盖天说、浑天说和宣夜说等纬地经天理念。随着原始先民归纳万事万物的特征与性质，五行思想、五德终始说等学术思想得以发展。人类始祖类神话传说包括抟土造人、聚气为人等类别，延伸为生死转化思想。人类的学问分为三大类：第一类是天人之学，第二类是人人之学，第三类是生往之学。中国人讲得最好的就是以儒家为代表的“人人之学”。中国的天人之学原来不错，后来衰落了，于是便有了“西学东渐”。“生往之学”，先秦时期庄周学派讲“等生死”，但两汉以后没有继承下来，所以魏晋起佛教在中国广泛传播。佛教代替庄周学派的生死论成为中华民众的生死文化理念。

关键词：创世神话传说；内容类型；文化扩展

在世界大多数民族的神话体系中，都有创世内容。中国创世神话传说主要有天地开辟和人类始祖两类，它们各有文化延伸。

一、开天辟地类神话传说及其文化延伸

（一）天地创造类神话传说

1. 天地开辟

在中国古代神话体系中，最著名的开辟神话当属盘古开天辟地。迄今所见最早记载盘古开辟神话的文献为三国吴人徐整的《三五历纪》，其言曰：

> 天地混沌如鸡子，盘古生其中，万八千岁，天地开辟。阳清为天，阴浊为地，盘古在其中，一日九变，神于天，圣于地。天日高一丈，地日厚一丈，盘古日长一丈。如此万八千岁，天数极高，地数极深，盘古极长。后乃有三皇。数起于一，立于三，成于五，盛于七，处于九，故天去地九万里。[1]

这则神话将天的属性归结为“阳”“清”，将地的属性归结为“阴”“浊”，体现了中国先民通过观察自然而形成的朴素阴阳观念。这种朴素的阴阳观念经过抽象化，便形成了包含阳爻和阴爻两种符号的八卦及其中所蕴含的阴阳转化思想。

2. 抵御灾害

由于原始社会生产力水平低下，人类无法有效地抵御自然灾害，人类的文明成果常常在自然灾害中毁于一旦。因此，在早期先民中间盛传一些救世神话。这些救世神话一方面是原始先民遭受自然灾害并与之抗争的反映，另一方面也体现了原始先民思维中祸福相倚、一治一乱的朴素辩证思想。在基督教神话体系中，最著名的救世神话是诺亚方舟的传说，而在中国，最具有代表性的救世神话是大禹治水的传说。《山海经·海内经》：

> 洪水滔天，鲧窃帝之息壤以堙洪水，不待帝命。帝令祝融杀鲧于

---

[1]（宋）李昉等撰：《太平御览》（卷二），中华书局，1960年，第8页。

羽郊。鲧复生禹，帝乃命禹卒布土以定九州。[1]

考古发掘显示，前仰韶文化时期的北方新石器时代文化遗址多分布于黄河流域各支流中游地区的高地上。[2]而前仰韶文化时期正处于全新世大暖期的开端，当时黄河流域有充足的降水，河水与地下水水位均较高。以上自然环境特征可能是史前洪水传说产生的自然地理背景。

3. 工具创造

在中国古代神话体系中，工具创造神话也占据着重要地位。《周易·系辞下》载："古者庖牺氏之王天下也……作结绳而为网罟，以佃以渔。"而记载中国上古发明创造神话最为丰富的文献当属《世本·作篇》。《世本·作篇》所载发明创造有83项，其中食用类10项、衣着类7项、居住类3项、交通类7项、制度类7项、祭祀类3项、历算类7项、农业类2项、音乐类19项、卫体类6项、器物类10项、字画类2项。[3]《世本·作篇》所载发明创造神话具有鲜明的类型化色彩。如将水井、火食、甲子、历算等与人类生活密切相关的发明创造都归功于黄帝或其臣子，而将兵器的发明权赋予了蚩尤。在古史传说中，黄帝是兴起于西部姬水流域的农业部族，而蚩尤则是地处东方的九黎部族首领。黄帝及其大臣所发明的水井、火食、甲子、历算等事物具有鲜明的部族色彩。九黎部族首领蚩尤发明青铜兵器的传说，则可能与江淮地区的冶炼传统有密不可分的关系。

虽然原始物质发明不尽如《世本·作篇》所言均出于圣人、贤臣之手，但人类学家在东南亚原始部族中发现，不同的人掌握着不同的手工工艺。这些掌握手工工艺的人不从事其他生产活动，而是将自己的手工工艺代代相传。原始部族中这些世代相传的手工业者在国家建立后，便成为专司制造业的工官。这批工官关于手工工艺的经验总结和理论阐发便被保存在了《墨经》《考工记》等后世文献中而流传下来。

---

[1]《山海经传·海内经第十八》，四部丛刊景明成化本。

[2] 王妙发：《黄河流域的史前聚落》，《历史地理》，1988年第6期，第73—93页。

[3] 统计数据见原昊：《历史神话化的文本典范——〈世本·作篇〉所载发明创造类神话蠡测》，《古籍整理研究学刊》，2011年第3期，第69—72+50页。

（二）文化延伸之一：纬地经天

随着认识水平的提高，人类开始试图解释天地自然事物，其理论成果便是战国时期出现的九州说及盖天说、浑天说等宇宙结构理论。

《尚书·禹贡》将天下划分为九州，并记载了九州的山川形势、土壤物产等地理要素。它将九州的土地分为上上、上中至下中、下下九等。其中土壤居于上上的为雍州，青州、豫州居于中上，冀州、徐州居于中中，兖州居于中下，而地处长江流域的梁州、荆州、扬州的土壤肥沃程度则分别是下上、下中、下下。由此可见，在先秦时期，黄河流域的农业耕作条件远远优于长江流域。因此，夏、商、周等农业文明先后诞生在黄河流域。由于农业生产资料——土地的特殊性，农业部族往往安土重迁，而且早期生产力水平低下，耕种、灌溉等生产活动需要个体家庭之间的协作来完成，因此在农业部族中，人际关系成为长期共居一处、共同从事生产劳动的农业部族各成员首先需要处理的问题。此外，早期农业生产注重经验积累，因而在农业文明中也形成了“尊老”“重老”的习俗。周部族兴起于当时土壤最为肥沃的雍州地区，是典型的农业部族，因而周文化也呈现出重视人际关系、尚实重功的特色。诞生于周文化母体之中的儒家思想对农业部族人际关系方面的经验进行了概括和总结，发展出一套极为精致、复杂的伦理学说。

九州说之外，又延伸出大九州说。《史记·孟子荀卿列传》载有战国时期齐阴阳家邹衍言：

> 儒者所谓中国者，于天下乃八十一分居其一分耳。中国名曰赤县神州。赤县神州内自有九州，禹之序九州是也，不得为州数。中国外如赤县神州者九，乃所谓九州也。于是有裨海环之，人民禽兽莫能相通者，如一区中者，乃为一州。如此者九，乃有大瀛海环其外，天地之际焉。[1]

中国古代有三种宇宙结构理论：盖天说、浑天说和宣夜说。其中最先产

[1]（汉）司马迁撰：《史记》，中华书局，1963年，第2344页。

生的是盖天说。此理论又可分为“周髀家盖天说”与“《周髀算经》盖天说”两个发展阶段。前者的核心观点是“天员（圆）如张盖，地方如棋局”（《晋书・天文志上》），把天想象为半球形，把地想象为平正的棋盘，天居于地之上。后者在前者的基础上进一步完善了此理论，认为天与地均为穹形，二者共同构成一个同心圆盖；北极是天穹的中央，天穹运载着日月星辰，绕北极星自右向左旋转不息；天覆盖于地之上，且比地高出八万里。

浑天说认为“天如鸡子，地如鸡中黄，孤居于天内，天大而地小”（《晋书・天文志上》）。在浑天说看来，天是圆球形的，天大而地小，地被包裹在天之内。天有南北两极，天球及附着于其上的日月星辰都围绕极轴旋转。地浮于水上，天地之间存在的气维持着天地之间的平衡。由于盖天说理论存在诸多疏漏之处，且在实际运用中，用盖天说理论“考验天状，多所违失”，因而浑天说逐渐取代盖天说成为占主导地位的宇宙模式。东汉蔡邕曾对盖天、浑天和宣夜三种宇宙模式加以评论：

> 言天体者有三家：一曰《周髀》，二曰《宣夜》，三曰《浑天》。宣夜绝无师说；周髀数术具在，考验天象，多所违失，故史官不用。唯浑天者近得其情。[1]

（三）文化延伸之二：学术发展

原始先民在同自然抗争的过程中，加深了对自然界的认识，开始归纳万事万物的特征与性质。这种思维运动的理论成果便是原始五行思想。五行思想的系统表述最早见于《尚书・洪范》：

> 我闻在昔：鲧堙洪水，汩陈其五行。……初一曰五行。……一五行：一曰水，二曰火，三曰木，四曰金，五曰土。水曰润下，火曰炎上，木曰曲直，金曰从革，土爰稼穑。润下作咸，炎上作苦，曲直作酸，从革作辛，稼穑作甘。[2]

---

[1]（汉）孔安国传，（唐）孔颖达正义，黄怀信整理：《尚书正义》，上海古籍出版社，2007年，第78页。
[2] 曾运乾著：《尚书正读》，中华书局，1964年，第126—129页。

五行思想产生后，以其普遍适用性被运用于人类生活的各个方面，并由此衍生出了社会政治领域的五德终始说。《吕氏春秋·应同》较完整地保存了五德终始说的内容：

> 凡帝王者之将兴也，天必先见祥乎下民。黄帝之时，天先见大螾大蝼。黄帝曰“土气胜”，土气胜，故其色尚黄，其事则土。及禹之时，天先见草木秋冬不杀。禹曰“木气胜”，木气胜，故其色尚青，其事则木。及汤之时，天先见金刃生于水。汤曰“金气胜”，金气胜，故其色尚白，其事则金。及文王之时，天先见火，赤乌衔丹书集于周社。文王曰“火气胜”，火气胜，故其色尚赤，其事则火。代火者必将水，天且先见水气胜，水气胜，故其色尚黑，其事则水。[1]

魏晋之前，长江流域“地广人希，饭稻羹鱼，或火耕而水耨”“民食鱼稻，以渔猎山伐为业”。这种“以渔猎山伐”为主的经济形态对自然的依赖性比较强，所以长江流域的原始先民十分关注自然界的变化，关注人与自然的关系。由对自然的密切关注而产生对自然物质及其运行规律的探索。江淮冶制文化即为此中探索的产物。《国语·郑语》“史伯为桓公论兴衰”章载周史官伯阳父曾论：

> 夫和实生物，同则不继。以他平他谓之和，故能丰长而物归之，若以同裨同，尽乃弃矣。故先王以土与金木水火杂，以成百物。是以和五味以调口，刚四支以卫体，和六律以聪耳，正七体以役心，平八索以成人，建九纪以立纯德，合十数以训百体。出千品，具万方，计亿事，材兆物，收经入，行姟极。故王者居九畡之田，收经入以食兆民，周训而能用之，和乐如一。[2]

其“和实生物”“以土与金、木、水、火杂，以成百物”等论说，与金属冶炼过程可以互参——冶炼所用石料矿物取自大地，是大地的一部分，从哲学思考的角度可归结为“土”；而烧制矿石需用木柴，木柴从哲学思考的角度可

[1]（战国）吕不韦著，陈奇猷校释：《吕氏春秋新校释》，上海古籍出版社，2002年，第682—683页。
[2] 徐元浩撰，王树民、沈长云点校：《国语集解》，中华书局，2002年，第470—472页。

归结为“木”；木柴燃烧为火；火烧矿石而成液态熔物，此液态熔物，从哲学思考的角度可归结为“水”；此液态熔物之“水”浇铸成型而为金属器具，这便是“成百物”。伯阳父此论，是对前人在反复观察、长久思考中逐步归纳而提炼出的五行理论的综合运用。

关于伯阳父的籍贯，典籍缺载，而《国语·郑语》“史伯为桓公论兴衰”章载，郑桓公欲向楚地发展以避难时，伯阳父劝阻他说：“夫荆子熊严生子四人：伯霜、仲雪、叔熊、季紃。叔熊逃难于濮而蛮，季紃是立，薳氏将起之，祸又不克。是天启之心也，又甚聪明和协，盖其先王。臣闻之，天之所启，十世不替。夫其子孙必光启土，不可偪也。且重、黎之后也，夫黎为高辛氏火正，以淳耀敦大，天明地德，光照四海，故命之曰‘祝融’，其功大矣。夫成天下之大功者，其子孙未尝不章，虞、夏、商、周是也。”由伯阳父对楚史的娴熟程度来看，伯阳父应是楚人或者是熟识楚文化的人。而楚文化正是他用阴阳解说地震原因、用五行解说“百物”成因的重要条件。

二、人类始祖类神话传说及其文化延伸

（一）人类始祖类神话传说

广义的创世神话不仅包括天地开辟神话，还包括造人神话。在基督教神话体系中，有上帝造人的神话传说，而在中国则有抟土造人和聚气为人的说法。

1. 抟土造人

女娲抟土造人的传说见于《太平御览》卷七十八引《风俗通》：

> 俗说天地开辟，未有人民。女娲抟黄土做人，剧务，力不暇供，乃引绳于絙泥中，举以为人。[1]

抟土造人的传说应与黄河流域农业文明有着密不可分的关系。黄河流域的原始先民多为农业部族，而各种农作物都依靠土地才得以生长，所以在原始农业部族的思想意识中，土地是生命之源。由于原始思维具有“杂糅”“互渗”

[1]（宋）李昉等撰：《太平御览》，中华书局，1960年，第365页。

的特性，[1] 所以原始农业部族认为人的生命也同植物一样来自大地，人死后也要“入土为安”。抟土造人神话有鲜明的农业部族特色。

2. 聚气为人

江淮流域则产生了以“气”解释万物生成、演化的理论。这种理论认为：

> 人之生，气之聚也；聚则为生，散则为死……故曰：“通天下一气耳。”（《庄子·知北游》）[2]

以“气”为万物之源的理论应与江淮地区金属冶炼业的发展有着密不可分的关系。金属冶炼能促使物态在固、液、气三态之间发生剧烈转化。这一物态剧变现象的无数次重复，引发了思想家们的哲学思考。于是便产生了以“气”为万物之源的理论。这一理论在齐稷下学宫被发展为精气说而保存于《管子》中。如《管子·枢言》：“有气则生，无气则死。”又如《管子·内业》：“凡人之生也，天出其精，地出其形，合此以为人。”

（二）文化延伸：生死关系

居于东部沿海地区的原始先民相比于内陆居民而言，其对太阳西落东升的直观感觉更为强烈。随着社会生产的发展和人类思维水平的提高，他们逐渐将自己对自然的直观感受上升为对人生历程的理性思考，产生了生命循环、“死而后育”的观念。战国时期，“死而后育”的观念呈现出两条发展路径：一是以庄子为代表的部分学者提出了视死如生、理性看待生死的思想命题；二是东海沿岸的神仙方士主张通过到海外求仙访药来求得长生不死。

庄子在“物化”理论的基础上，得出“方生方死，方死方生”的结论，从而论证了生死一齐的思想。《庄子·至乐》载：

> 庄子妻死，惠子吊之，庄子则方箕踞鼓盆而歌。惠子曰：“与人居，长子老身，死不哭亦足矣，又鼓盆而歌，不亦甚乎！”庄子曰：“不然。

[1] 原始思维“杂糅”“互渗”的特征具体表现为人类没有从思想观念上把人与自然界的动植物区分开来，即没有出现作为认识主体的“人”的观念。参见［法］列维-布留尔著，丁由译：《原始思维》，商务印书馆，1985年。

[2]（清）郭庆藩撰，王孝鱼点校：《庄子集释》，中华书局，1961年，第733页。

是其始死也，我独何能无慨然！察其始而本无生，非徒无生也而本无形，非徒无形也而本无气。杂乎芒芴之间，变而有气，气变而有形，形变而有生，今又变而之死，是相与为春秋冬夏四时行也。人且偃然寝于巨室，而我噭噭然随而哭之，自以为不通乎命，故止也。”[1]

在《至乐》中，庄子还假借髑髅之口，大谈死后的幸福：

髑髅曰："死，无君于上，无臣于下；亦无四时之事，从然以天地为春秋，虽南面王乐，不能过也。”庄子不信，曰："吾使司命复生子形，为子骨肉肌肤，反子父母妻子闾里知识，子欲之乎?”髑髅深矉蹙頞曰："吾安能弃南面王乐而复为人间之劳乎?”[2]

庄子的这种生死观与其所持的生命哲学有密切关系。庄子认为“万物齐一”，生死可以互相转化：

生也死之徒，死也生之始。孰知其纪！人之生，气之聚也；聚则为生，散则为死。若死生为徒，吾又何患！故万物一也，是其所美者为神奇，其所恶者为臭腐；臭腐复化为神奇，神奇复化为臭腐。故曰："通天下一气耳。”圣人故贵一。[3]

中国东部沿海地区邻近朝鲜半岛和日本列岛。原始先民在航海过程中开阔了视野，增广了见闻。对海洋的向往与生命循环、“死而后育”的观念结合，产生了到海外寻仙访药以求长生的方仙道思想。战国时期，方仙道思想产生于东部沿海的燕、齐一带，至秦汉时期发展到鼎盛阶段。“及至秦始皇并天下，至海上”，方士言东海三神山及仙人仙药者“不可胜数”。汉武帝时，“齐人上疏言神怪奇方者以万数”(《史记·封禅书》)。方士言海外有神山，山上有安期生、羡门、高誓等仙人及芝草等不死药，巡游海上则可求得不死仙药，服之可长生久视。至东汉魏晋时期，方仙道思想进一步体系化，方士组织也更加严密，道教思想由此产生。

---

[1]（清）郭庆藩撰:《庄子集释》，中华书局，1961年，第614—615页。

[2] 同上书，第619页。

[3] 同上书，第733页。

（三）文化替代：佛教突入

人类的学问分为三大类：第一类是天人之学，第二类是人人之学，第三类是生往之学。中国人讲得最好的就是以儒家为代表的“人人之学”。中国的天人之学原来不错，后来衰落了，于是便有了“西学东渐”。“生往之学”，先秦时期庄周学派讲“等生死”，但两汉以后没有继承下来，所以魏晋起佛教在中国广泛传播。

秦汉大一统背景下，东西地域文化将晋国、魏国的“全生说”与海滨“长生说”合二为一，受到执政阶层青睐。《吕氏春秋》载：

> 子华子曰：“全生为上，亏生次之，死次之，迫生为下。”故所谓尊生者，全生之谓。所谓全生者，六欲皆得其宜也。所谓亏生者，六欲分得其宜也。亏生则于其尊之者薄矣。其亏弥甚者也，其尊弥薄。所谓死者，无有所以知，复其未生也。所谓迫生者，六欲莫得其宜也，皆获其所甚恶者。服是也，辱是也。辱莫大于不义，故不义，迫生也。而迫生非独不义也，故曰迫生不若死。奚以知其然也？耳闻所恶，不若无闻；目见所恶，不若无见。故雷则掩耳，电则掩目，此其比也。凡六欲者，皆知其所甚恶，而必不得免，不若无有所以知。无有所以知者，死之谓也，故迫生不若死。嗜肉者，非腐鼠之谓也；嗜酒者，非败酒之谓也；尊生者，非迫生之谓也。[1]

《史记·封禅书》：

> 自齐威、宣之时，驺子之徒论著终始五德之运，及秦帝而齐人奏之，故始皇采用之。而宋毋忌、正伯侨、充尚、羡门高最后皆燕人，为方仙道，形解销化，依于鬼神之事。驺衍以阴阳主运显于诸侯，而燕齐海上之方士传其术不能通，然则怪迂阿谀苟合之徒自此兴，不可胜数也。[2]

---

[1]（战国）吕不韦著，陈其猷校释：《吕氏春秋新校释》，上海古籍出版社，2002年，第76—77页。

[2]（汉）司马迁撰：《史记》，中华书局，1959年，第1368—1369页。

从战国中期到汉武帝时，有齐威宣燕昭、秦始皇、汉武帝三次派方士入海上蓬莱、方丈、瀛洲三神山寻求神仙和长生不死药，均无结果。汉武帝时期，方士李少君、李少翁、栾大、公孙卿等人又改为鼓动封禅见天神和祠灶化丹砂为黄金成仙。武帝的叔父淮南王刘安招宾客方术之士作《外书》及《中篇》八卷，言神仙黄白之术。均追求肉体长生，放弃庄周学派的“齐生死”观念，使得世人失去精神慰藉特别是临终关怀。再加上，从公元3世纪初到6世纪末（229年至589年）三百余年间，战争频繁，政权林立，社会混乱，民不聊生，精神痛苦，为佛教突入留下文化空间。

佛教讲“色心不二”，肉体与精神不可分割，世上万事万物包括人的生命皆是种种物质和精神要素的组合体，生命由色心和合而成，故而生命是永恒的，可以反复循环生而死，死而生，永远流转，以致无穷。所以，死不可怕，并且可以“修来生”。世人因此可以得到精神慰藉特别是临终关怀。

佛教替代庄周学派的生死论成为中华民众的生死文化理念。

从组合型向世界祖宗型的发展演化
——楚帛书创世神话类型研究

张开焱[1]

（1，厦门大学，福建厦门，361005）

摘要：经过几十年研究，学者们确认楚帛书甲篇是楚人的一篇创世神话，关于这个创世神话的类型，学者有多种判断和命称，但这些判断和命称都存在理论和文本上的困难。本文经过分析，认为楚帛书原文本创世神话类型，基本是一个世界祖宗型框架中的组合型神话。这个神话中的创世元神是楚人祖神伏羲，但参与创世的诸神中，除了“四神”外，其余神祇与伏羲在原文本中均无血缘关系，它们分别是夏商祖神，楚人在创世神话中将他们纳入了自己的创世神话体系，但并未完成将他们都血缘化和世系化的工作。这些神祇与伏羲的血缘化与世系化是在汉和汉以后的历史进程中完成的。在这个历史过程中，伏羲由一个楚国地域苗蛮族团的祖神上升为中华各族的祖神，与太一、太昊和黄帝等原先各族祖神完成了四神合一的统合工作，从而在逻辑上也完成了与楚帛书创世神话中诸神的血缘化和世系化工作，使得楚帛书创世神话由一个世界祖宗型神话框架下的组合型神话向世界祖宗型神话演化。

关键词：楚帛书创世神话；类型；世界祖宗型；伏羲

20世纪40年代楚国帛书在湖南子弹库楚墓出土到现在，70多年来，对这份帛书的研究成果已经有许多，曾宪通先生20世纪80年代中期撰写的《帛书研究四十年》、[1] 1993年撰写的《楚帛书研究述要》[2]二文，分别对此前发表的研究成果进行了较为系统的收录。台湾学者许学仁先生1997年开始，对国际国内有关楚帛书的学术成果进行跟踪性辑录，2002年6月公布的《长沙子弹库战国楚帛书研究文献要目》提供了较为精确的统计：至是年6月止，国内外共出版有关帛书研究著作13部，发表学术论文114篇，其中中文100篇，日文7篇，英文7篇。2007年台湾年轻学人郑礼勋的硕士论文《楚帛书文字研究》，对于帛书各篇文字的研究成果也有较为全面的搜集，文后开列有较为丰富的参考文献，为后续研究奠定了较好的基础。十多年间，国内时见以楚帛书或简帛文献为对象的研究性著作以及论文，据本人搜检，其数量应该超过50篇（部）。

正如陈斯鹏博士所言："楚帛书早在20世纪40年代即已出土，但因其释读的艰难，且半个多世纪以来主要集中在古文字学及古史学的圈子中进行研讨，一般的神话研究者绝少注意到，其创世神话的内容和意义的抉发很不充分。近年来始有数位学者相继撰文讨论，帛书神话的价值渐被关注。"[3]较长一段时间，学者们主要致力于文字识读和文意解释，角度不一。学者们长期将其看成战国时代楚人的历忌书或节候文献，也有学者将其看成楚人的历史传说文献。即使是将帛书甲篇内容当作神话研究的，也没有从创世神话角度出发，直到1994年，专门从创世神话角度研究楚帛书甲篇的成果开始出现，据笔者收集，截至2018年底超过20篇。上述研究成果主要的贡献是：首先，通过识字、辨词、释义，确认了楚帛书甲篇的内容是神话，是关于以伏羲、女娲为原始父母，中经四子（神）、禹、契、俊、炎帝、祝融、共工、相土等多神共同完成的创世神话。其次，厘清了楚帛书甲篇创世神话与整个楚帛书的整体关系。再

[1] 饶宗颐、曾宪通著：《楚帛书》，中华书局香港分局，1985年。

[2] 饶宗颐、曾宪通著：《楚地出土文献三种研究》，中华书局，1993年。

[3] 陈斯鹏：《楚帛书甲篇的神话构成、性质及其神话学意义》，《文史哲》，2006年第6期，第5—14页。

次，厘清了楚帛书甲篇创世神话的形成过程和结构。从次，将楚帛书甲篇创世神话放置于中国古代神话与文化大系统中，确认它在这个系统中的地位和意义。最后，学者们对楚帛书甲篇创世神话的类型问题进行了初步的探讨。到现在，尽管可能还有学者像李学勤先生那样，将楚帛书甲篇看成关于楚人自己民族的“古史传说”，但越来越多的学者都确认这是楚人的创世神话。

问题是，这个创世神话的类型该如何确认呢？本文将对这个问题进行进一步探讨。

楚帛书甲篇今译如下：

洪荒远古，（楚人祖神）大熊伏羲从雷泽出生之时，世界只有一片混沌原始海水，懵懵昧昧，无明无别，风雨淤积不畅。伏羲娶某某氏（疑为涂山氏）之子女娲（阴阳上下始分）生了四个神子（云气、时空、草木之神）。四神（在原始海水中）创造了最早的土地，开始区别天地上下，按照阴阳参合的原则化育万物。他们命令禹和契湮填洪水，继续创造和掌管大地。四神又测量天地，上下腾转（继续创造世界）。世界初创之时山陵尚不通泰（谓河流山川阻隔，淤滞不畅），四神于是令山川四海接通，阴阳二气调和，使山陵通泰，泷、汩、益、厉诸水（代指天下河流）得以畅流。当时还没有日月（因此无法制定精准的历法），由四神轮替推步确定四时。四神的老大叫青□干，老二叫朱四单，老三叫翏黄难，老四叫□墨干。

千百年后，俊生日月（世界有了光明）。但（大约是因为天不兼覆、日月乱行之故）世界出现灾难，九州大地坼裂，山陵翻侧。于是四神开始补救，他们（使天空完满地覆盖大地）使天盖顺向旋转，还以五木精华加固天盖，以捍蔽大地（天地得以安宁）。灾难平息，炎帝命祝融让四神到人间大地，奠定天之三维与地之四极，并告诫民众说：“违逆九天诸神就会出现大灾难，所以绝不可侮蔑天神！”此后，帝俊才制定和安排日月正常运行的规则。

后来共工氏（根据日月运行规则）推定十干、四季和闰月，制定神圣的历法，天地、神灵、自然皆按秩序运行，不相错乱。共工此后将制定历法的原则传给相土，相土又将一天分为霄、朝、昼、夕四个时段，使时间更为精准。[1]

这个创世神话分两部分，第一部分从“故（古）大熊雹戏（伏羲）”到“四曰囗墨干”，叙述世界的初创。原始父神伏羲通过娶女娲生“四子”的方式，在混沌中开始世界的创造。在“四子”的主导下，天地上下四时被初创和确认。第二部分从“千有百岁”到最后的“又昼又夕”，叙述世界的灾难与再造。显然，这与很多民族创世神话一样，都由世界初创与再造两个阶段构成。

这个创世神话属何类型？院文清和董楚平先生均认为是生殖型神话，[2]陈斯鹏博士则认为“这显然是典型的‘世界父母型’创世神话”。陈斯鹏博士在《楚帛书甲篇的神话构成、性质及其神话学意义》一文中通过文字训释和文意阐释，对帛书创世神话叙事结构进行了归纳，其后参照叶舒宪先生在《中国神话哲学》一书介绍的《新大英百科全书》中所列的几种创世神话类型，提出楚帛书甲篇创世神话属于比较典型的世界父母型神话。[3]董楚平先生在《中国上古创世神话钩沉》一文中，判断楚帛书创世神话是生殖型神话：“该神话以伏羲娶妻为创世活动的发轫，具有强烈的民族特色，是典型的生殖型创世神话。汉祠汉墓大量伏羲女娲交尾图是上古创世神话的孑遗，交尾是‘化生万物’即创世的开始。”“楚帛书甲篇所传的生殖型创世神话，符合中国早期文明的宗法制特征，符合中国早期哲学的神话原型。相比之下，后世所传的盘古故事，缺乏中国早期文明的这些特有素质，很难从中找到先秦哲学的神话原型。”[4]董楚平先生也曾写专文对良渚文化中的创世神话进行研究，他对中国古代创世神话有这样一段总结值得重视：“在以后的中国文明史上，祖先崇拜始终占有压倒优势，自然神地位始终不高，这是中国文明的一大特点，其根源可追溯到良渚文

---

[1] 作者自译。

[2] 分别见院文清：《楚帛书与中国创世纪神话》，载楚文化研究会编：《楚文化研究论集》第四集，河南人民出版社，1994年，第598—601页；董楚平：《中国上古创世神话钩沉——楚帛书甲篇解读兼谈中国神话的若干问题》，《中国社会科学》，2002年第5期，第151—163、206—207页。

[3] 陈斯鹏：《楚帛书甲篇的神话构成、性质及其神话学意义》，《文史哲》，2006年第6期，第5—14页。

[4] 董楚平：《中国上古创世神话钩沉——楚帛书甲篇解读兼谈中国神话的若干问题》，《中国社会科学》，2002年第5期，第151—163、206—207页。

化。”[1]这意味着，从一开始，中国创世神话中，祖宗崇拜就是最重要的内涵。从这个角度讲，董楚平先生说楚帛书甲篇创世神话是生殖型神话，应该包含了说这个神话体现了祖宗崇拜的意思。

笔者开始判断楚帛书甲篇创世神话大体符合《新大英百科全书》中对于世界父母型神话的规定，但仔细研究，觉得这样判断似不准确。之所以不准确，关键在于楚帛书甲篇一开始就叙述最早出现的创世者“包戏”是楚人的祖先，其标志是“大（天）熊”。而“熊”正是楚王名号：其远祖鬻熊、熊丽、熊绎等，均以熊号。熊是楚王室的图腾（即族徽）之一。说伏羲是大熊显然是强调他是楚人的始祖神。这就和《新大英百科全书》中世界父母型神话中的原始父母有很大的区别。在后者那里，创造世界的天地父母神，不是任何人类的始祖，更不是某一个族团或民族的始祖。他们或他们的子孙可能创造人类（其实是用某些材料，如泥土制造人类），却不是人类的直接生殖者，和人类没有血缘关系。但楚帛书甲篇创世神话却一开始就特别强调世界创始者的族属特征，伏羲是大熊，即熊姓楚王室的始祖神，女娲是某某氏之女，也在强调其族属特征，这是世界父母型神话不具有或不强调的特征。同时，世界父母型创世神话中的各代神祇都是原始世界父母神的子孙，但楚帛书甲篇创世神话中的诸神，只有“四子”即“四神”是伏羲、女娲所生，这个创世神话中一些十分重要的大神，如禹、契、俊、炎帝、共工、祝融、相土等，并不是伏羲、女娲的子孙。由于上面的原因，将这个神话归为世界父母型神话似不准确。

院文清、董楚平先生均将这个神话判断为生殖型神话，但楚帛书甲篇中的世界并不完全是通过生殖行为创造的。例如天地的产生、四方四时的产生、日月的产生等，都不是原始父母神生殖的结果。同时，参与创世的诸神与伏羲女娲之间并没有严格的血缘关系。所以，陈、董二位学者的类型判断也似乎不准确。但他们的这种判断确实抓住了楚帛书甲篇创世神话的某些特征。

我也曾认为楚帛书创世神话属世界父母型神话，[2]但深入研究之后，觉得

[1] 董楚平：《中国最早的创世神话》，《杭州师范学院学报（社会科学版）》，1998年第2期，第1—8页。
[2] 张开焱：《楚国帛书创世神话产生的时代问题》，《东方丛刊》，2009年第2期，第169—184页。

这个判断欠准确。

生殖型或世界父母型神话有一个共同要素：创世诸神之间都有血缘关系。但楚帛书甲篇中除四神外，其他众神如禹、契、共工、俊、相土、炎帝和祝融等均与伏羲、女娲无生殖关系，这是上述两种判断的共同问题。另据《新大英百科全书》，世界父母型神话中，世界创造由一对原始父母的生殖行为开始，他们与自己的儿孙均代表世界的某些部分，他们的生殖世系代表世界形成的过程和顺序。在他们之间，后辈儿孙往往通过与前辈父母发生冲突并打败前辈的方式推动和完成世界的创造。按此衡量，楚帛书甲篇神话不符合世界父母型神话的地方还有：① 前者创世父母神同时出现（如巴比伦创世神话《恩努玛·埃利什》中的提阿马特和阿普苏），但后者并未叙述伏羲、女娲同时出生；② 前者诸神之间往往通过代际冲突与战争来推动和完成世界创造，后者完全无此冲突，诸神创造和面对的是自然世界；③ 前者创世父母神和人间某族群祖神并无关系（神人二分），而后者的伏羲不仅是创世父神，还是楚人祖神（神人合一，“熊”是楚王名号），族属特征明显。

故生殖型或世界父母型可概括楚帛书甲篇神话某些特征，但都不准确。楚帛书甲篇神话中创世元神（伏羲、女娲）是楚人祖神，四子（木神，与“楚”字本义相关）、祝融亦为楚人神性先祖，其他诸神分别为夏商周诸族祖神。显然，这是先秦楚人的创世神话，叙述的是楚人祖神率领各族祖神创造世界的故事。因此，这是一个世界祖宗型神话。什么是世界祖宗型神话呢？这是我仿《新大英百科全书》世界父母型神话的命称而自创的一个命称。我发现，从创世主体角度考察，中国上古几个主要的创世神话都有一个共同特征，那就是这些神话在原初或流传过程中，最后都形成了创世神，就是特定部落、民族祖宗神的特征。我将具有这种特征的创世神话命之为世界祖宗型或祖宗创世型神话，其核心内涵是创世神与祖宗神合一。中国古代不同创世神话可能分具《新大英百科全书》“创世神话类型与理论”词条所细分的五种类型（叶舒宪先生在此基础之上根据中国神话特征扩展为六种类型）的各种特征，但有一个既涵容又超越它们的共同类型特征，这个特征就是中国上古所有创世神话中，创世神都是特定族群的祖宗神，具有重要的文化与学术意义。

但楚帛书甲篇创世神话中，除“四子”外，其他诸神与伏羲、女娲并无血缘关系，故这尚非完全的世界祖宗型神话，只是世界祖宗型神话框架中的组合型神话。这显示楚帛书甲篇创世神话具有继生性，它是以前人创世神话为基础产生的，昭示此前一定还有其他创世神话存在。进入这个神话中的禹、契、共工、俊、炎帝、相土等，是夏、商、周不同族群的创世祖神，楚人将其组合进楚帛书甲篇创世神话，还来不及将之血缘化、世系化。由此也可推断，这是大体产生于战国早中期楚国苗蛮族团的创世神话。[1]

其实董楚平先生已对楚帛书甲篇创世神话中的祖宗崇拜意识有明确论析，他说楚帛书甲篇：

> 参与创世的有伏羲与女娲以及他们所生的四子（四神），还有禹、契、俊、炎帝、祝融、共工。他们全部是人间祖先神。
>
> 自然神地位不高，祖先神压倒一切，是中国古代文明的突出特点，是中国文明区别于西方文明的重要界碑。[2]

这个判断十分正确和重要，但从楚国角度看，这些神并非全是楚人祖神，而是不同族群的祖神，这一点必须明确，且用生殖型神话概括它未必合适，原因见前述。

根据楚帛书甲篇神话的内容，我确认下面两点：① 这是以楚人祖神为创世元神的创世神话，因此，总体上具备世界祖宗型的框架；② 这个神话中四子之外的其他参与创世的神都与伏羲、女娲没有血缘世系关系，他们进入楚人创世神话是临时被拉进来的，因此这个神话具有组合性特征。所以，单就楚帛书甲篇创世神话这个文本而言，我这样给其类型定位：这是以世界祖宗型神话为框架的组合型创世神话。

伏羲为祖神的创世神话与其他各族诸神的世系化统合，在其后世流传过程中完成了。秦汉以后，伏羲与其神话分别在民间和官方流传，两个方向殊途同

---

[1] 张开炎：《楚国帛书创世神话产生的时代问题》，《东方丛刊》，2009年第2期，第169—184页。

[2] 董楚平：《中国上古创世神话钩沉——楚帛书甲篇解读兼谈中国神话的若干问题》，《中国社会科学》，2002年第5期，第151—163、206—207页。

归：战国早中期流传于楚国的创世神伏羲，最后成为中国多民族创世祖神或千古一系的人文始祖，逻辑上完成了他与中华各族祖神之间的血缘化工作。大略梳理这个过程，对于理解中国古代创世神话在流传过程中受民族集体心理的强大引力而不断强化祖宗创世的特征具有特殊意义。

近代考古在山东、河南、江苏、四川等广大地区发现的汉代画像砖石墙壁上，出现大量伏羲、女娲人首两立、蛇（龙）身交缠、手执规矩（象征天地）的形象，明显延续着他们在楚帛书中天地父母创世神的形象，说明楚帛书甲篇创世神话在汉代传播广远。同时，他们在画像砖或石壁画像中一律变成人首蛇身形象，这一变化有重要意义。龙蛇本属夏族图腾，至汉代已成中华诸族共同图腾，此乃各族在文化整合过程中象征性认祖归宗的结果。伏羲、女娲变为龙蛇形象，正是这个整合过程的产物。这意味着他们已不只是楚族创世祖神，还是中华诸族创世祖神。

同时他们在成为统一大王朝诸族祖神的同时，还不断地域化，在各地衍生出许多故事和遗迹，成为不同族群祖神。东汉谶纬书《河图稽命徵》谓“华胥于雷泽履大人之迹，而生伏羲于成纪”，[1]后人多沿此说，甘肃天水因此被称为“羲皇故里”。后世不同地域方志和传说都有伏羲、女娲出生于当地本族的记载，许多地方有伏羲庙或女娲庙，甚至许多山水地理遗迹都和他们有关。这正是汉代以后伏羲、女娲成为中华各族神性祖宗的过程中必然会发生的地域化、族属化附会现象。直到当代，仍有张振犁这样的学者，在搜集河南各地流传的众多伏羲、女娲神话传说及遗迹，他断定伏羲、女娲的神话最早产生于河南。[2]

在古代苗蛮集团的后裔、中国南方各少数民族关于伏羲、女娲的神话传说中，伏羲、女娲大多不再是创世之祖，而以洪水遗民型再生人类之祖的形象出现，他们成了南方许多少数民族的人祖。这种人祖身份，不仅见诸故事传说，也见诸葫芦崇拜的习俗。闻一多《伏羲考》对伏羲、女娲与葫芦的同一关系，从音训、神话和习俗角度，都做了深入研究，有关成果业内熟知，

[1]［日］安居香山、［日］中村璋八辑：《纬书集成》（下），河北人民出版社，1994年，第1179页。

[2] 张振犁著：《中原神话研究》，上海社会科学院出版社，2009年。

故不赘引。[1]

在官方文化中，伏羲、女娲（尤其是伏羲）则被历史化为远古真实存在的神性始祖。清代王谟辑本《世本·三皇世系》，将伏羲摆在百王之先的位置，其后是炎黄二帝，再后是与黄帝有血缘关系的五帝，这一“三皇五帝”系谱中，伏羲以下所有古帝之间都有明确的血缘关系，似乎也暗示伏羲和他们亦有血缘关系。《世本》原书大体成于战国至秦，经汉增补而成，至晋亡佚，故宋至清有多位文化人从各种典籍中辑录出多种《世本》，王谟所辑即为其中之一，王谟辑本中的三皇世系，大体是汉人增益的结果。

汉代显然是伏羲在官方文化中被塑造成中华诸族神性始祖的重要时期。汉代纬书《易纬·乾凿度》有下面的叙述：

> 黄帝曰：太古百皇，辟基文籀。遽理微萌，始有能氏。知生化柢，晤兹天心。噫念虞思慊惗，虑万源无成。既然物出，始俾太易者也。太易始著，太极成，太极成，乾坤行。[2]

关于“乾凿度”，郑玄训释道：“凿者，开也，圣人开作。度者，度路，又道圣人凿开天路，显彰化源。”[3]显然，《易纬·乾凿度》这段文字，是以历史化的形式叙述世界初创者和创造过程的。这段叙述认定，“有熊氏”是创世元皇，这里的“有熊氏”注家皆谓乃伏羲。这与楚帛书“大熊伏羲”创世一致，可认为是楚帛书甲篇创世神话的变异形式。叶舒宪研究这段文字时强调，《易纬·乾凿度》与楚帛书甲篇创世神话都讲述了世界起源于神熊伏羲的创造：“在太古百皇所开辟文明的创造历程中，有熊氏被排在第一的神圣位置”。[4]显见在汉代，官方文化人已将伏羲认定为中华诸族创世祖神。

伏羲与太一、太昊、黄帝三大神系的统合在伏羲成为中华诸族祖神过程中至关重要。闻一多《东皇太一考》、顾颉刚与杨向奎的《三皇考》、何新的《诸

[1] 闻一多著：《闻一多全集》，生活·读书·新知三联书店，1982年，第58—112页。
[2]（汉）郑玄注：《易纬·乾凿度》，载［日］安居香山、［日］中村璋八辑：《纬书集成》（上），河北人民出版社，1994年，第65—66页。
[3] 同上书，第75页。
[4] 叶舒宪著：《金枝玉叶——比较神话学的中国视角》，复旦大学出版社，2012年，第143页。

神的起源》第二章“一身三神的黄帝”对此分别有深入研究，兹不赘述。正是这种统合工作的完成或接近完成，使伏羲与太一、太昊、黄帝成为“四身一体”的神帝，楚帛书甲篇中还没有完成的伏羲与诸族祖神血缘世系化的工作通过这种“四神一体”的统合也完成了，伏羲从而成为百神百帝之祖。

总体上看，伏羲完成由楚国地域族群祖神到中华诸族祖神的过程大体从战国后期开始，经两汉以谶纬学为主要方式的新造神运动，尤其是西汉末年刘歆父子的“新五德始终说”，中经魏晋六朝，到唐代司马贞的《补三皇本纪》最后完成。关于这一过程，笔者曾撰文详细梳理，[1]限于篇幅，此不详论。

使得伏羲、女娲由一个地域神话的创世祖先神，最终成为中华各族的创世祖神或百族共宗的人文始祖，最根本和最深刻的民族文化心理原因乃在中华各族血缘崇拜、祖宗崇拜的集体无意识中。后世伏羲、女娲成为万神之祖、百族之宗，正满足了中华各族文化上认祖归宗的无意识诉求。这个心理产生的历史基础，乃在中华各族以血缘姓氏为基础的聚落方式，以家庭、家族为单位的经济生产方式，家族统治（家天下）的国家政治构架等中。而强烈体现这种集体无意识的儒家学说则是这种心理的文化积淀和产物，它一直是中华民族最重要的思想体系。

由此回到楚帛书创世神话。我们发现，那个当初还只是一个世界祖宗型框架中的组合型创世神话，在后世流传过程中，基于民族集体无意识引导，变成了纯粹的世界祖宗型神话。

---

[1] 张开焱：《伏羲作为华夏人文始祖形象的形成过程及原因浅探——〈屈诗释读与夏人神话原型重构〉之十》，《黄石理工学院学报（人文社会科学版）》，2008年第1期，第1—11页。

原始意象与当代价值

——中华创世神话再认识

程金城[1]

（1，兰州大学，甘肃兰州，730000）

摘要：中华创世神话，其中的内核不仅想象地解释了诸多关乎起源的问题，而且表达了先民的精神指向。这些精神又与后来的“革故鼎新”的创新思想，“天下兴亡，匹夫有责”的担当意识，“扶危济困”的公德意识，“天下为公”的社会理想，“公而忘私”的价值理念等一脉相承，一直是中华民族奋发进取的精神动力。中华创世神话在当代的重释，将有可能给人类提供反躬自问的借鉴，它将激活民族精神情感，为实现中华民族的伟大复兴发挥积极作用。除了给学术研究者提供原始素材，还可以为当今的文化创意产业提供实实在在的本土资源，经过艺术性再造和转化，焕发出新的生命力。

关键词：原始意象；当代价值；中华创世神话

站在当代的历史语境看中华创世神话，它不再是一般的神话故事，而是负载着宇宙发生论、人类起源史和中国哲学雏形的原始意象。盘古开天地，女娲补天、抟土造人，伏羲画卦，夸父逐日，神农尝百草，共工怒触不周山，大禹治水，精卫填海等等，无不是种种动态的意象，无不是中华先民把对宇宙的感觉经验同化为心理事件的结果，传达着远古先民世代相承的对于宇宙、自然和人类现象的感悟，并形成了心理模式。荣格说："原始意象是生命过程的一种概括的表现。它给予感官知觉与内在的精神知觉以同等的含义，它开始的出现既无规则又无联系，由此，它从纯粹未被省悟的知觉的束缚中释放出心理能量。……因为它总是把精神归属于自然，把纯粹的自然本能转变为心理形式，所以，它就释放了难以利用的被抑制的能量。原始意象是理念（参照该条）的初级阶段，是它的母性的土壤。"[1]中华创世神话作为原始意象，是先民的集体无意识，也是原始时代的百科全书，包含了中华文化基因、精神密码和原始思维方式，是中华文化体系的源头。

中华创世神话，其中的内核不仅想象地解释了自然万物、日月星辰、天地开辟、人类起源等等诸多关乎起源的问题，而且表达了先民的精神指向，如开天辟地的创造精神（伏羲、女娲），拯救世界、再生新天的担当精神（女娲），自强不息、舍生取义的牺牲精神（夸父），百折不挠的坚忍精神（精卫）以及为民除害的奉献精神（大羿）等等。这些精神又与后来的"革故鼎新"的创新思想，"天下兴亡，匹夫有责"的担当意识，"扶危济困"的公德意识，"天下为公"的社会理想，"公而忘私"的价值理念等一脉相承，一直是中华民族奋发进取的精神动力。"原始意象是一种记忆的沉淀，一种铭刻，它由无数类似的过程凝聚而成。……因此作为一种神话主题，它是永恒有效的，持续不断地或是为某种心理经验所程式化的表现。"在漫长的中国历史上，这些精神内核随着时代的发展，不断被置换变形，传承了中华文化的命脉。

远古的、积累了几百万年的人类的原型经验正是拯救现代人类灵魂的良

[1]［瑞士］C·G·荣格著，吴康、丁传林、赵善华译：《心理类型学》，华岳文艺出版社，1989年，第534页。

药，原型因此被看作蕴藏了人类精神财富的记忆库，作家的任务就是开启这个深藏人类心灵深处仓库的大门。荣格认为这种亘古不变的原型精神可以使某些时代失去平衡的心理重新得到平衡，精神可以得到补偿。这种假设有一定的道理，因为人类总是不断进步的，人类历史发展中积累的优秀遗产总是在后代起到作用，人类在其漫长的历史发展中，积累了超越时空、反映人类普遍意义的精神（即原型）。而这种精神，随着某种时代、某种空间领域的变化会被践踏和失去，但它仍然可以通过“激活”和重新发现而起到补偿作用。

今天，反观这些原始意象，就是重新回望和审视人类的历史，重新激活我们民族的集体无意识，为当代人类的方向选择提供恢宏的参照系。荣格说：“每一个原始意象中都有着人类精神和人类命运的一块碎片，都有着我们祖先的历史中重复了无数次的欢乐和悲哀的一点残余，并且总的说来始终遵循同样的路线。它就像心理中一道深深开凿过的河床，生命之流在这条河床中突然奔涌成一条大江，而不像先前那样在宽阔而清浅的溪流中漫淌。无论什么时候，只要重新面临那种在漫长的时间中曾帮助建立起原始意象的特殊情境，这种情形就会产生。”在创世神话中，有人类的初心和先民的向往，有经过几百万年进化后人与自然关系的理解，有人类在这种邈远辽阔背景下的“整体性”和“大历史观”。这些初期的观念通过神话幻化为意象，而“典型的反复出现的意象”，以具有“约定性的文学象征或象征群”，守护着人类的精神家园并把握着前进的大方向。“人类精神史的历程，便是要唤醒流淌在人类血液中的记忆而达到向完整的人的复归。”[1]

中华创世神话在当代的重释，将有可能给人类提供反躬自问的借鉴，启迪我们从民族心理情感的变化、历史文化传统和当代的选择等视角，透视诸多复杂现象，具有纠正某种偏向和克服心理匮乏的意义，它将激活民族精神情感，为实现中华民族的伟大复兴发挥积极作用。

我们正处在一个历史的重要转折时期。这个时期所面临的新问题是前所未有的，因而特别需要集思广益的大智慧。当此之际，我还想到卡尔·雅斯贝尔

[1]［瑞士］荣格著，冯川编，冯川、苏克译：《荣格文集》，改革出版社，1997年，第283页。

斯在《论历史的起源与目标》中表述的同样的观点：最伟大的精神作品就是过渡时期的精神作品，亦即处在时代的交替时期的作品。他举如下例子说明：希腊悲剧就发生在从神话向哲学过渡的时期。德国唯心主义哲学（从费希特到黑格尔和谢林）则发生在从信仰上帝到不信仰上帝的时期。过渡时期总是一再发生，一种过渡时期运动的深度，所带来的是有关存在与真理最清晰的见解。精神历史最伟大的现象，既是过渡时期的开始，同时也是它的终结。人的伟大之处，就表现在这种过渡时期的条件下。[1]各民族的创世神话曾经是远古信仰时代的产物。如今的高科技社会早已经抛弃了大多数的传统信仰，处在转折中的人们需要重新确定自己在自然宇宙中的位置。诉诸多民族的创世神话遗产，能够提供宝贵的思想参照。

白族的《创世记》中说，世界是盘古、盘生两兄弟创造的。盘古变成天，盘生变成地，并化身为巨人木十伟，木十伟又变万物，是身化万物的创世英雄。彝族长诗《梅葛》中也有类似的记载："盘古的老虎牙是钉天针，胡子是钉天线。盘古的四大骨头撑天，盘古筋撑地。""盘古硬毛变成树，软毛变成草，骨头变成石头，虱子变五谷。""盘古的肚子变成海，大肠变成大河，小肠变成井，盘古尿变成水，脑子变成盐。"毛南族创世神是昆屯，民间传唱他初开天辟地，聚石块成山，聚泥块成地，聚水滴成江河，聚火星成火堆他还剥开岩石层，使岩层下的人透过气来，但这时的人以树叶当饭，未有男女婚配。阿昌族的创世神话史诗《遮帕麻和遮咪麻》，说开天辟地的天公"遮帕麻"和地母"遮咪麻"是阿昌族的祖先，是创世始祖，遮帕麻编好了天，遮咪麻织好了地，他俩又共同创造了人类。遮帕麻教人们打猎、捕鱼，遮咪麻教人们生火煮食，他们俩还教人们驯养飞禽走兽、结绳记事。为了防止天地间再出现妖魔破坏世界，遮帕麻和遮咪麻向人们祝福后飞上了天空，遮帕麻骑上月亮，遮咪麻骑上太阳，他们守护着人类的安宁。这些创世神话表达了阿昌族人们美好的精神向往，在神格中充满了人性意味。湖南土家族的创世神话中，上有玉帝，下有太白金星、雷公、千里眼、顺风耳、土地老、金贵仙人、后羿、张古老、李姑

[1]［英］汤因比等著，张文杰编：《历史的话语：现代西方历史哲学译文集》，广西师范大学出版社，2002年，第57页。

娘、伏羲姊妹等神仙体系，在神圣与世俗之间有很大的张力。有学者通过对少数民族创世神话的解读指出，在创世神话中，具有一定的神话哲学，不论是将神神化，还是将神人化、将神俗话，都体现出一定的哲学价值。在少数民族的创世神话中，多将人神话，认为只有当人身上有神的特征时，不仅可以开创新的天地，也可以带领人们走向新的生活。神的俗化，也是神接近于人的过程，当神接受人礼拜、献祭后，神对祈求人的回报与反馈信息，都是神趋向于人的表现，也就是说神降低自己的神格，缺少了神身上应该有的神圣与崇高，更人性化。由此可以看出，中国多民族创世神话，既有对人类共同面临的问题的思考和相似的意识，也有各自不同的原始意象和解释方式，有不同的神话原型。这样丰富的内容，除了给学术研究者提供原始素材，还可以为当今的文化创意产业提供实实在在的本土资源，经过艺术性再造和转化，焕发出新的生命力。

《山海经》与中国创世神话

刘宗迪[1]

（1，北京语言大学，北京，100083）

摘要：《山海经》由《山经》《海外经》《海内经》和《大荒经》几部分构成，其中《大荒经》记载的神话最多，除了穿插在其中的几个富于故事性的神话，主要内容都是由一个个静态画面构成，是“看图说话”。《海内经》乃至整部《大荒经》的最后一句，作为全部画面的轴心，就是整个大荒故事的开始，也是大荒世界的时间起点。息壤是大地的种子，华夏创世神话中，大地之种不是从海里捞起来的，而是鲧从天界偷盗的。在原始神话中的鲧和禹是创世之神。共工触不周山的故事是一个典型的解释性神话，用来解释中国的地理大势。《大荒经》“不周山”和“禹攻共工国山”的记载，暗示与共工相争并打败共工的，不是颛顼，而是大禹。很多古老民族的神话中都用多头蛇怪象征水患，用英雄杀恶龙象征驯服洪水、治理水患。《大荒经》中记载了众多的帝或天神，但只有一位是至高无上的上帝，他就是帝俊。伟大的帝俊是宇宙秩序最终的安排者和维持者。

关键词：《山海经》;《大荒经》; 禹 ; 洪水 ; 秩序

一、《山海经》的读法

谈中国神话，离不开《山海经》。《山海经》无疑是中国古代神话的宝库，但是，要从其中发掘出真正的宝藏，首先要掌握打开这个宝库的钥匙。

《山海经》之所以让人往往不得其门而入，一个重要原因是它的文体很奇怪。

《山海经》是一部地理博物志，它按照空间格局，东、西、南、北一一道来，记述了五方之山，四方之海，海外大荒的山、水、国家、神怪、人物、鸟兽等等五花八门的内容，其中穿插着一些神话故事，这些故事都记述得很简单，没头没脑，七零八落，不知道各个故事之间有什么逻辑关系，就像一盘散落的珠子，却没有一根线把它们串起来。

古人把《山海经》写成这个样子，肯定有他的道理，所以，要读这部书，从其中发现中国神话的奥秘，首先要了解它的来历和体例。

《山海经》由《山经》《海外经》《海内经》和《大荒经》几部分构成，《大荒经》中记载的神话最多，所以我们这里只说《大荒经》。

《大荒经》的内容，除了穿插在其中的几个富于故事性的神话，主要内容都是由一个个静态画面构成，告诉你什么地方有什么山、什么国、什么神、什么人，某某神或人长得什么模样，摆出什么样的姿态，就像是看图说话。实际上，《大荒经》确实是“看图说话”，我们看到的《大荒经》是对一幅图画的描述，这幅图画四周被海洋环绕，陆地上画着很多山、很多河流，还有很多神灵、人物和异鸟怪兽，后来有人把图画中的内容用文字记录下来，就是我们看到的这部看图说话一般的《大荒经》。这位看图说话者为了说明某些画面的意思，有时候也会把他知道的相关知识和故事记下来。幸亏他有这份心思，许多古老的神话片段才得以保存下来。

既然了解了《大荒经》与图画的关系，那么，读《大荒经》，就要像看图画那样，用画家的眼光浏览画面，而不能像读一般文章那样，一味从开头开始。那么，对于画家来说，画图的什么位置最重要呢？当然是图画的中央，画家肯定会把他认为最重要的内容画在或记录在图画的中央。《大荒经》五篇中的最后一篇，即《海内经》，讲述的就是图画中央的内容，所以打开《大荒经》

神话秘府的钥匙可能就藏在《海内经》中。但是,《海内经》也有数百字，究竟哪里才是故事开始的地方？《海内经》明显可以分为前后两段，前一段内容跟其他四篇差不多，也是讲什么地方有什么山、什么国之类，并无特别之处。后面一段，却显得大不一般，它不像《大荒经》大部分篇幅那样叙述画面，而是一长段无法用画面表示的创世神话。值得注意的是,《海内经》前半段，依次讲到西海之内、南海之内、北海之内的画面内容，但独独没有提到东海之内的画面上有什么，难道东海之内是一片空白吗？古人当然不会容忍世界有空白,《海内经》后半段的创世神话，就写在画面中央偏东的这片空白上。

这一段创世神话，共三百多字，可分为好几段。按照我们看到的文本顺序，看不出上下文之间的时间先后和逻辑关系，说明《大荒经》的作者在将这段文字抄写下来时，也没搞清其固有的顺序。这位作者犯下的一个最大错误，是不知道“大荒图”不仅是山川地图，而且还是时间地图。它不仅表现空间，还表现时间，图画的东、西、南、北四方，还分别象征春、夏、秋、冬四时。既然如此，这幅图画的东北应对应一年的开端，因此，整幅图画应以北方为上。按照古人的书写和阅读习惯，既然是以北为上，他一定是从东北角（即右上方）开始抄写这段神话，自北而南（自上而下）行款，自东而西（自右而左）排行，待他把整篇神话写完，把图幅中央的东半边空白填满，这一段神话的最后一句，正好落在了图画的正中！

这最后一句，也就是《海内经》乃至整部《大荒经》的最后一句，作为全部画面的轴心，就是整个大荒故事的开始，也是大荒世界的时间起点。

这最后一句说的是：

> 洪水滔天。鲧窃帝之息壤以堙洪水，不待帝命。帝令祝融杀鲧于羽郊。鲧复生禹。帝乃命禹卒布土以定九州。[1]

二、大地的创造

这一句，是《大荒经》创世记的起点，也是华夏神话创世记的起点。

---

[1] 袁珂校译:《山海经校译》，上海古籍出版社，1985年，第301页。

“洪水滔天”，多么熟悉的声音！所有民族在其创世记的开篇，所听到的都是洪水深沉渺茫的声息。

现代人最熟悉的莫过于基督教《圣经·创世记》的开头：“起初，神创造天地。地是空虚混沌，渊面黑暗。”在基督教的时间开始以前，也是一片滔天洪水。

几乎所有古老民族的创世神话，都说创世之初，只有一片汪洋大水。

天和地，构成宇宙的基本结构，所以，所有民族的创世神话，都要从追溯天和地的来历开始，而要讲天、地之来历，则先要说明，没有天地之前有什么？天地开辟，是时间的起点，起点之前，当然一无所有，但天地万物又不能无中生有，即使神创造世界，也需要一撮原始的材料。所以天地开辟之前，必定有一团什么都不是的东西，那就是混沌。《老子》说：“无名天地之始，有名万物之母。”说的就是这个道理。《老子》还说：“道之为物，唯恍唯惚。忽兮恍兮，其中有象。恍兮忽兮，其中有物。”则是形容未有天地之前的混沌状态。混沌状态是哲学的抽象，神话却是民众的故事，一般民众想象不出混沌这么抽象的东西，于是就想象宇宙开辟之前，只有一片大水。水是一般人能想到的最不具形体又最具造化力量的事物，它孕育万物，又毁灭万物。所以，在很多民族的创世神话里，原始之水，就成了宇宙的起点，原始之水，也就是混沌。

要从原始之水或混沌中造出天、地，需要一点“引子”。很多民族的神话中，都说是一个神、人或动物潜入水底捞上一撮泥土，泥土见风即长，迅速形成了陆地。这种能够生长的泥土，就是“息壤”。息壤是大地的种子，华夏创世神话中，大地之种不是从海里捞起来的，而是鲧从天界偷盗的。《海内经》说“鲧窃帝之息壤以堙洪水，不待帝命”，鲧未经上帝的同意，就偷了上帝的宝贝息壤，企图填洪水、造大地。《海内经》还说了鲧的身世：“黄帝生骆明，骆明生白马，白马是为鲧。”鲧是黄帝的孙子，他原是一匹皎皎白马，他的父亲叫骆明，“骆”字也从马，可见鲧的家族确实与马渊源很深。古人之所以把最早的创世英雄想象为一匹白马，大概是由奔腾的波浪产生的想象吧！这匹勇敢的白马违背了上帝的旨意，自然会受到惩罚。《海内经》说“帝令祝融杀鲧于羽郊”，上帝命令祝融追杀这匹白马，最后将之杀死在羽山之下。羽山这座山确实存在，就在山东的郯城和江苏的连云港附近。但是，英雄之灵是不死的，鲧造大地的事业也必定后继有人，鲧并没有被祝融杀死，他嵌入了羽山之渊，生下一个儿子，这个儿子就是禹。当初，上帝之所以惩罚鲧，并不是因为鲧企图填埋洪水、创造大地，而是因为他擅自行动。上帝作为造物者，他当然希望创造世界，如今他见鲧后继有人，于是就做了一个顺水人情，命令鲧的儿子继续其白马父亲的未竟之业，继续填水造地。作为上帝创世的代理人，大禹才是华夏神话中真正的创世之神。

所以在原始神话中的鲧和禹，根本不像历史学家和诸子百家笔下所说的那样，仅仅是疏导江河的治水英雄，他们是创世之神，在他们之前，还没有大地，更没有九州山川，他们治的水，不是暴雨成灾、河流决堤导致的洪水灾害，而是原本无一物、唯有汪洋滔天的宇宙之水。《海内经》说得明白："禹鲧是始布土，均定九州。"大地就是鲧、禹父子用息壤布出来的，大地上的高山、河流也是他们奠立出来的，鲧、禹父子白手起家，从一无所有的宇宙洪荒中造出了大地山川、天下九州。《大荒经》提到一座山，叫"禹所积石"，在黄河的入海口附近，这座山是大禹在疏通黄河时用从河床上挖出来的石头堆砌而成的。西周时期的人们还知道大禹的创世事迹，所以《诗经·商颂》说："洪水芒芒，禹敷下土方。"《鲁颂》说："奄有下土，缵禹之绪。"《大雅》说："丰水东注，维禹之绩。""奕奕梁山，维禹甸之。"《小雅》说："信彼南山，维禹甸之。"在西周时期的人们心目中，下土（大地）是禹所敷（铺），河流是禹之绩（迹），高山是禹所甸（定），人类居住的大地家园都是禹所缔造，所以古人又称天下为"禹迹"。历史学家顾颉刚先生正是根据这些记载，断定禹不是人，而是神，古书中记载的禹和夏的历史，最初可能只是神话，而非真正的历史。《尚书》中关于尧、舜、禹冠冕堂皇的历史记载，可能都是无中生有的编造，因此在整个史学界引起巨大震动。顾颉刚发起了颠覆传统古史观的"古史辨"学派，并由此开创了中国现代神话学研究这门学科。

三、禹与共工之战的创世意义

开天辟地这样伟大的事业肯定不可能一蹴而就，必定是一个艰苦卓绝、充满挑战的历程。史书中说禹为了治水，三过家门而不入，儿子出生了都顾不上回家看望，跋山涉水，栉风沐雨，以致于患了风湿病，变成了瘸子。比起神话所说，这些都是小儿科。

《大荒经》提到大地的西北，有一座“不周山”，不周山附近还有一座山，叫“禹攻共工国山”。不周山、共工，看到这些名字，我们的眼前立刻就会闪现出中国神话中最为惊心动魄的一幕，即共工触不周山。

共工是人首龙身的巨怪，一位破坏宇宙秩序的大反派，他跟颛顼争夺天帝的宝座，最后被颛顼打败，气急败坏之下，一头撞向西北方的不周山。这不周山原本是支撑天穹的八根天柱之一，经共工一撞，撑天的柱子折断了，悬挂大地的绳子也断裂了，原本四平八稳的天和地都发生了倾斜，天盖向西北倾斜，大地向东南下陷。于是，天上的星星都转向了西北，西北的天穹有了缺口，寒冷的西北风就从那里吹来，西北方变成了天门，东南的大地下陷，大地上的江河之水都流向了东南，东南变成了大海。这就是每一个中国人都耳熟能详的共工触不周山的故事，这个故事是一个典型的解释性神话，用来解释中国的地理大势，中国处于北半球，所以我们看到的星空，天轴向北方倾斜，日月群星都是从东南转向西北，在西北方消失于地平线之下，中国地势西北是高原，东南是大海，江河都流往东南汇入大海。古人熟知这一景象，但不明就里，于是就编了共工触不周山的神话加以解释。

《淮南子》《论衡》《列子》等书记录了共工触不周山的故事，但所有书都说打败共工的是颛顼，颛顼在中国神话里是北方之神。但是,《大荒经》的记载，却透露出整个故事的另一面。《大荒经》“不周山”和“禹攻共工国山”的记载，暗示与共工相争并打败共工的，不是颛顼，而是大禹。想来大地山川是鲧、禹父子前赴后继所缔造，他们自然要保卫自己的劳动成果，与共工这位宇宙破坏神搏斗，自然是他们的使命所在。也就是说，在原始神话中，这场宇宙毁灭者与宇宙捍卫者之间的战争，一定是在禹和共工之间展开的。《大荒经》由于体例所限，没有记录这场战争的详细过程，但它留下的这一笔，足以暗示在禹与共工之间，肯定发生过一场争夺世界的洪荒之战。

《荀子》的记载可为禹与共工之战提供一个佐证，其《成相》篇云:“禹有功，抑下鸿，辟除民害逐共工。北决九河，通十二渚，疏三江。禹傅土，平天下，躬亲为民行劳苦。得益、皋陶、横革、直成为辅。”“成相”是一种类似于现在的莲花落或快板书之类的通俗说唱文体，其中提到禹为“抑下鸿”而“逐共工”，可见禹与共工之战当是荀子的时代颇为流行的一种说法。

四、蛇怪与洪水

《大荒经》记载的禹杀相柳的神话，当是禹与共工创世之战中的一个插曲。《大荒经》说，共工有一位臣子，叫相柳。相柳也是人首蛇身的巨型怪物，长着九个脑袋，九张巨口，它的食物不是别的，就是大禹所缔造的九州之土，它的九张巨口，分别以九州之土为食物，大禹造好的九州大地，被它一一吞噬，经它重新排泄出来以后，高山厚土都变成了腥臭的泥浆与沼泽。眼见大地陆沉，九州涂炭，大禹自然不会束手旁观，他杀死九头怪蛇相柳。《大荒经》没有具体记载他与相柳之间的搏斗过程，要打败如此凶恶的怪兽，其激烈程度也许超乎了我们的想象。禹消灭了相柳，但相柳造成的恶果并不就此消除。相柳的九个脑袋冒出来的血，污染了大地，将大地变得又腥又臭。飞鸟走兽纷纷逃走，庄稼五谷也无法生长，人类更无法居住。禹只好重新施工，他把泥土从沼泽中挖出来，堆成能够避免毒水危害的高地，但到处都是稀泥，刚刚筑起的高地，又即刻瓦解。经过再三劳作，大禹终于筑成了高台，沼泽则被挖掘为深池。为了避免共工和相柳之类的怪物再来兴风作浪，他在神山昆仑的北方建造了几座祭祀的神坛，请众神呵护九州大地。为了防止共工及其同党卷土重来，大禹还建造了一座四方形的共工之台，在共工台的四角，各有一条虎斑花纹蛇守护，共工的恶灵从此被镇服，九州大地方才得以安宁。

禹尽管打败了共工，消灭了相柳，挽救了大地，但是，被共工撞坏的天柱却已无法修复，倾斜的天穹和大地也无法重新归位。《淮南子》《列子》《论衡》等书都记载了女娲补天的故事。共工把天的西北撞出了一个缺口，导致“天不足西北”，女娲炼五色石以补苍天，断巨鳌四足作为天柱，恢复了被共工破坏的天地秩序。这是一个说法。《大荒经》记录的烛龙神话，却透露了故事的另一个结局。因为西北方的天被共工撞塌，所以西北方成了阴寒之地，阳光无法照耀，只有无边的昏暗，既没有四季昼夜，也没有风霜雨雪，于是，在西北方的钟山，出现了一个叫烛龙的神龙。烛龙人面蛇身，身长千里，它的眼睛张开就是白昼，闭上就是黑夜，它吹出冷风，就是寒冷的冬天，它呼出热气，就是温暖的夏日。多亏烛龙的神通，西北方才跟其他地方一样，有了昼夜四时和风雨变化，被共工毁灭的宇宙秩序才有所改观。

禹杀相柳神话中，相柳是一条多头巨蛇，他就是洪水的象征。很多古老民族的神话中都用多头蛇怪象征水患，用英雄杀恶龙象征驯服洪水、治理水患。苏美尔史诗《宁努尔塔的功业与开拓》讲述了一个与《山海经》"禹杀相柳"几乎如出一辙的故事：宁努尔塔是苏美尔神话中天神恩利尔之子，他杀死了象征原初之水的巨蛇之怪库尔，但是，库尔死后，原本由它所约束的原初之水肆虐大地，导致田地和果园无法得到淡水的浇灌，"饥馑严重，万物无收，小的河流得不到清理，污垢无法去除，在坚实的土地上，没有水被喷洒，沟渠没人去挖掘，所有土地都没有粮食，只有野草生长"。掌管土地和农耕的诸神陷入悲伤。于是，宁努尔塔在死掉的库尔身上堆起石头，砌成一道保护土地免遭洪水侵害的高墙，同时挖掘沟渠，将田地中的积水排到底格里斯河，并引水灌溉农田，大地重新变得欣欣向荣。"看，现在大地上的每一事物，享受欢愉，遥远的宁努尔塔，土地之王；田地生产更多谷物，棕榈林丰收，葡萄园果实丰硕，都堆在谷仓与山岳；主人让悲恸从土地上消失，他补偿了诸神。"宁努尔塔的母亲、地母之神宁马赫闻讯欣喜若狂，以至于不能入眠，她要求去受他保护的土地游览一番，一饱眼福，宁努尔塔在土地上筑起一座大山，献给母亲，"我，英雄已经堆起了山丘，就让它叫胡尔萨格，你是它的女王"。然后，宁努尔塔为胡尔萨格山祝福，让它可以出产草药、美酒、蜂蜜、树木、黄金、白银、青铜、牛羊以及其他"四脚生物"。[1]

这个流传于公元2000多年前的苏美尔神话，在情节和寓意上几乎与禹杀相柳的神话如出一辙：宁努尔塔杀死库尔后，原水泛滥，导致土地荒芜，不生五谷，所谓"相柳之所抵，厥为泽溪。禹杀相柳，其血腥，不可以树五谷种"

[1]［美］萨缪尔·诺亚·克拉莫尔著，叶舒宪、金立江译：《苏美尔神话》，陕西师范大学出版总社有限公司，2013年，第102—103页。

（《海外北经》）是也；宁努尔塔筑起堤坝防御洪水、挖掘沟渠疏浚积水，所谓“禹湮之，三仞三沮，乃以为池，群帝是因以为台”（《大荒北经》）是也；宁努尔塔在大地上堆起一座胡尔萨格山，将之献给地母神宁马赫，所谓“禹乃以息土填洪水以为名山，掘昆仑墟以下地”是也，昆仑墟就是大禹堆起的大山，西王母就居住在昆仑山的“有沃之野”，西王母就是中国神话中的地母神；宁努尔塔祝福胡尔萨格山盛产草药、美酒、蜂蜜、树木、黄金、白银、青铜、牛羊以及各色四脚生物，昆仑山上也是金银珠宝、玉石琅玕、奇花异木、珍禽异兽，“万物尽有”，山上还有不死药。可见，《山海经》中禹杀相柳的故事与苏美尔史诗中宁努尔塔杀库尔的故事具有高度的相似性，或许意味着两者之间有文化传播的关系。但更有可能的是，这两个故事的相似性体现了苏美尔人和华夏先民对于洪水灾害有着不约而同的想象，在治水防洪的举措上也不谋而合。

古希腊神话也有类似的英雄杀恶龙的故事。神话英雄赫拉克勒斯斩杀了长期盘踞于勒耳那的九头蛇怪许德拉，为当地百姓消除了一大祸害。古代学者就已经指出，勒耳那平原毗邻大海，密布沼泽和泉水，九头蛇怪许德拉的众多脑袋即象征勒耳那平原到处喷涌的泉水。[1]希腊的屠龙故事可能受苏美尔神话影响，《苏美尔神话》一书的作者克拉莫尔认为，几乎所有民族与时代都有其屠龙故事，古希腊神话中的赫拉克勒斯和珀修斯可能是其中最著名的屠龙英雄，由于屠龙主题是公元前2000多年前后苏美尔神话的一个重要母题，因此从古希腊的屠龙神话可以追溯到苏美尔的来源。[2]

五、宇宙秩序的创造与维护

《大荒经》中记载了众多的帝或天神，但只有一位是至高无上的上帝，他就是帝俊。帝俊大概就是那位派遣大禹降临下界缔造大地的上帝。

伟大的帝俊是宇宙秩序最终的安排者和维持者，他对天地秩序的安排主要

[1]［英］柯克著，刘宗迪译：《希腊神话的性质》，华东师范大学出版社，2017年，第190页。

[2]［美］萨缪尔·诺亚·克拉莫尔著，叶舒宪、金立江译：《苏美尔神话》，陕西师范大学出版总社有限公司，2013年，第97页。

由他的三位妻子辅佐完成。一位叫羲和，她是太阳神，生了十个太阳，十个太阳轮流出没，为人间记日子，标时辰，这位羲和在屈原笔下变成每天赶着马车拉着太阳东升西降的日驭；一位叫常羲，她是月亮神，生了十二个月亮，十二个月亮轮番升降，为人间记岁月，这位常羲后来就变成了广寒宫中的嫦娥；帝俊还有一位妻子，叫登北氏，她生了两个女儿，分别叫宵明、烛光，这两个掌上明珠，是两颗明亮的星星，居住在北方大泽，她们散发的光华，照亮了阴暗的北方。帝俊还是一系列造福人间的神灵和众多地上方国的祖先，乐器、歌舞、车、船、弓箭、农业、牛耕以及各种手艺，都是帝俊的后代发明的。帝俊在大荒世界的山山水水里留下了众多印记，美丽的五彩之鸟是他在下界的朋友，南方有温泉是他沐浴的地方，整部《大荒经》所呈现的世界，就是帝俊的天下。在其他古书里，帝俊这位天上帝王，变成了人间帝王舜。据《尚书》等文献，华夏世界的一系列政治制度和道德伦理，都是舜建立的，所以孔子对舜最为推崇。

帝俊靠自己的妻子和子孙建立了宇宙秩序，派遣大禹创造了大地，消灭了破坏大地的巨怪，并让他的子孙们教会了人类使用耕牛，开垦土地，播植五谷，使用各种工具。但是，大地之上时刻都会有各种各样的自然灾害发生，也时时都会冒出祸害人间的毒虫猛兽，因此，必须为人类派遣保卫者，保护人类的生命财产安全，现在，该神箭手后羿登场了。

《海内经》说："帝俊赐羿彤弓素矰，以扶下国，羿是始去恤下地之百艰。"帝俊见人间灾难深重，毒虫猛兽作怪，于是派遣天上的射手羿降临下界，为民除害，并赐给他彤弓和素矰之箭作为武器。既然说"百艰"，可见人间苦难之深重，后羿使命之艰巨。《大荒经》限于篇幅，在后羿的众多出生入死的战斗中，只记录了其中之一，即剪除凿齿之战。凿齿，顾名思义，是一獠牙巨齿的怪物，后羿与之在南方的寿华之野展开战斗，将之射杀。后羿在人间锄奸除恶的事迹，肯定是古人们津津乐道的，对此记述最为详细的是《淮南子》，其《本经训》篇说："尧之时，十日并出，焦禾稼，杀草木，而民无所食。猰貐、凿齿、九婴、大风、封豨、修蛇皆为民害。尧乃使羿诛凿齿于畴华之野，杀九婴于凶水之上，缴大风于青丘之泽，上射十日而下杀猰貐，断修蛇于洞庭，禽封豨于桑林，万民皆喜，置尧以为天子。”后羿射日，是中国神话中最广为人知的壮举，除射日之外，后羿还除掉了猰貐、凿齿、九婴、大风、封豨、修蛇等一干为害百姓的怪物。猰貐蛇身人面，是见于《山海经》的吃人怪兽；凿齿也见于《山海经》；九婴是九头怪；大风是扇起翅膀就能拔树毁屋的巨大怪鸟；封豨是一头凶猛的大野猪；修蛇就是南方洞庭一带一口就能把大象吞掉的长蛇。

就像历史上的英雄多不得善终一样，神话中后羿这种功勋卓著、桀骜不驯的英雄也往往命运多舛。后羿本来是天上的神，被帝俊派往人间救助百姓，所以《大荒经》还说，高耸入天、诸神所居的昆仑山，一般人上不去，“非仁羿莫能上冈之岩”，羿之所以被称为仁羿，之所以只有他才能上得了昆仑，因为他本来就是众神中的一员。《大荒经》没有说明，后羿在消灭了人间的怪兽之后，最后是否重新回到了天上。众所周知的故事是，后羿从西王母那里得到了不死药，却被妻子嫦娥独吞，嫦娥变成神仙升到了天上。这个故事最初记载于《淮南子》,《天问》有一句“安得夫良药，不能固藏”说的也是这个故事。英雄来自天上，在完成了使命之后，本来应该重归天界，西王母的不老药就是助他重归天国的仙药，却被妻子偷吃了。这个故事暗示，在原始神话中，英雄后羿最终没能回到天上。烈士暮年，回归无路，从天上永生的英雄沦落为凡间终有一死的凡人，英雄后羿的命运令人扼腕。

其实，后羿的命运意味着，在帝俊全家动手缔造天界、大禹父子前赴后继奠定大地山川、后羿东征西战剪除人间祸害之后，众神与恶魔之间的洪荒之战尘埃落定，人间的秩序终于得以确立，众神创世的事业大功告成。从此之后，日月星辰各循其道，山川薮泽井然有序，众生各安其命，万物各居其位，神的时代结束了，人的历史开始了。《大荒经》所呈现的，就是先民心目中由众神缔造的这个世界最初的样子。

后羿是一位从神话时代到历史时代过度的人物，所以在《左传》等书的记载中，他变成了一位箭术高明、整日只知道打猎射鸟的有穷氏酋长，先是篡夺了夏朝的政权，最后又被佞臣害得死无葬身之地。后羿的形象完全历史化了。实际上，夏的历史也只是从后羿篡夏以及随后的少康中兴之后，才逐渐具有了明朗的历史色彩，以至于神话学家袁珂先生认为存在两个后羿，一个是神话人物，一个是历史人物。

六、结语

《大荒经》还记录了其他一些神话片段，在此不能一一论述。通过上面的介绍，已经足以看出，在《大荒经》中这些如破碎的古董碎片一般零散的神话片段背后，原本肯定有一个完整而壮阔的神话体系。每个民族都是从神话时代进入历史时代的，每个民族关于早期历史的记忆，都离不开神话，华夏民族也不会例外。这些古老神话最初都是靠口头吟唱和传说而世代相传，口头吟唱是神话史诗，就是每个民族最初的历史。但是，除了希腊和印度，世界上古老民族最初的神话史诗，流传下来的很少。著名的古巴比伦创世史诗也是后来才被考古学家发掘得以重见天日。中国的历史没有发生过像苏美尔文明那种剧烈的历史断裂。从《尚书》《春秋》《左传》开始，源远流长的历史书写传统从来就没有断绝过。但是，正是这种强大的历史书写传统，导致了古代神话传统的湮灭。中国的神话，不是被埋葬在折戟沉沙的废墟瓦砾之下，而是销蚀于自将磨洗的历史书写之中，原始神话经过古往今来的历史编纂者耐心细致地打磨润色，神话色彩早已消失了，完全消融于历史之中。上帝变成人间天子，创世众神变成人间英雄，洪荒怪兽变成祸国殃民的坏蛋，掀天翻地的神魔大战变成了忠臣与奸臣之间的权力斗争，真神话最终变成了伪历史。中国神话学的一个重要工作，就是把埋没于伪历史之下的真神话重新发掘出来，“折戟沉沙铁未销，自将磨洗认前朝”，这项以顾颉刚先生为代表的古史辨学派开创的学术事业，至今仍未真正完成。

德福配享神话：宝卷创世神“无生老母”信仰溯源*

李永平[1]　黄群英[2]

（1，陕西师范大学，陕西西安，710119）

（2，陕西师范大学，陕西西安，710119）

摘要：无生老母是明清时期民间信仰的至尊女神，是吸收女娲、西王母、泰山娘娘等女神形象的特点，并结合佛、道两教的教义而形成的。创世女神的原型是普通的母亲，神话提供了母亲原型的诸多变体，无生老母作为创世神话中一位善良慈爱的母亲，历经波折，受尽苦难，只为度皇胎儿女回归“家乡”，这在明清时期的宗教宝卷中有所体现。在我国少数民族神话里也不乏母神的影子，这体现了人们对女性生殖力和创造力的崇拜与好奇。在哲学层面上，德福一直在某种程度上被视为一种神话伦理。无生老母舍自身而成全后人，这也是该信仰在道德方面的重要意义。

关键词：无生老母；大母神；德福配享

*　国家社科基金重大招标项目“海外藏中国宝卷整理与研究”（项目编号：17ZDA266）的阶段性研究成果。

一、无生老母信仰渊源

无生老母是明清民间信仰中常见的一位女神，也是同时期白莲教等多个教派信奉的最高神，对明清社会民间信仰影响极其深远。那么，这位最高女神在明清时期产生的契机是什么，又是怎样被下层民众们普遍认可的，这些问题尚未有明晰的定论。

民间宗教界一般认为，明代正德年间，由罗梦鸿创立的罗教最先提出“无生父母”，而“无生老母”最早出现在明朝初年刊印的《佛说皇极结果宝卷》中，到成化时期的无为教、万历时期的弘阳教和明末的圆顿教便开始供奉无生老母。[1]逐渐地，这一形象也影响了其他的民间教派，并逐渐被接受，无生老母这一女神一度成为中国民间宗教供奉的最高神祇。然而，根据宗教学的系统性特征来看，在无生老母之前，民间还有“无生佛”“无生父”等称呼存在，可见该女神的形象和名称是经过长时间的演化，才逐渐在明代定型的。倘若这是罗教编造的形象，很难被其他民间教派所广泛接受，可见在无生老母形象定型之前，肯定存在久远的文化传统。因此无生老母，成为一贯道、黄天道、弘阳教、闻香教、大乘圆顿教、八卦教、先天道、归根道、九宫道等多数民间教派共同的信仰。[2]

民间教派宣扬创造世界和人类的是无生老母。她住在真空家乡，最初的世界一片混沌，之后她又造出九十六亿“原子”，让他们生活在人间。不想“原子”被物质迷了本性，老母一怒之下要降下灾劫打算消灭这个世界。但经诸天佛的哀求，老母终于答应在降下灾劫以收杀恶孽的同时，也降道挽救贤良。道分三期降世，即青阳、红阳、白阳三期，每期各派一位祖师掌道，即先天燃灯佛、中天释迦佛、后天弥勒佛。但前两期度回的“原子”不过四亿，余下的九十二亿就要在白阳期度完，为此只好大开普度。大开普度的措施首先是“三教归一”，即儒、佛、道都不再有度人的作用，而全要归于这次降下的道（哪

[1] 孔庆茂著：《中国民间宗教艺术——无生老母神像研究》，南京大学出版社，2012年，第9页。

[2] [日] 土屋昌明：《道教の聖地と地方神》，东京：东方书店，2016年，第48页。

个道传这套教义，自然这统一的道就是它了）。其次是传下“三宝”，得到“三宝”即可回到真空家乡，脱离轮回之苦。无生老母届时要派弥勒佛降世临凡，召开龙华三会，把沦落尘世的儿女度回真空家乡，与无生老母团聚，永享平等幸福之快乐。宝卷中体现的思想可以概括为民间信仰的八字真言“无生老母，真空家乡”。

无生老母信仰一方面有人类远古以来女神信仰的大传统沾溉，另一方面在发展过程中又具体糅合了佛道两教的宗教理念，结合民间宗教教派的思想，成为至尊女神的形象。

唐代民间佛教里的无生佛应当是最早的无生老母的雏形。孔庆茂认为无生老母这一名称是由“无生佛母”讹传来的。龙树的《十住毘婆沙论》“入初地品第二”云“此中般舟三昧为父，大悲为母。复次般舟三昧是父，无生法忍是母。如助菩提中说：般舟三昧父，大悲无生母”。此中“无生母”便是佛母了，佛母也是佛教典籍里经常出现的，明初白莲教的女性甚至也自称为“佛母”。[1]无生佛在当时很可能被称为“无生佛母”，这与“无生父母”的音极其相似，因而极有可能被罗教讹传为“无生父母”。后来的弘阳教和圆顿教，觉得母亲形象更显得慈爱，无生佛的佛性更类似于母性，索性将其称为“无生老母”，因而无生老母就成为亲切和蔼、疼爱儿女的老妈妈形象了。郑志明从《深根结果卷》推断，认为“无极圣祖”也可称为“无极圣母”“无极老母”。[2]

作为明清时期民间宗教里信奉的至尊女神，无生老母的传说多产生于民间宗教宝卷。经卷一般述及无生老母创世和救世的过程时，希望皇胎儿女们通过修炼和行善度化自己，早日回归天宫、母子团聚。《无生老母救世血书宝卷》中说道“因事有重要，吾佛少言，指示今日有诸神陪鸾，老母降血书于坛下”，即众位仙佛陪着无生老母莅临神坛，信众们都跪着接驾。由于“残灵迷而不晓”，无生老母为拯救落入困劫的皇胎儿女，特修一封血书来度化世人。宝卷中还提到了“血书集该万缘做福，还乡返本……此书娘亲删谕，可作升天皈西

[1] 孔庆茂著：《中国民间宗教艺术——无生老母神像研究》，南京大学出版社，2012年，第12页。
[2] 郑志明著：《无生老母信仰溯源》，文史哲出版社，1985年，第111页。

正用直轨金线，普度金仙万圣佛子，宝筏金船有缘遇，无缘难觅……坛前能存之一部，再能常诵代母化人，同归西方落点”。[1]也就是说，无生老母的救世血书是专为救世度人而出现的，有缘人才能受到该血书的护佑，在神坛上常常诵读之人能够升入极乐世界。

《无生老母临凡普度众生宝卷》开篇记载了无生老母派遣儿女下凡的经过，三皇祖奉无生老母之命前往东土“治世”，于是祈求将“本家儿女”发往下方住世，“母排筵宴，各赐儿女御酒三杯，老母暗自将中指咬破，血调酒内，付给儿女吃下腹内”，因此皇胎儿女们“迷失真性，母子分离”。[2]之后，无生老母又揑土成窍做成泥人，吹出仙气使泥人成活，差遣其下灵山，前往东土与皇胎儿女们婚配生息。儿女们因丧失佛性而堕入红尘，无生老母“清虚冷淡，默默无言”。她在担忧之余修书七十二封，派遣三祖下凡，普度迷失本性的儿女们，三祖“手敲云鼓简板”“街前传法多时”，但却无一人醒悟。无生老母便在顺治七年（1650）四月十三日临凡，借安洲城南西庄村尹门女——尹氏的凡体，来到邢家南盘膝打坐，唱着莲花落教化民众。无生老母为众多善男信女讲经说道，教导各位要一心向善，过了十六年，西方古佛[3]降旨要她即刻返回天宫。侯姓弟子为她建立了固定的道场，每逢三月三庙会，仍有大量香客在国公营村南寺庙旧址烧香拜佛。

《无生老母十指家书》是一心天道龙华圣教会经卷，主要陈述了无生老母对九六原人的心声，认为开天辟地以来，人遭罪无边，六道轮回不休。人们应该识破红尘幻景，改邪归正，修成正果。将来龙华三会时，母子团圆。其中写道“一指皇胎家早回，来时欢喜去时悲；三期莫误龙华会，同登极乐仲元魁……十指家书天下闻，儿拆母信便知音；同来福地洞天隐，何必桃源去问

[1] 西北师范大学古籍整理研究所、酒泉市文化馆编，郭仪等选编整理：《酒泉宝卷 上编》，甘肃人民出版社，1991年，第190页。

[2] 同上书，第2页。

[3] “古佛”即是民间教派宗教中的至尊女神无生老母。无生老母有多重称呼，其中有“无极圣母”“无生圣母”“云盘圣母”，这儿的圣母当也指无生老母。民间宗教以“弥勒下生”为基本教义，弥勒佛自兜率宫降世，在龙华树下承继佛位后，世界将变为天堂，只有享乐，没有痛苦。龙华树也成为“无影树”，有些民间教派也把弥勒佛所居之地称为“无影山”。

津”。[1]文辞中饱含了无生老母对儿女们的慈爱，以及渴望儿女们回家的深沉希冀。

明清时期所供奉的无生老母，是在中国母性崇拜的基础上，集结了多种女神的形象。这些女神包括女娲、西王母、观音、骊山老母、泰山老母等，对明清时期的无生老母形象的定型产生了或多或少的影响，无生老母是集合这些女神形象于一身，却又有着不同特点的神灵。

母性崇拜是人类社会的普遍信仰，肇始于史前，当时女性是整体社会的中心，且在繁衍历史上功不可没，是造就生命的源头，因而母性具有一定神圣性和神秘性。中国历史上许多部族都是由母系氏族发展而来的，如姜嫄因履“巨人迹”而诞下后稷，简狄吞玄鸟卵而生殷契。这些感生神话均是因母亲接触到神秘力量，未发生交合而受孕，充分表现了前人对母亲受孕生产的困惑和思索。在母系氏族时期，女性在部落中拥有极高的地位，除了生育力至高无上之外，还有采集野果、管理家庭的能力。无生老母就是融以上各种女神形象于一体，却与之有所不同的至尊女神。

女娲神话至少在屈原时代已经发展成熟。《说文解字·女部》中“娲，古之神圣女，化万物者也”，“化”是化育之意，可见女娲是人类社会早期最伟大的母神。《太平御览》卷七八引《风俗通义》中说道“俗说天地开辟，未有人民，女娲抟黄土作人，剧务，力不暇供，乃引绳于泥中”。[2]《淮南子·览冥训》说道“往古之时，四极废，九州裂……于是女娲炼五色石以补苍天，断鳌足以立四极，杀黑龙以济冀州，积芦灰以止淫水”。[3]纵观多种关于女娲的神话，女娲的功绩主要是创造人类和补天济世。不仅如此，女娲神话表现了早期母系氏族以女性为中心的姻亲关系和生育状况。杨堃认为女娲神话是来自母系氏族时期以蛙为图腾的部族，蛙象征着生殖繁衍，而女娲作为创世造人的女神，自然也具有无上的生殖力。[4]无生老母最疼爱的九十六亿皇胎，也是她牵

[1] 民国壬戌年（1922年）四月教堂重刻：《无生老母十指家书》，永盛齐刻字铺刷印，第4页。
[2]（宋）李昉等撰：《太平御览》卷七八，上海古籍出版社，2008年，第748页。
[3] 陈广忠译注：《淮南子》，中华书局，2012年，第323页。
[4] 杨堃：《杨堃民族研究文集》，民族出版社，1991年，第479页。

肠挂肚的儿孙，之后的民间宗教认为无生老母是女娲和伏羲的母亲，可见女娲为后来无生老母的形象提供了神话依据和空间。

西王母是我国道教的代表女神，她的神迹已传数千年，是中国传统信仰中地位显赫的古老女神，其神话传说多见于《山海经》与其他古籍文献里，但是关于西王母的研究众说纷纭。《护国威灵西王母宝卷上》中说道：

> 姜嫄自诞稷后，回光返照修真炼性，欲求不生不灭也……姜嫄自此焚功化身飞升于广寒宫焉，生前为后稷之生母，没世为月殿之王母。至今掌握天地，旋转乾坤，娑罗下玉兔弄影者，非王母之宫殿也耶？[1]

可见王母是不生不灭，掌管日月乾坤的至高权力女神。明清时期的无生老母与之颇有相似之处，有一定的传承渊源关系。鲁迅在《中国小说史略》中对比《山海经》和《穆天子传》中的西王母形象，认为后者“其状已颇近于人王”，[2]为后来的西王母形象演变开了先河。民间宗教建筑里常有王母洞和老母洞。据孔庆茂的田野调查，河南济源王屋山阳台宫有老母洞，供奉着西王母，而旁边的灵山上有无生老母的庙宇，两个庙宇距离很近。河南嵩县九皋山的姜公庙里，无生老母洞排在王母大殿建筑的底排，可见二者渊源甚深。[3]

观音是佛教的菩萨，是影响较为深远的一位女性神，译经家竺法护将这位神灵名称翻译为“光世音”，《正法华经》中的《光世音菩萨普门品》记载：

> 于是，无尽意菩萨即从座起，偏露右臂，长跪叉手，前白佛言：“唯然，世尊，所以名之光世音乎？义何所趣耶？”佛告无尽意曰：“此族姓子，若有众生遭亿百千垓困厄患难，苦毒无量，适闻光世音菩萨名者，辄得解脱，无有众恼，故名光世音……”[4]

佛语表明观音是救苦救难，使遭受厄运的民众得以解脱，重获美好憧憬和希望的神，与无生老母思念堕入凡尘的皇胎儿女，想拯救儿女回归天堂的救世

[1]（清）黄兆麟手抄本，乾隆岁次庚戌年，《护国威灵西王母宝卷上》，风陵书屋藏本。

[2] 鲁迅著：《中国小说史略》，上海古籍出版社，2004年，第12页。

[3] 孔庆茂著：《中国民间宗教艺术——无生老母神像研究》，南京大学出版社，2012年，第16—117页。

[4]《正法华经》卷十，《光世音普门品第二十三》，《大正藏》第9册，第128—129页。

主形象极其类似。鸠摩罗什于后秦弘始八年（406）在长安重译的《法华经》（又名《妙法莲华经》）中用“观世音”名称取代了“光世音”，并流传全国。[1]印度的观音原本是男相，《华严经》中说道“勇猛丈夫观自在”，观音大概是三国时期传入中原的，后来唐代因避李世民名讳，观世音也被称为“观音”。观音在民间影响极大，成为救苦救难的象征。明清民间宝卷里，无生老母会派观音作为使者下凡，有时候观音就是无生老母的化身，如明清时期的《观世音菩萨普度授记皈家宝卷》中，观音与无生老母的形象并无太大差异。[2]

泰山娘娘又称碧霞元君，也是最早的泰山山神。该女神的信仰来自原始社会中的女神崇拜，并以泰山为中心向四周扩散，遍布长江以北、华岳以东的中国北方地区，信仰之人颇多。北宋真宗皇帝时期，人们为她雕像立庙，元代道教徒创造了泰山娘娘是东岳大帝女儿的传说，使得该女神形象趋于饱满。《灵应泰山娘娘宝卷》中反复说明泰山娘娘的神威和灵气，第一品中讲述了该女神投胎、成仙过程：

> 夫泰山娘娘者，天仙圣母、碧霞元君，镇守泰山，感动天下……原是西牛贺洲升仙庄金员外，母黄氏，圣母娘娘投胎，三岁吃斋，七岁悟彻心明，聪明智慧。[3]

背着父母出走升仙庄之后，她来到东土泰山，经过苦修三十二年，便神通广大、无所不能了。她能够“指山山崩，指水水灭，呼风风至，唤雨雨来，降妖灭怪，无所不通”，[4]在这之后，“玉帝牒伸天佛，天佛亦准，千（天）佛牒文，玉帝敕令，升为天仙玉女碧霞元君”。这里拥有至高无上神圣性的“天佛”也透露出无生老母的特点。

无生老母就像陕西蒲城尧山圣母、河北《后土宝卷》中的后土女神一样，从护佑一方之土一直到保护民族、国家。她阻夷狄危国，退番兵，助英雄杀敌。她具有国土、邦国守护神的军事职能。后土神在古代能分夷狄，在近现代

[1] 李利安：《古代印度观音信仰的演变及其向中国的传播》，2003年，西北大学博士论文。

[2] 孔庆茂著：《中国民间宗教艺术——无生老母神像研究》，南京大学出版社，2012年，第17页。

[3] 万历年丙子仲秋，古中阳手抄本，《大方广佛华严经卷第二十八》，《灵应泰山娘娘宝卷上》。

[4] 车锡伦：《明代西大乘教的〈灵应泰山娘娘宝卷〉》，《扬州师院学报（社会科学版）》，1993年第4期，第61—67页。

能抵御外来侵略，在当代则能促进民族团结和国家统一。因此，关于后土神慈悲灵验的传说归根到底是人的传说。而且上述传说现实性极强，当然，它所反映的核心意义、典型场景仍然继承了传统的类型化、模式化的表达方式。他们的共同点在于：女神崇拜、庙宇、神社、膜拜仪式、祭祀圈、对神灵圣迹的演述。易县地处畿辅，道教、秘密宗教、历史事件多发地带，外部冲击大。这构成了它的地方性色彩。从神灵崇拜叙事来说，两地的叙事有许多共同的主题，这反映出民间造神的诗性智慧大体属于一个想象力范畴。

二、多民族创世女神

原型的表现由集体无意识决定，即它无意识地却合乎规律地决定人的行为，并不依赖于个人经验，这种无意识的动力常伴随着强烈的情感成分。当原型作为无意识的自发表现而出现时，不依赖于个人和团体的心理状况而起作用，这种无意识现象往往不期而至。[1]因而当某个原型在一定契机下出现的时候，并不是个人或某团体的选择，而是整个群体集体无意识的一种表现，这种表现并非孤立的，而是依赖于种族、民族和历史时代的实际状况。

荣格在集体无意识中界定的一个主要原型是母亲原型，而神话中的女神是母亲原型中的主要人物形象。比较神话学家埃利亚德认为，母亲原型对个体的精神分析和群体的文化寻根是同等重要的。大地母亲是一个最原始的神话意象，人类的母亲不断重复生命在子宫中孕育的过程，这与大地母亲孕育万物生灵类似，胎儿的出生也意味着重复宇宙创生的活动，女性的生产等同于微型的宇宙生产。[2]也就是说，创世女神由来的一个渊源便是普通的母亲，正是母亲们与生俱来的生育能力触发了人们文化寻根的意识，在一定程度上，母亲等同于神灵。

大母神这一象征是母亲原型的派生物，在大母神这一术语之前，原型女性早已受到数千年的崇拜和描绘。荣格说道，神话提供了母亲原型的诸多变

---

[1]［德］埃利希·诺伊曼著，李以洪译：《大母神：原型分析》，东方出版社，1998年，第4、9、15页。

[2] 叶舒宪著：《千面女神》，上海社会科学院出版社，2004年，第6、7页。

体。[1]这些神话母题以类似的方式出现在不同国度不同时代的各个民族中，都是不自觉地出现在人们的无意识中。埃利希·诺伊曼举出例证，初民像儿童般神话式地认识整个世界，主要是凭借投射于世界的最初意象来感知世界。像在儿童时期，人们在母亲怀里首次体验到大母神原型，感受到这位妇人的神圣与无所不能的真实性。在他自我意识发展之后，自己母亲的形象就变得特殊、重要起来。人类生活开端很大程度上是由无意识决定的，以神话的方式感知世界，以原始意象、象征来经验世界。

与其他原型一样，母亲原型也具有多种面相，但在对创世女神的分析中，这里仅仅列举积极的具有代表性的面相，来研究母亲原型中的基本功能是如何促进创世女神这一形象出现的。首先，荣格提到与母亲原型相关联的品质有：母亲的关心和同情、女性不可思议的权威、超理性的智慧与精神、有益的本能与冲动、亲切抚育和帮助发展丰饶的一切；其次，诺伊曼认为女性基本职能的范围是：赋予生命、营养、温暖和保护。[2]甚至女性被经验为“身体—容器”，成为优良的生育土壤。因为那些被庇护被滋养的东西依赖于她，被她的仁慈善良所庇佑着。在婴孩和儿童眼中，自己的母亲便是神圣全能被依赖的“大母神”，因此母亲最担得起“伟大”这一特征。女娲杀黑龙、炼石补天，无生老母寄家书普度凡间儿女，这些女性神都是仁慈善良、庇护他人的存在。

石器时代大母神的塑像多为孕育的原型象征，塑像重点突出宽大的臀部和隆起的腹部，多是对生育力的崇拜。创世女神也是生育能力强的形象，如女娲抟黄土作人，用绳子甩出许多泥人。无生老母先天有孕，派遣九十六亿皇胎儿女去凡间居住，这些无不表现出女性孕育生命的神秘能力。

诺伊曼认为，在全部现象学中，女性基本特征表现为大圆，即包含宇宙万物。女性原则最初表现为黑暗和黑暗的包围，夜空、大地、海洋都与之有关。确实在数不清的神话里，生命的发源地都是黑暗，比如盘古开天辟地之前世界一片混沌，灰蒙蒙的什么都看不见。甚至所有的天体、天力、天神都依赖于大

[1]［瑞士］C. G. 荣格著，蔡成后、任小龙、游潇等译：《原型与原型意象》，长春出版社，2014年，第8页。
[2]［德］埃利希·诺伊曼著，李以洪译：《大母神：原型分析》，东方出版社，1998年，第41、42页。

母神，昼夜变化，日月推移，都是由万能的大母神的意志所决定的。[1]而无生老母是民间信仰中地位最高的女神，她掌管着日月星辰、五行六爻，还有生灵万物的命运，她不仅仅是创世女神，更是济世救人、掌管万物、法力无边的至尊女神。

“母”是虚空与本性结合的真体，可以说，无生老母是从“无中生有”拟人而来的创世女神和人类的祖先，她住在无灾无难的“真空家乡”（即超越生死、极乐自在的一片净土）。作为一位无生无灭、无垢无净、慈悲为怀的至尊偶像，她在“混沌未分之时，三才未到之际”“坐在九十九天之上”，[2]将混沌分化开来，创造了天地日月、山川河流、草木鸟兽，甚至还治五行、生六爻、和七政。《古佛天真考证龙华宝卷》中明确提到“古佛出现安天地，无生老母立先天”（《混沌初分品第一》）。[3]在明代普遍拥有女神信仰的时期，人们将开天辟地的任务放在女神身上，突出女神崇拜的思想倾向。

“无生母，产阴阳，先天有孕；产先天，怀圣胎，变化无穷；生一阴，生一阳，婴儿姹女；起乳名，叫伏羲，女娲真身”，是为“人根老祖”（《古佛乾坤品第二》）。又“因为乾坤冷净，世间空虚，无有人烟住世”（《古佛乾坤品第二》），无生老母派遣“九十六亿皇胎儿女”下凡，前往东土往世，为人间增添些许烟火气息，并叮嘱儿女们要即刻返程，要时刻思念着老母亲，昼夜行动以早日完成任务。然而，临凡的皇胎儿女们堕入苦海，深陷“贪恋红尘，投胎入窍，埋没灵根”（《古佛乾坤品第二》）的危机中，甚至遭受凡间生老病死的轮回和酒色财气的迷惑，还有大自然的各种折磨与苦难。“每当劫难之时，或赤地千里，草木为枯，五谷不收；或大水滔天，浩荡无涯，吞没一切；甚至白日无光，百兽乱舞，蟒蛇成群；而尘世魔王动辄刀兵相向，杀戮人类，以至白骨撑天。血流殷地，人类百不存一，世界末日来临。”[4]无生老母不忍皇胎儿女遭受

---

[1]［德］埃利希·诺伊曼著，李以洪译：《大母神：原型分析》，东方出版社，1998年，第215、231页。

[2] 清光绪二十五年岁次乙亥，苏城玛瑙经坊刻本《（文昌帝君）还乡宝卷》，陕西师范大学藏本，第4页。

[3]《古佛天真考证龙华宝卷》，引自周燮藩主编，濮文起分卷主编：《民间宝卷》，《中国宗教历史文献集成》，黄山书社，2005年，第428页。本页所标注的《混沌初分品第一》《古佛乾坤品第二》的引文均来自《民间宝卷》，所引较多，故后文不再用脚注说明。

[4]《古佛天真考证龙华宝经·古佛乾坤品第二》。

苦难，大发慈悲，决定把皇胎儿女度回自己身边，永在太皇，天都斗宫，不再堕入轮回。[1]“老母盼望，逐日伤心。收补原数，几时回宫”，“捎家书，上咐你，东土儿女，来家罢，早得相逢”（《古佛乾坤品第二》）。在宗教意义上，龙华三会，无生老母又承担了救世主的角色。

无生老母创世后把时间分为三段，认为从宇宙之初到结束期间必须经历三个时期，即青阳时期、红阳时期、白阳时期，分别会召开龙华初会、龙华二会、龙华三会。青阳时期代表过去，由燃灯佛掌世，在末期度二亿儿女；红阳时期代表现在，由释迦佛掌世，也在末期度二亿子女；白阳时期代表未来，由弥勒佛掌世，剩下九十二亿子女必须在龙华三会的末期度完，叫作“末后一着”。并且，白阳时期度回的九十二亿子女并非回到云城，而是要将云城降临人间，弥勒佛在云城临凡之际召开龙华三会，那时九十二亿儿女与无生老母齐聚一堂，被称为“认根归母”。在云城降临之时，会降下大劫，即水、火、风三灾一起降下，所有恶魔都会被消灭。在龙华三会召开完毕之后，将会是一个清净完美、永享幸福的极乐世界。[2]

在无生老母身上最凸显的无外乎创世与渡劫，她拥有至高无上的权力，甚至“考察儒、释、道三教圣人”，凌驾于三教诸神之上，备受众人崇拜。“诸祖满天，圣贤神祇，唯有无生老母为尊”（《普度新声救苦宝卷》），[3]这表明无生老母是众神之神，属于最高级别的女神。明清时期民间秘密宗教经卷中，有朦胧的男女平等的观念。如《救苦忠孝药王宝卷》中说道“或是男，或是女，本来不二。都仗着，无生母，一气先天”，[4]直接阐明男女本身并无不同，都是无生老母的皇胎儿女，“不必分彼此”，先天地位平等。这是明清时期宗教世界憎恨封建父权社会所折射出来的，信众为追求心理慰藉，转向信仰慈悲为怀的女神，甚至将社会中的女性地位放到台前来，具有很大的叛逆性。正基于此，经卷在某些具体问题的说教中，更能够表露出对女性的尊重和信任，关怀与怜

[1]《古佛天真考证龙华宝经·无生传令品第三》。
[2] 濮文起主编：《新编中国民间宗教辞典》，福建人民出版社，2015年，第582页。
[3] 同上书，第583页。
[4] 光绪二十七年岁次辛丑季春月，张凤洲手抄本，《救苦忠孝药王宝卷》。

悯。[1]明清白莲教各教派，大部分皆以无生老母为至尊女神，愈到后来该女神地位愈显著；在清代其地位超越了其他神祇，成为几大教派的女上帝，具有不可撼动的权威性。信众以“无生老母，真空家乡”为八字要诀，这时候的无生老母不仅是创世神和救世主，同时也被赋予与封建统治阶级相对抗的农民叛逆者的性格，成为农民叛逆者的守护神。

无生老母不是高高在上的至尊女神，在民间也流传着她的身世。黄育楩《破邪详辩》中记载王法中的供词，他认为康熙年间，无生老母在清苑县国公营转世，出嫁后生育一个儿子。之后她被丈夫抛弃，儿子被雷劈死，于是她便了却红尘，在国公营的寺庙内传道授徒。这个化身的一生，是卑贱、贫苦、悲痛的，却被信众奉为神圣。[2]这正好能够与明清时期的贫苦百姓结合起来，他们信奉的女神在经受过哀痛、悲伤后却仍然救苦救难、大慈大悲，正是那个时代劳苦大众所能接受的信仰。

创世之后，她将天上的爱与人间的爱融合在一起，当皇胎儿女下凡迷失心性，无生老母两眼汪汪地盼望儿女归家，“急将笔砚取来，修写家书七十二封，捎带红尘，付予儿女”。这么急切地召唤儿女回归家乡，只是为了“及早回程还乡归家认母，同登当来佛性”。作为牵挂儿女的慈祥母亲，无生老母只为孩子着想，她认为回归“真空家乡”便是最好的归宿。于是“立愿度尽众生，故节节点醒智慧，章章指破迷津。令大众好奔前程”。[3]

在宗教史上，男神的地位不及女神，是因为男神的神圣地位来自他的母亲——女神，人类社会的女神崇拜远远早于男神崇拜。即便中国上古女神并非神话体系中的主导部分，但是女神自身的意义和价值，在经历了男权社会的洗礼后并未黯然失色，反而更能体现出自身的价值、意义、特点，成为世界大母神研究领域不可或缺的部分。[4]创世女神作为人类探索宇宙万物和了解自身起源的媒介，具有其他神祇无法替代的作用。在原始先民简单朴素的思维中，自

---

[1] 喻松青：《明清白莲教研究》，四川人民出版社，1987年，第295、296页。

[2]（清）黄育楩撰：《破邪详辩》，光绪癸未嘉平重刻，板存荆州将军署，卷三，第34页。

[3] 清光绪二十五年岁次乙亥，苏城玛瑙经坊刻本《（文昌帝君）还乡宝卷》，陕西师范大学图书馆藏本，第6页。

[4] 盛英：《论中国上古女神》，《中国文化研究》，2012年第4期，第130—141页。

身是由母亲怀胎而生的，由此影射到宇宙万物中，世界万物也是由神灵母亲孕育的。只有了解到女神羲和是太阳的母亲，女神常羲是月亮的母亲，女娲是创造万物生灵的大地母亲，才能意识到原始先民们对女性生育神秘性、超强创造力的崇拜与敬仰。

创世神话的实质就是描述生命的来源、形成及万物的生成过程，所以创世母神多于男神，并且具有无可替代的地位。王宪昭《中国各民族创世神话基本母题索引》中编号W1002.1.3的母题：世界是女神创造的，该母题置于“世界（宇宙）起源说”部分的首页。[1]可见女神创世母题具有普遍性，创世女神不仅在汉族有广为流传的神话传说，而且在中国各少数民族中亦有影响深远的故事。中国少数民族的神话具有浓郁的地方特色、厚实的历史积淀、想象雄奇的艺术手法等特征，最突出的是在辐射过程中的相互渗透。由于“母题”作为神话分析单位，具有结构功能的相对稳定性，也有典型性，这些创世神话相似度较高，大多是展现女神超强的生育力与创造力，但每个民族各自的神话有所不同。

阿嫫晓白是基诺族的女始祖，她是从炸开的两块冰里走出来的。重冰沉沦变为地，轻冰上升变为天。阿嫫晓白修天又补地，并且用头发创造了竹子、野草，用汗垢创造了森林、禽兽等，还教人们说话，将其以不同语言分成族，便有了基诺族、傣族、汉族、布朗族等（基诺族神话《阿嫫晓白》）。瑶族的创世女神密洛陀法力无边，她是至高无上的宇宙开创者。太古时期天地混沌，密洛陀站在宇宙裂缝间双臂上顶，双脚下踩，努力了九千九百次后，终于使得“天拱地圆两分离”。她又创造火球和银球，变为太阳、月亮，抓一把银珠子撒在空中变为星星，又派九个儿子整治大地，为人类生存创造客观条件（瑶族神话《密洛陀》）。苗族认为蝴蝶妈妈（又作“妹榜、妹留”）是人类始祖，是从一棵被神人劳公栽种的枫香树上诞生的，与其同时诞生的还有鼓、鸡、燕子、蜻蜓、蜜蜂等。之后蝴蝶妈妈与上游的泡沫“游方”结亲，生下十二个蛋孵化为姜央、雷公、龙、虎、蛇等十二个兄弟。姜央是后来的人类之祖，而蝴蝶妈妈是人、兽、神、妖的同源之母（苗族神话《枫木歌》）。卫拉特蒙古的创世神话

---

[1] 王宪昭著：《中国各民族创世神话基本母题索引》，民族出版社，2015年，第1页。

说道，天地形成之前混沌一片，女神麦德尔骑着雪白神马踏遍三千个宇宙，马蹄踏洪水使得宇宙尘土烧成灰，洒落地面，逐渐灰尘积多形成大地。麦德尔命令乌龟驮地支撑地面。天地分开后，又派遣一男神一女神围着须弥山转圈，男神为太阳，女神为月亮，甚至还将自己的一个化身落入大地，生长出来万物（卫拉特蒙古《麦德尔创世》）。翁戛是布依族神话里的创世母神，宇宙是她胎生的，甚至天地、昼夜、日月都是她生出来的，森林和珍禽异兽分别是由翁戛神的头发、身上的虱子变成的（布依族《古老歌》）。[1] 满族创世神话较为独特新颖，多阔霍女神住在石头里，宇宙神只要得到她就有较强的生育能力，之后被阿布卡赫赫无意间连着石头吃进肚子，结果阿布卡赫赫坐卧不宁地撞击大雪山，肚子里的石头摩擦起火。他身体烧得溶解后，眼睛变为日月，头发变为森林，汗水变为溪河，这是间接地表现多阔霍女神的生育力（满族神话《大战天宫》）。壮族神话中天地未分开之时，宇宙旋转着一团大气，最后变为一个蛋的样子，后来蛋爆裂开来，分为三片，分别变成天空、地下水、大地。人类始祖姆六甲是从大地上唯一的一朵花中产生的，她用自己的尿和泥捏成了人类，从此便有了人类在大地上生存繁衍（壮族神话《姆六甲》）。

鄂温克族流传着关于萨满的创世神话，萨满是抚育万物的老太太。她住在太阳升起的地方，有个极大的乳房，并且以乳汁哺育万物，人间的幼儿、幼女均由她哺育长大（鄂温克族神话《大乳房的老太太》）。[2] 哈尼族的迁徙史诗《哈尼阿培聪坡坡》中说道，第二十四代人塔婆是人类的始祖，在她之前的“人”都是动物，能干的塔婆将世人生养在自己的身上，“塔婆生出的孩子里，她最心疼的是哈尼；哈尼生在肚脐眼里，祖祖辈辈不受风霜”，[3] 可见塔婆将哈尼族生在肚脐眼里这一说法，是对哈尼族寨子多设在山坳里的神话解释，有浓郁的当地民族色彩（哈尼族神话《哈尼阿培聪坡坡》）。满族人认为是老妈妈神创造了人类，老妈妈神独自生活在林子里，终日没有人影，她为排遣寂寞就用

[1] 马学良、梁庭望、张公瑾主编：《中国少数民族文学史》，中央民族学院出版社，1992年，第106页。
[2] 姚宝瑄主编：《中国各民族神话·达斡尔族 鄂伦春族 鄂温克族 蒙古族》，书海出版社，2014年，第123页。
[3] 朱小和演唱，史军超、芦朝贵、段贶乐翻译：《哈尼阿培聪坡坡》，中国国际广播出版社，2016年，第10页。

刀片石刻了几个木头人，将他们放在太阳下晒，这些人都活了，变成了恰喀拉人——即满族的一支，[1]可见远古时候恰喀拉的女神崇拜信仰历史悠久（满族神话《恰喀拉人是怎么来的》）。

纵观这些少数民族的女神创世神话，虽然在女神名字和创世方式上，各个民族的神话均有各自的民族特色，但她们都有超强的创造力和神秘的生育力，还能够在混沌的宇宙中创造出天地万物，繁衍出人类及其他生灵。女神崇拜对于原始人类社会生存和文化传承有重大意义，是用神话的形式解释了人从何而来、世界从何而来的问题，是原始人对自身族群认知的一种深刻反思。叶舒宪认为“女神神话的缺失”会造成“文化空白”，[2]人类对自身起源的深刻探究正是对女神无私奉献和辛苦养育精神的追寻。而现实社会中这位“女神”的原型便是母亲，通过对各个女神创世神话的研究，人类方能更深刻地认识女神崇高的品质，才能更坚定地承袭文化。

三、德福配享的女神创世神话

无生老母神话的社会功能在于给“德福配享”的幸福观“立法”。可以说，大部分人认同有德者必有福。康德早就注意到，古代拉丁文中“summum bonum”（至善）里的“bonum”本身就含有“善”和“福”两层含义。[3]至善应当是美德与幸福交融的一种境界，人们以美德待人，自然也能从外界获得幸福感。但道德学家关注“至善”，是因为该理论背后德福统一的“德福律”，这是人类道德秩序中不可缺少的重要根基。可现实生活中，德福关系总是处于一种失衡的状态，如“世有积善而殃集，或有凶邪而致庆”。德福关系常常表现成一种诡异的悖论，诗人北岛也感叹道“卑鄙是卑鄙者的通行证，高尚是高尚者的墓志铭”，语词间充满着不甘与无奈。因为道德和幸福并非处于相同的价值范畴中，在个体身上并不能实现等量交换，所以德福失衡便是二者间永恒的定律了。[4]

---

[1] 陶阳、钟秀编：《中国神话》上，商务印书馆，2008年，第34页。

[2] 叶舒宪著：《高唐神女与维纳斯：中西文化中的爱与美主题》，中国社会科学出版社，1997年，第410页。

[3] [德] 康德著，邓晓芒译：《实践理性批判》，人民出版社，2003年，第81页。

[4] 张俊著：《德福配享与信仰》，商务印书馆，2015年，第2、3页。

德是社会良性运作的重要条件，如果德行能配享幸福，也符合大多数人的利益。那么德福配享仅仅是虚无缥缈的幻象吗？如何使得德福配享幸福？

自古以来神话传说等言说传统，让德福配享成为人类社会远古以来反复言说的道德“铁律”。这一铁律成为神话叙述传统的核心力量。马林诺夫斯基认为，神话是信仰不可或缺的基础，确切地说是它的支柱，我们已经研究了神话对人们生活的影响。[1]

从保证社会运行的角度，我们需要伦理言说大传统，而无生老母信仰中的德福配享在某种程度上是一种伦理神话。通过叙述神话，一个健康的社会能够让社会成员摆脱神经质的负罪感和过度焦虑。例如古希腊时期的哲学家一直在谈论真善美和勇气，甚至将其视为人生的价值。神话也滋养了柏拉图、索福克勒斯等人，他们完成了许多经典作品，并流传至今。罗洛·梅进一步阐释道，神话是人们对互相联系着的外在世界和内在自我进行的自我阐释，是使社会团结一致的叙述方式。因而在艰难且无意义的世界里，神话保持了人类心灵与精神上的活力，那些美、爱、天才等不朽概念的灵感总会在神话中出现。[2]也就是说，神话能够让人在偶然性的无意义世界中获得某种意义。无生老母震怒，决定“定要灭尽中华恶人，以充劫坑，要重安天地，再治人伦”。[3]其中弘扬的德福统一是一种伦理神话，它使社会道德存在价值和意义，也是社会道德向善价值观的一种动力源泉。

神话叙述有别于一般的叙述在于，神话在神圣传统中的道德叙述是人类早期道德建构的“大宪章”。细看基督教的基础，总会发现一个有趣的神话，在所有启示的教义中都存在一条实用的真理：它不仅告诉我们图腾、灵魂、圣徒和诸神的存在，同时也说明如何通过祈祷、献祭、圣礼和道德联系来接近神。[4]

那么，无生老母发端于中国文化的源头，成熟于中国鼎盛时期的明清的

---

[1] Bronislaw Malinowski. *Myth as a Dramatic Development of Dogma*, in Ivan Strenski (ed.), *Malinowski and the Work of Myth*. Princeton: Princeton University Press, 1992, p.121.

[2] [美] 罗洛·梅著，王辉、罗秋实、何博闻译：《祈望神话》，中国人民大学出版社，2012年，第2、7页。

[3] 清光绪二十五年岁次乙亥，苏城玛瑙经坊刻本《(文昌帝君)还乡宝卷》，陕西师范大学藏本，第1—2页。

[4] Bronislaw Malinowski. *Freedom and Civilization*. New York: Roy Publishers, 1944, p.209.

至尊创世女神，她的创世活动在某种程度上也是一种神话。神话叙事的信仰功能的“形式本质”是创世神话的关键。无论是派遣皇胎下凡还是以龙华三会度儿女，都是出于对人间对儿女最深沉的爱，使原本荒无人烟的世界变得有情有义，这种行为皆是善意的无私奉献。她派遣燃灯佛、释迦佛、弥勒佛在不同时期度九十六亿皇胎儿女。在龙华三会结束之时，她也能随心所愿让善男信女回归“真空家乡”，兑现德性即幸福的承诺。所以说，无生老母救度善人的信仰清晰地表明，前人的德行可以恩及子孙后代，而恶行会使得后人遭殃。因此，糅合了佛道两教的伦理理念的无生老母信仰，一定程度上承袭了两教浓郁的德福一致信仰观念，体现了一种传承性。

四、结论

宝卷中创世女神——无生老母信仰的溯源问题，表面看来只是民间信仰的一部分，但最终还是回归到早期社会的神话中。神话中的女神是母亲原型中的主要人物形象，母亲崇拜也是人们寻根意识的觉醒，因此研究无生老母信仰也是追溯社会文化根基中那部分。将该信仰与中国多个少数民族创世女神及德福相报的观念联系起来，更能说明神话是关于道德功能的叙事，有德者必有福是原始宗教的原命题。无生老母创世渡劫，体现了佛家的“因果说”和道教浓郁的“承负”报偿观念，舍自身而成全后人，这是无生老母信仰在道德层面上的重要意义。这种德福一致的伦理神话更能上升到一种道德的境界，也是我们在完善女神信仰之外的另一个关注点。

但渊源于巫术文化的报应观念，并未在事实上实现德福一致，而只是超验地解释了德福一致或背反的现象，观念地许诺了德福一致，并以报应观念督促人趋善弃恶。古代巫术报应观随着科学的登台而退出自然因果领域，文明时代把超自然因果的报应观念认定为迷信。但德福不一致乃至好人受难，恰恰是人类社会持久存在的现象。[1]

---

[1] 尤西林：《德行不再许诺幸福——〈约伯记〉与古代报应观念的衰落》，《基督宗教研究》，2000年，第478—488页。

“洪水造人”神话的死亡结构与重生信仰意义

汪小洋[1]

（1，东南大学，江苏南京，211189）

摘要：洪水造人神话中有“死亡”主题，也就是“造人”常常与“死亡”相联系，这一内容以往学术界没有特别关注。从表层结构看，“死亡—新生”是洪水神话的共有结构式，其中洪水情节与造人情节在加入神话结构的方式上是不同的，这使得它们在故事结构中表现出不同的特点。从深层结构看，洪水情节与造人情节在“死亡”这一点上有着互相转换的要求，特别是“无母”故事留下了非常丰富的材料，针对这一现象也提出了“洪水造人”神话中存在着的一个潜在结构——死亡。我国墓室壁画表现的是重生信仰主题，洪水神话的“死亡”带来了“新生”，因此也具有重生信仰的讨论意义。

关键词：洪水造人神话；死亡结构；重生信仰

在创世神话中，洪水神话是一个关注度很高的神话母题。“洪水造人”神话又称“洪水遗民”神话，是一种具有全球普遍性的神话类型。在相关研究成果中，学者们关注“生人”的结构，而对“死亡”的结构不太注意。我们认为，洪水神话的灾难性情节普遍地存在于造人故事之中，这一现象说明了死亡结构的不可回避性，同时也说明了死亡结构具有明确的研究价值。从中国传统文化的发展看，洪水神话的死亡结构对儒教的发展和墓室壁画的创作也有着明确的影响。

一、洪水造人神话表层结构的死亡解读

造人，就是生育，是关于“新生”的叙事。但是，洪水神话的造人过程中还伴随着死亡的情节，与造人相关者似乎都面临着死亡的威胁。从叙事的过程看，只有解除死亡的威胁之后，造人的情节才可能完成。因此，“死亡—新生”成为洪水造人神话情节展开的一个必然走向。

第一，死亡结构的存在。

洪水造人神话所描写的生育故事在中国各地有不同的版本，一般可分为两大类。一类是以“兄妹结婚”为代表的双人造人的神话，另一类是以“伊尹生空桑”神话为代表的单人造人的神话。双人造人与单人造人显然有着不同的叙事路径，这两类造人神话因此有着不同的结构内容：

双人造人神话的结构方式是：起源—预告—发水—死人—遗民—造新人。

单人造人神话的结构方式是：预告—发水—死人—新人。

在这两个结构方式的比较中，我们首先注意到双人造人神话的结构明显复杂于单人造人神话的结构，这不仅仅表现在参与人数上，同时也表现在新生获取的方式上。单人造人的情节是死而后生，双人造人的情节则伴随死亡而新生，生死同时进行。同时，我们也注意到因为结构方式的不同，同样的情节表现出了有所区别的意义，这一点体现在“死人”的情节上。在双人造人结构中，死人的情节是发生在造人者之外的现象，兄妹二人躲过了洪水带来的灭顶

之灾。在单人造人结构中，死人的情节是发生在造人者本身，伊尹等并没有躲过洪水，他们的生母葬身于洪水之中，但是他们在洪水后复活了。前者造人者与新生者完成造人后可以共同生活，后者造人者与新生者完成造人后造人者死亡，这是一个非常大的区别。当然，后者的死亡中包含着重生的内容。

概言之，洪水造人神话中，是死而复生还是生死相伴，是躲过死亡还是死亡中复活而获得重生，死亡都成为固定的结构，而且都是首先面临死亡，然后才有新生的获得。

第二，死亡情节的结构。

死亡的结构下，洪水神话的情节如何展开？洪水造成死亡，这是一条叙事主线。同时，因为曾经的生命存在现象也可以带来新生，这也是一条叙事主线。因此，我们归纳出“洪水”和“造人”两个基本情节。从现有的材料看，洪水情节复杂于造人情节。

其一，关于洪水情节。

洪水情节具有明确的象征意义，这是洪水造人神话的叙事基础。作为生存的必备条件，水有着生命之源的明确象征性。人类很早就开始思考洪水与人类存在的关系，这几乎是所有神话传说都要描述的主题。公元前23世纪巴比伦人最古老的文献，是从追叙“大洪水”开始的。希伯来人所流传下来的最古老的创世记书，也是自“挪亚洪水”说起。印度古老的《摩奴法典》、南美洲印地安民间的传说等等，一提到人类历史的开端，也无不从洪水说起。从中我们可以受到启发，即在人类对水的思考轨迹中有着把水看作生命之源的自觉性。

另一方面，择水而居的必要，又使洪水在现实生活中具有强烈的功利性。《管子·揆度》记：“共工之生，水处什之七，陆处什之三。”《帝王世纪》记：“黄帝居于水。”人们发现水源，改进用水的方法，提高水的利用率，不断丰富着自己对水的认识。《列子·汤问》记：“缘水而居，不耕不稼。”这些关于水资源的文献中，对水的赞美之中非常明确地表现出对水的利用。洪水的汹涌澎湃化作现实生活的涓涓细流，灾难变成了福音。

洪水神话中，观念上的象征意义和实践中的功利性都被输入了“洪水造人”的结构。这样的结合，使得洪水造人神话有了具象表现的描述，也有了抽象表现的要求。

其二，关于造人情节。

造人情节与洪水情节不同，它是“新生”最终完成的所在环节，是一个终极阶段。从观念上讲，它必须具有明确的功利性，同时也具有明确的可操作性。原始先民不可能知道多少生育的原理，在母系社会繁荣期之前，甚至不了解男子所起的作用。因此，虽然原始先民有着许多合理的描述，但“造人”还是具有了许多模糊的象征意义。

象征意义是洪水神话的突出特征，其中与女性生育联想而带来的象征意义最为奇特，非常合理，也非常模糊。学者们普遍认为，大洪水中的避水工具是女性生殖器的象征，孕妇生产前的征兆与洪水发生前的预告相似。

概言之，洪水神话在洪水与造人两条主线上展开，在死亡结构中都具有明显的象征意义。洪水主线有着生存需要的具象性与知识所限的抽象性的双重要求，叙事相对复杂；造人主线有着模糊性和女性生育联想，叙事相对简单。

第三，死亡情节的描写。

洪水造人神话的终极阶段是新生，因此“新生”叙事具有规定性，“死亡”不在终极阶段上，因此缺乏规定性。这样的区别，使死亡情节有了生死转化和相关内容转化的要求，由此提出了一个多层次叙事的要求。

其一，象征性带来洪水情节的大场面描写。洪水在象征性特征的指导下加入神话结构，“生命之源”的概念渗透于相关的情节，所以关于洪水的描写大多是大场面描写，如人与天神作战、天神下地预告等情节，但这些情节在具体叙事语言上又是粗线条、模糊性的表达。瑶族《开天辟地》神话写道：水仙姑从天门向下望，吓了一跳，原来地下全被大水淹没了。[1]瑶族《伏羲兄妹》神话写道：一下洪水就淹没了大地，万物都淹没在白茫茫的洪水里。洪水非常大，但洪水大到什么程度？没有具体的描写。场面越大越没有具体描写，而造人神话都是追求大场面的，生死的重要性不言而喻。[2]

[1] 谷德明编：《中国少数民族神话》，中国民间文艺出版社，1987年，第126页。

[2] 同上书，第137页。

其二，功利性带来造人情节的细节性描写。造人情节在观念上所具有的功利性，使得它在神话结构中出现时只能从具体性上进行构思，有关描写大多是一些具体故事的细节性描写。瑶族女神密洛陀是先用泥土开始造人，人没有造成，但造出了水缸。她拿米饭来造人，却成了酒。她又拿芭芒叶来造人，变成了蝗虫。拿南瓜、红薯造人，又变成猴子。[1]基诺族描写伏羲和女娲造人时说：从葫芦里传出一个老妈妈的声音："往我这边烙，把我烙死可以。"葫芦开了，老妈妈也死了，但从葫芦中走出了各族的祖先。这些神话传说具有不同的描述，这些描述是具体的，得到了地域文化的支持，因此各地的细节性描写都落在生活细节、语言细节和具体物象细节方面。[2]

其三，原始艺术的折射。从实践角度讲，洪水情节可以从与水打交道的过程中获得有关的具体细节。造人情节没有这样的条件，实践中获得的零星、偶然的知识反而会约束对物象的选择和想象。表现在神话中，有关洪水的情节是与天神交战、天神预告、与大水搏斗这样一波未平一波又起的想象丰富的生动描写，而造人的情节却只有具体的物象和简短的描写。

质言之，洪水造人神话中存在着双人造人和单人造人两个结构，前者置身于死亡之外，后者诞生于死亡之后，两个结构都有“死亡”的内容，同时又都具有大难后的重生性质。这其中，我们特别关注的是“重生”内容。

二、洪水造人神话深层结构的死亡解读

新生与死亡都具有终极阶段的性质，那么洪水情节与造人情节结合的契机是什么？

有关原始社会生殖器崇拜方面的研究在这方面做了许多探讨，其中有三个观点值得我们注意：首先，人类回忆中的洪水痛苦与女性亲身经历的生育痛苦相似。其次，洪水暴发的自然现象与生育时的大量流血现象相似。最后，洪水的水流与养育胎儿的羊水形状相似。这几个观点用来解释洪水情节与造人情节

[1] 谷德明编：《中国少数民族神话》，中国民间文艺出版社，1987年，第124页。
[2] 同上书，第538页。

的结合都有合理之处，但这三个观点实则是在同一层次上的循环式展开，具有明确的重复性。这样的重复性是合理的，来自原始先民对生育现场观察的不断细致。我们可以做这样的逻辑推断：最初，孕妇的痛不欲生使人们惊慌失措；当人们有所镇定后，发现了大出血的现象；最后，为减轻痛苦而进一步观察或专门接生者的出现，发现了羊水等现象。

逻辑推断方面，我们还可以从血与水关系的角度做一些补充。在原始先民的观念里，血与水是相同的事物。澳洲土著人有这样一个神话传说：在以前“亚尔哲灵卡”时代，即远古的梦幻时代，他们祖先的血管一打开便成大洪水，能使高原化为平野，山岳裂成深谷。我国也有相似的神话，《盘古化生万物》：“首生盘古，垂死化身……血流为江河。”血与水的等同，实际上也是造人神话的一个具象细节，当然其中有着象征性的支持。

血是更直接意义上的生命之水，自然可视为生命的象征。血可以像洪水那样奔流，可以变为江河，那生命和洪水的转换也就有了可能。不过，这可能只是发生在孕妇生产的时候。所以，这些神话中大量描述的灾难性情节和细节，其潜在主题还是“生育”。

生育也好，流血也好，最坏的结果是死亡。那么，与生育有关的死亡在神话里有没有反映呢？在我国保存神话最多的《山海经》里，有许多关于吃人兽的描写：“又东五百里，曰鹿吴之山，上无草木，多金石。泽更之水出焉，而南流注于滂水。水有兽焉，名曰蛊雕，其状如雕而有角，其音如婴儿之音，是食人。”（《南山经》[1]）“又北二百里，曰少阳之山，无草木，多青碧。有兽焉，其状如牛，而赤身，人面、马足，名曰窫窳，其音如婴儿，是食人。”（《北山经》）“又北三百五十里，曰钩吾之山，其上多玉，其下多铜。有兽焉，其状如羊身人面，其目在腋下，虎齿人爪，其音如婴儿，名曰狍鸮，是食人。”（《北山经》）

这样的描写在《山海经》里还有许多。《说文解字》里也有类似的材料：“兇，恐也。从儿在凶下，会意。”更加强了我们对“其音如婴儿”的理解。一个较为明朗的轮廓在我们面前出现：生育至死并不是当时人们所能遗忘的现实。

[1] 袁珂校译：《山海经校译》，上海古籍出版社，1985年，第6页。

屈原在《天问》里，就“石破北方而启生”的子生母死神话提出疑问:“何勤子屠母，而死分竟地?”北美洲印第安有一个很相似的故事：很久以前，一个女子在水中涌出的陆地上生出一对孪生子，其中一个硬是穿过他母亲的肋骨钻出来，其母因此而死去，这两个孩子成了人类的始祖。日本国也有这样一个子生母死的神话：最早的女神伊邪那美因生下一位性子刚烈的火神而被焚烧至死。使人感到滑稽的是，如果孕妇的生产由男子来承担，也是厄运难逃，如“鲧复生禹”的神话，有人由此而考证鲧是一位女神，可备一说。

至此，我们可以提出：神话里有关造人的情节是不是就包含着死亡因素?从神话传说材料看，回答是肯定的。

系统考察死亡因素，我们要专门讨论“无母”的问题。在已收集到的四十多个我国少数民族洪水造人神话中有二十多个是“无母”，这些母亲大多是在孩子出世或成长后离开家庭的。这个情节带来的提示是：无母是在完成生育后发生的，死亡的出现是以新生完成为前提，人们仍然思考着生死相伴的现象和由此带来的问题。

这些无母的故事中，许多母亲由仙女担任，但最后还是不能改变她们离开孩子、离开家庭的结果。蒙古族神话《天女之惠》描写一个天女接受了一个猎人的求爱，在湖岸生了一个男孩。她最后不得不让一个黄色小鸟看护孩子，自己永远告别孩子回到天上去了。[1]满族神话《天女浴躬池》里的天女佛库伦因为在凡间怀孕生子，生育后变成为一株高耸、笔直的长白松。鄂温克族人祖先神话说，进山打猎的猎人被母熊强逼成婚，后来逃跑，发怒的母熊便把他们生的一只小熊撕成两半，一半抛向猎人，一半留在身边，这两半就各自成了后来的熊和后来的人，这个人自然是没有母亲的。

神话传说外，活态的民俗现象也有这方面的内容。生育造成死亡，久而久之必然要产生生育恐慌，这在大量的民俗现象中有所反映。我国民俗语言中就有“生子克母”“留母不留子，留子不留母”的说法。民俗行为里也有相关的种种禁忌。

[1] 谷德明编:《中国少数民族神话》，中国民间文艺出版社，1987年，第23页。

因生育而使母亲有个三长两短，导致出现一些现代人难以理解的社会现象。《墨子·节葬》记载："昔者越之东，有輆沭之国者，其长子生，则解而食之。"用现代医学解释，头胎子女对产妇造成的威胁要大于以后的胎儿，把这个危险事物消灭掉兴许能保证以后的生育，残酷中透露出强烈的求生愿望。

生育和洪水都要死人，造成了一块求生愿望的异化土壤，因此在神话的深层结构中两者可以互相转换而同构，一个完整的神话故事最后得以形成。闻一多《伏羲考》曾提出"洪水造人"神话的双母题是战争与洪水，遗憾的是这双母题表现出来的"死亡"线索并没被重视，几十年来都是从"生"的角度研究"洪水造人"神话。

如果生育可能会带来死亡，那人们对生育的态度仍然会保持巨大的热情吗？这一点这里不做全面展开，我们从"多子"的维度做一个讨论。以往的"洪水造人"神话研究常常认为，原始先民祈求"多子"，但是当我们分析出"死亡"结构后，不免要对这个观点提出一些疑问。

其一，当生育造成妇女死亡时，她们还愿意一次又一次地做母亲吗？

前面引用的吃子现象等材料，当然是否定"多子"观点的有力证据。在南太平洋阿洛尔文化中，妇女不仅不关心孩子，而且不想要孩子。当地男人说："我们这些男的想要孩子，我们的老婆不想要，她们只想和我们睡觉。"[1]

生育造成痛苦，甚至死亡，这就使能够克服这些痛苦的妇女受到重视，许多国家都有赞美大乳房、大臀部女人的上古文化遗迹。我国有"女娲抟黄土作人"类型的故事，祈求着妇女生育后代能像洒水和泥那样简单而又高效。舆论上，最高的荣誉也会奉给那些多产者。"后"，甲骨文的本义是"生育"。远古时代以能生育者为首，"后"引申为人民之首，即"君主""帝王"。

两例说明，原始先民"多子"的愿望并不绝对，并由此带来了一些特别的想法，或者附上了一些特别的内容。

其二，当时有无限制的"多子"条件吗？

有关生产力发展的观点毋庸赘述，美国著名人类学者威廉《当代人类学》

[1] 迟早等编著：《野蛮人文明人和他们的孩子》，辽宁人民出版社，1997年，第56页。

有一段精辟的论述："虽然我们对狩猎采集民族如何控制人口数量还没有完全的把握，但屠婴、流产和使用各种能干扰繁殖力或怀孕率的草药，却时常有人提及。"[1]

我国壮族神话《定万物》故事里：天地造好了人类了，掌管万物生死大权的布碌陀一时疏忽，造成了人类的性欲没有时间的区分。人多，吃多屙多，臭不可闻。这个故事提出"性欲没有时间的区分"，不能不说是对"多子"愿望的一个反思。[2]

如果"多子"局面出现了，怎么办呢？寻找新的居住点无疑是一个迫不得已又行之有效的办法。满族神话《天和地》里说，至高无上的天神阿布卡恩按照自己的样子造了一男一女，并把他们放在一个石罐子里，这一男一女婚配生了许多人。后来人太多太挤，阿布卡恩就再用土筑了一个可以栖身的地方。再后来人又太多，他就把天上一棵最粗最大的树砍倒，接在土地的边缘上，人类从此沿着树丫发展下去，走向四方。壮族神话《妈勒行天边》和纳西族神话《人类迁徙记》，描写的也都是部落迁徙的过程和率领部落迁徙的英雄。

结合人类早期迁徙的历史材料，对这些神话我们可以勾勒出一潜在的线索：某一部落里部分或多余的人被迫带上最必要的生活资料，趁着一次大水，寻找新的绿洲，以获得新的生存条件。

由此我们可以这样认为：以往关于"多子"的研究存在着偏颇，忽视了一些与死亡相关的内容。用人类学的观点梳理"洪水造人"神话，在洪水和造人的神话情节中，还包含着造人带来的种种问题，比如子生母死，比如人口带来的物质压力，等等。洪水神话是围绕着生育展开的，由洪水而生育，由生育而涉及人类早期生存所遇到的问题。

质言之，在洪水造人神话中有许多关于生育的内容，生育是"生"的一种过程，但在洪水造人神话中仍然与死亡联系在一起，在其中有生育本身的困难，也与人类文明进步的阶段相关，"生"可能带来"死"，这样的"生"就具

---

[1]［美］哈维兰著，王铭铭等译：《当代人类学》，上海人民出版社，1987年，第336页。

[2] 谷德明编：《中国少数民族神话》，中国民间文艺出版社，1987年，第70页。

有了“重生”的性质。

三、洪水造人神话死亡结构的宗教意义

洪水造人神话中存在着死亡结构，应当有着两方面的宗教意义，一方面，我们可以对洪水造人神话中增加的死亡维度深入讨论；另一方面，死亡结构中的重生信仰应当引起关注。

其一，中国本土宗教存在着关于重生的大量宗教现象。这方面最突出的是墓葬活动中的重生内容，其中又以壁画墓的重生图像最为稳定，自西汉开始一直到清代末年，壁画墓始终存在，以图像的方式表现人们对死亡之后的生活描写，这一图像方式历代沿革。重生图像中最常见或最基本的情节是：在去死亡的路上，墓主人跨越阴阳的交界，他们来到彼岸，并且重新获得此岸生活。

其二，重生信仰可以弥补儒教的彼岸思想不足。以往学界认为，儒学不谈彼岸，所以缺少宗教色彩，这一点重生信仰可以补充。因为儒学主张“事死如生”，所以重生信仰与儒学产生联系，同时各代墓葬活动都得到了国家政权的支持。中国传统儒学非常重视远古的材料，洪水造人神话死亡结构中所包含的重生内容当然也是儒学研究不可忽视的对象。

其三，重生信仰可以更加完整认识中国传统宗教的发展。道教以神仙信仰否定死亡，佛教以轮回信仰选择死亡，重生信仰则以生死转化的要求和可能而承认死亡。因此，重生信仰与洪水神话有着严格关系，同时也是一个与佛教和道教并行的宗教信仰。中国传统宗教文化中有着儒释道合一的结构，深入辨析重生内容可以更好地理解三教合一结构，也可以因此而更好地理解儒学的包容性和开放性。

其四，重生信仰支持的墓葬活动具有世界宗教研究的价值。重生信仰有着自己的死亡观念，认为生死转化的可能性存在而承认死亡；有着自己的仪式结构，在仪式场地、仪式周期和仪式意义体系上表现出独立的面貌；同时，有着广泛的传播性、稳定性和国家制度的支持。因此，重生信仰是一个与佛道和民间宗教信仰有别的信仰体系。这样的重生信仰，使得中国的墓葬活动历代沿革基本完整，在世界文明史上独具一格。

中华白虎神话的文化谱系与文化认同

孙正国[1]

（1，华中师范大学，湖北武汉，430079）

摘要：中华白虎神话是中华创世神话的重要内容，白虎神不仅是我国西南地区崇虎民族的文化标识，而且也是中华创世想象的核心神灵。中华白虎神话具有三种叙事形态：一是我国崇虎民族的原始神话形态——白虎作为创世神；二是秦汉以降中华文化典籍中的人文神话形态——白虎作为西方主神；三是现代中国文化系统中的俗神形态——白虎作为镇邪除恶之神。中华白虎神话的文化认同在上述创世神话谱系中具有重要的历史地位，有两个层次：首先，中华白虎神话参与建构了中华文化“四象体系”；其次，中华白虎神话在中华地域文化的发掘、世俗生活的维系方面，具有真实可靠、饱含生命情感的日常文化认同意识。

关键词：中华白虎神话；文化谱系；文化认同

中华白虎神话是中华创世神话的重要内容，白虎神不仅是我国西南地区崇虎民族的文化标识，而且也是中华创世想象的核心神灵。中华白虎神话与中华青龙神话并存共在的文化史现象，充分表明中华民族东西两大部族集团融合建构中华文明的历史事实，成为我们重新梳理和系统还原中华文化起源形态的文化依据。由于中华龙文化不断积淀与融合发展，得到华夷多元文化的价值参与，逐渐成为中华文化认同的核心标识与大一统意识的王权符号。与此相对，中华虎文化的式微与隐退，从核心文化圈不断下沉，最终洒落在驱邪求吉的普通民俗文化生活之中，未得到中华主流文化应有的传承与发展。曾经的煊赫宏伟，被湮没在中华文化史的烟尘之中，同时也影响了认识中华文化起源的真实面目。

今天，中华白虎神话仍然在流传，它退回到崇虎部族中维系自己的威严与神圣，发挥着凝聚族群精神、激励族民进取、提升文化自信与文化认同的现实功能，具有深远的理论意义与实践价值。

一、三个重要的考古发掘

1. 中华第一虎神“仰韶文化时期的蚌虎”：河南濮阳出土（1987）

20世纪80年代河南濮阳西水坡被考古发掘出来，龙虎并存于世，证明了中华虎神开创中华文化的独特地位。考古学家邹衡为此考古发现题词“华夏文明，渊源有自，龙虎俱在，铁证如山”，对龙虎文化作了高度评价。

2. 中华第一虎钮乐器“商周时期虎钮錞于”：湖北石门出土（1960）

宋代已有记载，錞于出土于我国西南地区。宋洪迈《容斋续笔》卷十一载：“淳熙十四年（1187），澧州慈利县周赧王墓旁五里山摧，盖古冢也。其中藏器物甚多，予甥余玠宰是邑，得一錞，高一尺三寸……虎钮高一寸二分，阔寸一分，并尾长五寸五分，重十三斤。”

1960年以来，石门县相继出土錞于32个。1972年，四川省博物馆、重庆市博物馆及涪陵县文化馆在涪陵小田溪清理和发掘了三座墓葬。其中2号墓除出土巴文铜器外，又出土虎钮錞于一件，铜钲一件。

3. 中华虎凤合体漆艺术乐器——虎座凤鼓：湖北枣阳出土（2002）

虎座凤鼓，2002年出土于湖北省枣阳市九连墩2号墓。现收藏于湖北省博物馆。通高135.9厘米、宽134厘米。虎座鸟架鼓是战国时期楚墓中造型独特的漆器，也是楚文化的典型代表物。

二、中华白虎神话三种形态与文化谱系

中华白虎神话经历了从部族神话向中华神话、自然神向人文神发展的历史变迁过程。虎神也由一般的形态升格为品性圣洁的白虎形态。由此，中华白虎神话具有三种叙事形态。

一是我国崇虎民族的原始神话形态：白虎作为创世神。

在彝、白、土家、赫哲等民族的原始神话中，虎的创世神格非常典型：

> 天神在创世之初，派了他的五个儿子去造天。天造好了之后，便用雷电来试天，结果天裂开了，用什么补天呢？天神们认为世界上的东西属虎最威猛，于是天神又派五个儿子去将虎制服了，然后他们用虎的一根大骨做擎天柱，这样天就稳定下来了。他们又用虎头做天，虎皮做地，左眼做太阳，右眼做月亮，虎须做阳光，虎牙做星星，虎气做云，虎心做天心地胆，虎肚做大海，血液做海水，虎肋做道路，硬毛做树林，软毛做青草，细毛做秧苗……于是便有了今天的世间万物。（彝族史诗《梅葛》）

> 廪君死，魂魄世为白虎，巴氏以虎饮人血，遂以人祠焉。（《后汉书·南蛮西南夷传》）

> 廪君为巴族祖先，“巴氏祭其祖，击鼓而祭，白虎之后也”。（唐人樊绰《蛮书》卷十）

古代巴族崇拜白虎，白虎应当就是巴族的“图腾”。

赫哲人的阿克腾卡氏族，认为其始祖为一赫哲女子与虎成婚后所生，他们不怕虎，也不猎取虎所喜吃的动物，将虎奉为神明，反映了远古的图腾崇拜。

二是秦汉以降中华文化典籍中的人文神话形态：白虎作为西方主神。

商周是崇虎民族融入中华文化的历史时期，秦汉以降，白虎神正式进入中

华文化的“四象体系”，成为中华文化神话系统的西方主神。

行前朱鸟而后玄武，左青龙而右白虎。(《礼记·曲礼上》)

前南后北，左东右西，朱鸟、玄武、青龙、白虎四方宿名也。(《礼记正义·曲礼上》孔颖达《疏》)

古人把天分为东西南北四宫。东方的角、亢、氐、房、心、尾、箕，形状如龙，所以称东宫为青龙或苍龙；西方七星奎、娄、胃、昂、毕、角、参，形状如虎，称西宫为白虎；南方的井、鬼、柳、星、张、翼、轸，联为鸟形，称朱雀；北方七星斗、牛、女、虚、危、室、壁，其形如龟，称玄武。

青龙为东方之神；白虎为西方之神；朱雀为南方之神；玄武为北方之神，龟蛇合体。故有《三辅黄图》曰：

青龙、白虎、朱雀、玄武，天之四灵，以正四方，王者制宫阙殿阁取法焉。(《说文解字义证》引《三辅黄图》)

三是现代中国文化系统中的俗神形态：白虎作为镇邪除恶之神。

承继两个源流的虎神话，现代中国文化比较广泛地将虎神纳入日常生活系统，虎神以吉凶同体的形态成为中国重要的俗神。俗神的主要职能有：佑护中国人的日常生活，尤其是保护他们远离邪祟、抵御灾难；增强人们的生命能力；也具有带来灾难的凶恶之神的一面。

因此就中华白虎神话的叙事形态而论，它的文化谱系如下。

族群谱系：原始民族的自然崇拜谱系；汉族主体的西方主神谱系；多元一体中华文化的俗神谱系。

时间谱系：原始谱系；古典谱系；现代谱系。

空间谱系：山地谱系；河谷与平原谱系；泛区域谱系。

形式谱系：叙事谱系；仪式谱系；器物谱系。

三、中华白虎神话的文化认同

中华文化的创世神话具有多种族群来源，其中最主要的来源是东方的龙族神话、西方的虎族神话以及北方的熊族神话、南方的凤族神话，这一多元合流的创世神话谱系，奠定了中华文化的基本属性与发展取向。

中华白虎神话的文化认同在上述创世神话谱系中具有重要的历史地位，不仅为中华文化的整体认同建构了强大的族群信仰，也为丰富灿烂的中华文化提供了智慧与能量，是我们当代中华文化复兴梦想的基础性原创资源，值得深入研究。

中华白虎神话的文化认同有两个层次。

首先，中华白虎神话参与建构了中华文化“四象体系”，形成了稳定有序、特征鲜明、富于中华民族原创智慧的文化认同框架，可以坚守中华文化的自主性与创造性，形成强大的文化凝聚力与文化影响力。

其次，中华白虎神话在中华地域文化的发掘、世俗生活的维系方面，具有真实可靠、饱含生命情感的日常文化认同意识，可以支撑中华传统文化的现代转型，进入当代文化传承，实现中华文化的可持续发展与伟大复兴。

“推原”与神话历史：土家族创世神话论

柳倩月[1]

（1，湖北民族大学，湖北恩施，445000）

摘要：武陵山区土家族聚居地流传的《摆手歌》长达一万余行，由“天地、人类来源歌”“民族迁徙歌”“农事劳动歌”“英雄故事歌”四个部分构成。其中“天地、人类来源歌”包括“制天制地”和“雍尼补所”两个部分，只能由梯玛吟唱，所唱内容是土家族的创世神话，具有明显的“推原”性质。《摆手歌》中的创世神话是土家族先民根据本民族的历史记忆再造的创世古史和民族根谱，是通过想象逻辑建构的神话历史，体现了土家人关于世界、社会及人伦秩序法则的思考。《摆手歌》中的创世神话与土家族的其他神话异文，共同描绘出了土家人的精神原型，是激发土家族人民文化自觉、树立民族文化自信的精神动力。

关键词：土家族；《摆手歌》；创世神话；推原想象；神话历史

千百年来，在山川险峻的武陵山区，繁衍生息着一个自称“毕兹卡”[1]的民族，1956年才得到民族识别，被国家民委确认为单一民族，称为土家族。史籍上所记载的西南地区的土家族，多与其他土著族群混称，如宋以前笼统地称作“蛮”“夷”，宋及宋以后称“土蛮”“土人”“土丁”“土民”，民国时期的《咸丰县志》中，始将土司后裔的“支庶之家”称为“土家”。土家族生活的地区，在历史上先后受唐代羁縻制、元明土司制等社会政治制度的控制，长期“蛮不出境，汉不入峒”，导致土家族受汉文化的影响较迟。土家族有自己的语言，但没有本民族文字，受汉文化影响后，才使用汉字书写，这使得在很长的时期内，土家人的早期历史记忆，主要采用本民族语言口头讲唱的方式。换言之，欲探索土家族的早期历史，必须借助土家族代代相传的口头文学，比如神话、传说、史诗等。口头文学中相对而言更为稳定的部分，主要是那些只能由族群中最具有通神能力的人，如“梯玛”所唱的民族史诗。土家族的民族史诗《摆手歌》由“天地、人类来源歌”“民族迁徙歌”“农事劳动歌”“英雄故事歌”四个部分构成，[2]长达一万余行。其中第一部分只能由梯玛在摆手堂举行祭祀仪式时吟唱，以韵语的形式吟唱了土家族的创世神话。根据采集整理的《摆手歌》文本，“天地、人类来源歌”大体上可以与土家族地区流传的其他散体化创世神话异文互证，但又更为完整、更为生动、更为原生态。《摆手歌》中关于“天地、人类来源”的讲述，具有“推原”的性质，是土家族先民根据本民族的历史记忆再造的民族根谱，是以想象逻辑的方式建构的神话历史，承载了土家人关于人类秩序之毁灭与重建的伦理思考。

一、再造根谱：土家族创世神话的推原性质

土家族民族史诗《摆手歌》又名《社巴歌》(“社巴”据土家族语音译，或译“舍巴”)，是梯玛（土家族巫师，又称“土老司”）和摆手掌坛师在摆手活

---

[1]“毕兹卡”是土家语Bifzivkar的音译，又称为“密基卡”或“贝锦卡”，意思是“土生土长的人”。

[2] 彭勃、彭继宽整理译释，湖南少数民族古籍办公室主编：《摆手歌》，岳麓书社，1989年。

动中所唱的古歌，与土家族摆手舞构成土家族摆手节活动的主要内容。历史上，每年正月十五左右，西南武陵山区湘、鄂、川、黔交界地带相对密集的土家族聚落，设有摆手堂的地方会举行摆手活动。清雍正年间所修《永顺府志·杂志》记载："每岁正月初三至十七日，男女齐集，鸣锣击鼓，跳舞唱歌，名曰摆手。"清光绪间王锡祺《小方壶斋舆地丛钞》云："土俗各寨有摆手堂，每岁正月初三至初五六之夜，鸣锣击鼓，男儿聚集，摇摆发喊，名日摆手，盖祛除不祥也。"清代永顺贡生彭施铎的《竹枝词》"福石城中锦作窝，土王宫畔水生波，红灯万盏人千迭，一片缠绵摇手歌"，对明末清初这一少数民族地区重大的节日歌舞活动进行了生动的描写。今天，位于湘西酉水流域的龙山、永顺、古丈、保靖、龙山等县的土家族聚居区和与之交界的四川秀山、湖北来凤等地，仍然盛行跳摆手舞，但是已经很难听到完整的原生态《摆手歌》。老一代能唱《摆手歌》的梯玛先后逝世，会说土家语的人也越来越少，导致这一民族文化瑰宝濒临失传。值得庆幸的是，《摆手歌》的歌词部分得到了较为及时的采集与文本整理，由湖南少数民族古籍办公室主编。鼓勃、彭继宽整理的《摆手歌》，以古丈田光南老人所唱《摆手歌》为蓝本，吸收龙山秦恩如、田景臣等人讲唱的部分内容，由吉首大学民族研究室叶德书用国际音标拼注歌词原文，加上汉语直译和意译，不仅最大限度地保持了《摆手歌》的原貌，也为《摆手歌》的研究提供了便利。

在《摆手歌》的"天地、人类来源歌""民族迁徙歌""农事劳动歌""英雄故事歌"四个构成部分中，"天地、人类来源歌"由土家族巫师梯玛用土家语吟唱，是土家人关于天地物类和人种、族群之来源的天真解释。"天地、人类来源歌"包括"制天制地"和"雍尼补所"两个部分。"制天制地"叙述了天地分离、天地再造、人类复兴，万物再生的过程；"雍尼补所"记述了洪水泛滥、人类毁灭、兄妹成亲、人类延续的过程。可以看出，"天地、人类来源歌"中包含了创世神话中三个最重要的母题——创世、造人、洪水遗民。由于"天地、人类来源歌"用神话的方式解释了天地物类和人类的来源，也就具有"推原"的性质，而"推原"的目的在于通过延长时间和扩展空间，再造失落的古史，或者拼接碎片化的古史。可以说，"天地、人类来源歌"实质上是土家先民根据民族记忆想象性地再造出来的创世史和民族根谱。

天地之始是怎样的？人类之初是怎样的？是创世神话的终极之问。“制天制地”这一部分将推求万物起源的目光伸展至洪荒时代，土家人在追问“毕兹卡怎么形成的”[1]时，首先追问的是人所生存的这个天地是怎么来的。与世界上多个民族关于天地是从混沌之气中分离出来的神话想象一样，土家人想象中的世界初始状态同样是天地未分，如土家族的神话异文《云中神蛋生先祖》:“古时，世上一片黑烟，无天无地，昼夜不分。”[2]在《摆手歌》中则是反复地吟唱“天和地是挨着的”，它间隔反复了六次，片语重复的程式化句法传达的意思是要令人相信“天和地是挨着的”。由于天和地还是挨在一起的，画眉、青蛙的叫声能惊动天，葛藤、茅草、马桑树能长上天，大鱼打个滚，翅膀能捅破天和地，“天洞洞成着在了，地洞洞成着在了”，世上“年一个没有月一个没有，白天黑夜一样没有”，“天一下看了黑漆漆，地一下看了黑漆漆，世界一点成着没有哩”。天神墨贴巴便令张古老制天，李古老制地。“制天制地”特别重视解释为什么人们所看到的天和地是不一样的。白胡子白头发的张古老先制天，补天的岩头成为天上的云，钉天的钉子成为天上的星星，张古老的火把暂时性地充当了天上的月亮，叶上的露珠是张古老的汗珠变成的。张古老的天做好了，李古老才睡醒，他匆匆忙忙地制地，牙齿又咬又扯，扯得疙里疙瘩，“山山岭岭成了”，又用脚板踩，“大河小河成了”，用木棒捣，“天坑眼眼成了”。这其实是土家族人在推求生存环境的地理地貌过程中做的想象性解释。

“制天制地”中还解释了最初的人是怎么来。和女娲造人神话一样，土家族关于人种的来源这个问题，也想象是由大神造的。虽然土家族也讲述“吞吃仙桃怀身孕”这样的感生型人类来源神话，[3]但是《摆手歌》中大神采用劳作的方式造人的神话叙述更为生动，是土家先民结合已有的生活经验进行推原想

[1] 为了再现土家语的语法特点，本文引用《摆手歌》歌词时，引的是汉语直译，故所引歌词存在不合汉语语法规则的地方，大体上能看懂基本意思，歌词不另作解释。下同。

[2] 杨昌鑫编著:《土家族风俗志》，中央民族学院出版社，1989年，第10页。

[3]《吞吃仙桃怀身孕》中说的是母神卵玉受到女娲娘娘的指引，吃了八棵桃子和一朵桃花，然后怀孕生了八儿一女。参见杨昌鑫编著:《土家族风俗志》，中央民族学院出版社，1989年，第11页。

象的结果。大神造人的过程不是一蹴而就的，即大神造人的过程要经历几次失败，这与南方地区绝大多数少数民族的人类起源神话相似。如墨贴巴命令张古老做人，张古老用九天九夜做的人，“肚脐脐放没有，屁股眼眼放没有，睡着的气没有，站着的路走没有”，张古老做的人没有生命。墨贴巴又命令李古老做人，李古老做了九天九夜，“肚脐做没有，屁股眼眼通没有，气出的做没有，坐着动没有，站起路走没有，睡着气没有”，李古老做的人也没有生命。墨贴巴叫依窝阿巴（异文又作衣恶阿巴）做人，依窝阿巴用葫芦、竹子、泥巴、树皮、叶子、豇豆做人，用十天十夜做成了人，依窝阿巴做的人“肚脐通着的，屁股眼眼通着的”，依窝阿巴又用嘴巴吸，扯耳朵喊，人终于“‘嗡哎’哭在了，睡着气有，坐着动了，站起路走了，依窝阿巴人做人成了”。由依窝阿巴做成的人，就是第一代人，又称“一劫人”。这种大神以劳作的方式来造人，经历了失败到成功的过程，也体现出用现实经验来推求起始之因的认识方式。

“天地、人类来源歌”的第二个部分“雍尼补所”叙述了洪水泡天、人类毁灭、兄妹成亲、人类再传的过程，这是一则洪水遗民型神话。[1]巫瑞书指出，从“型式”（或称“类型”）上区分，湖湘地区的洪水遗民神话大体上有“人和雷公”式、“十兄弟”式、“傩公傩母”式、“东山老人与南山小妹”式等，[2]“雍尼补所”应属于“十兄弟”式和“人和雷公”式的交叉类型，并且它也是一个典型的中国西南地区的“葫芦瓜—兄妹型”洪水遗民神话。“雍尼补所”追问的是现在的人是怎么来的，为什么会有不同的族群，为什么历史上曾经有过兄妹开亲的事情。“雍尼补所”的解释是：世上有一个婆婆（娘）养了五儿一女，儿子们好事坏事都做，把婆婆气病了。婆婆天天哼哼，儿子们问婆婆想吃什么，婆婆说：“我雷公的肉一口吃，我雷公的汤一口喝，死了也眼睛紧闭了。”儿子们用计将天上的雷公骗到人间来，用铁柜把雷公锁了。雍尼和

[1]“洪水遗民”型神话这一说法源于闻一多《伏羲考》中的“兄妹配偶型的洪水遗民再造人类的故事”的观点。参见闻一多著：《神话与诗》，中华书局，1956年，第56页。

[2]巫瑞书著：《荆湘民间文学与楚文化——楚文化探踪》，岳麓书社，1996年，第26—31页。

补所两兄妹很善良，将雷公要的烟火和水给了他，雷公脱困逃回天庭。墨贴巴授意雷公“你各天齐的水一次涨，人种莫留了”。依窝阿巴不同意，说要留下好人雍尼和补所，派燕子给兄妹送去葫芦种子，葫芦种子迅速发芽开花，结成屋那么大的瓜。雷公发下齐天大洪水时，雍尼、补所两兄妹躲进葫芦瓜四处漂流，等他们从瓜里走出来时，世上一片荒漠，已没有了人烟。老公公士义图介授意兄妹俩成亲再传人烟，兄妹俩不肯，士义图介于是通过在不同方向滚磨子而磨子相合、种两蔸葫芦而葫芦的藤子缠绕在了一起、烧两堆火而烟在天上合成一股等方式，暗示兄妹成亲乃是天意。兄妹成亲后生下没手没脚的肉坨坨，依窝阿巴示意这个就是“人种”，把它砍作一百二十块，用河沙三斗三升合起做成“客家”，用泥巴三斗三升合起做成“毕兹卡”，用树苗苗三斗三升合起做成“苗家”，从此以后，“万国九州人有了”。这就是“雍尼补所”对人的来源及人的不同族群的来源所做的推原式解释。

除了“雍尼补所”，在湘鄂西一带还流传着其他同“型式”的神话，比如湖北建始县的“祖先”也是中国南方创世神话中最具代表性的“葫芦瓜—兄妹型”洪水遗民神话。它讲述的是这样一个故事：洪水泡了天和地，好多好多人都淹死了，只有一个葫芦里躲着的兄妹俩还活得好好的，兄妹俩在观音菩萨（观音菩萨的出现自然是后代的产物，是神话在讲述过程中被不断添加的结果）的指点下，听凭天意结为夫妻。妹妹怀孕生下一个血坨，观音菩萨叫他们把血坨剁成十八块，用稀泥巴包起来，放到树丫巴里，四十九天后，泥巴坨在树丫巴上长成了人，由于他们是由泥巴包起来长大的，所以叫他们土家族人，他们依所靠树木名称得到姓氏，十八棵树，十八个人，就有了土家十八大姓。神话的最后说哥哥和妹妹后来成了神仙，一个变成了太阳，一个变成了月亮。[1]又比如流传于湖北恩施市的神话“太阳和月亮”同样是洪水遗民型神话，说的是经过洪水泡天之后，世上只剩下了太阳和月亮这对兄妹，兄妹俩到了成亲的年纪，听凭天意成婚、再造人烟，二人后来都得道成仙，哥哥成了太阳，妹妹成

[1]《祖先》，史幺姐讲述，全民村1980年10月搜集整理。参见鄂西土家族苗族自治州民族事务委员会、鄂西土家族苗族自治州文化局主编：《鄂西民间故事集》，中国民间文艺出版社，1989年，第6—8页。

了月亮。[1]这些同“型式”的土家族人类起源神话异文证明，土家族先民们关于始祖从“洪水泡天”中获得生命的记忆是深刻的，但对于它的解释采取了推原想象的方式。

二、想象逻辑：土家族人创造的神话历史

创世神话的推原思维，主要采取了想象的思维方式。可以说，关于天地形成、人种来源的历史，都只能借助想象，所以它实质上是通过想象来建构的洪荒古史，而且它要令族人们相信那样的想象世界就是真实的现实世界的来源。正如以色列历史学家尤瓦尔·赫拉利在《人类简史》中所传达的核心观念——人类在进化的过程中能够胜出全凭虚构故事，“所谓‘想象的现实’指的是某件事人人都相信，而且只要这项共同的信念仍然存在，力量就足以影响世界”。[2]土家族《摆手歌》的“天地、人类来源歌”所吟唱的内容是土家族的创世神话，只能在土家山寨举办摆手活动时，由主持摆手活动的梯玛在祭祀过程中吟唱。这一部分的内容比较稳定，因为它被视为“毕兹卡”人神圣的古史。歌词反复强调“人讲人信不”“这些嘛祖宗们话讲到的”，由于都是从祖上传讲下来的，并不是吟唱人信口开河的东西，所以必须要相信，要一代代地传下去。那些让后生们心生怀疑的地方，恰恰就是不可验证的关于天地、人类来源的奇异解释。无文字的民族所能够耳闻目睹的，只是现在这一个时空与万物，至于它们究竟如何起源，只能相信梯玛传唱下来的。所有的往古之思，都需要在整合历代人们认识与经验的基础上，进行溯源式的推想，这就是推原。可以说，创世神话的思维机制就是推原想象，用这种方式建构的历史其实是“神话历史”。

土家人追思本民族的历史，首先要解释天地是怎么形成，接着解释人种的来源以及本民族的起源。无论是“制天制地”，还是“雍尼补所”，其解释都是

[1]《太阳和月亮》，周兰芝讲述，蔡学让、张义林1986年11月搜集整理。参见鄂西土家族苗族自治州民族事务委员会、鄂西土家族苗族自治州文化局主编：《鄂西民间故事集》，中国民间文艺出版社，1989年，第8—9页。

[2]［以色列］尤瓦尔·赫拉利著，林俊宏译：《人类简史》，中信出版社，2014年，第33页。

推原式的，即在想象中建构因果逻辑，想象性与逻辑性融为一体，这种推原想象逻辑的思维特点，与爱德华·泰勒所谓“万物有灵”（《原始文化》），列维-布留尔所谓“原逻辑思维”（《原始思维》），列维-斯特劳斯所谓“野性思维”（《野性的思维》）在本质上是一致的，但是也存在区别，即推原想象是一种逆推型的想象逻辑。

推原想象，是由果及因，即根据结果来逆向推想原因。“天地、人类来源歌”的开头部分即吟唱：“山坡山岭他也出处一个有，大河小河他也归总处一个有，毕兹卡怎么成的，他也路小一个有。”这里面实际上包含了追问天地、追问“毕兹卡”人的来源这两个问题。在追问天地初始这一问题时，人们想象，当下所见到的天和地是分开的，那么过去就可能是“挨起的”，既然“天和地是挨起的”，那么天和地是很近的，或者是混沌一体的，所以长在地上的画眉、青蛙的叫声才会吵扰到天，葛藤、茅草、马桑树才会长上天，大鱼的翅膀才会捅破天。而这样是对天的不敬，所以必须要把挨到一起的天和地分离开来，才有天神墨贴巴令张古老和李古老分别制天制地。天和地既然是挨起的，那么原本也是没有差别的，为什么现在见到的天和地是不一样的？一定是由不同的神人来制造的。于是，造天的神人是张古老，造地的神人是李古老，他们的性情差异明显，张古老勤快，李古老贪睡，张古老把天制完了，李古老才睡醒，他匆匆忙忙地制地，地就制成了现在这个“疙里疙瘩”、有山有水有天坑的样子。天上的云是张古老用岩头做的，星星是钉子做的，月亮是张古老的火把变的，露水是张古老的汗珠，地上的山山岭岭是李古老又咬又扯形成的，河流是李古老用脚板踩成的，天坑是李古老用木棒捣的，这些推原想象充满了诗性，不能用科学的因果思维来推理，但作为想象中的因果逻辑又可以理解。对于无法验证的事情，只能采取强加因果的方式来让人相信。吟唱者反复强调“这些嘛祖宗们话讲到的，胡子都一排长了，我唱歌人乱唱的不是”。意思就是这些话都是祖宗讲的，讲得像胡子那么长久了，不是我唱歌的人乱唱的，这就是强加因果，这样的强加因果又是人们能够接受的。

推原想象，是以想象的方式来创造万物之根源。比如关于人类的起源，其重要性似乎更甚于“天地是怎么形成的”这一问题，因为它直接关乎本民族的根谱再造。“毕兹卡”人到底是怎么来的？无文字的民族无法借助早期的典籍文献来获知相关信息，只能在土家人口耳相传的神话中去追忆，而所追忆的也并不见得就是它本来的面貌，因为人类想象的本能必然要为“根谱”添上神圣化的翅膀。“天地、人类起源歌”很强调“根”的意义，先民观察到的植物根系之生长状态，被象征性地用到了人种起源与繁衍的思考上。古歌的开头即唱出“毕兹卡的根巴一下找要”（意为先把“毕兹卡”的根源探索），这里的“根”是指最初的“人种之根”，人种“发的根子多了”，才会有更多的人。依窝阿巴造人成功，即造成了人种，往后就是“根子还在长着的哩”。“人种”即是“根子”所在，没有“根”就不可能“生发”。依窝阿巴造人种的推原想象，源于人们对人的自然生育现象的观察体验，胎儿的孕育与出生，需脐带与母体相通，需屁眼通气，需拍打至哭，方能呼吸存活，所以依窝阿巴造的“‘嗡哎’哭在了”的人才是人种。关于依窝阿巴造人种，人种之创造的过程是结合现实生活经验想象的，人种如何才能获得生命的气息，十分符合生活逻辑，所以这种推原想象的逻辑既天真有趣，又充满了生活气息。

推原想象的过程并不是直线型的，更多的是采用曲折迂回的形式。创世神话中那些阻拒性的、异延性的、重复性的表达，主要目的在于揭示人与自然、人与社会、人与人之间存在的诸多矛盾关系。在“天地、人类起源歌”中，制天制地的大神要经过一番辛苦的劳作才能将天地创造出来，而制天的张古老造不成人，制地的李古老也造不成人，只有母神依窝阿巴造出的人种才有生命，才能繁衍。这种经历失败才能成功的讲述也说明人类自身“生产”的这个问题曾经困扰先民。而“雍尼补所”则反映了这样一个共识：人类在生存发展的过程中，经历了许多苦难，洪水泡天毁灭人类成为众多民族十分惨痛的集体记忆。洪水曾阻断人类的自然繁衍，导致世上人烟稀少，对这种灾难毁灭人类的集体记忆进行推原想象的结果，就是人们认为是人类犯了错误才导致上天的惩罚。与《圣经·创世记》中上帝降下大洪水毁灭越来越堕落的人类一样，在“雍尼补所”中，天神墨贴巴许可雷公发下齐天的洪水惩罚人类，是因为人类越来越贪婪。人类须经历重大灾难才能重生的讲述，也表明推原想象的过程必须采取曲折的形式来象征人类创造历史的过程极为艰辛。

三、秩序法则：土家族创世神话的推原伦理

创世神话的推原想象，体现出一种通过“往古化”“神圣化”的方式把最基本的秩序“法则化”的特点。《道德经》中所谓“反者道之动”，《周易·系辞》中所谓“原始反终”，给出的都是把握万物运动规律和见微知著的方式方法，同理，不同的人类族群是通过讲述神话或吟唱古歌的方式返本归初，来获得对现实生活秩序的理解。也就是说，各民族的创世神话为其族裔后代们确立了至高无上的“原始法”，赫拉利所谓人类依靠想象建构的秩序来形成大规模的合作，[1]即是这个意思。土家族《摆手歌》中的“天地、人类来源歌”用推原想象的方式来传达土家人的世界观、人生观，包含土家人所认同的最根本的秩序法则，即处理人与自然、人与社会、人与人的关系时应当遵循的基本道理和准则。

在传统摆手活动中，“摆手是土家先民的一种祭神巫术仪式”。[2]传统摆手活动的举办时间是在每年正月十五左右，举办地点在摆手堂（土家人的神堂），摆手堂内供奉本民族人民崇拜的祖神像或神牌。[3]主持摆手活动的梯玛要先在摆手堂进行祭祀祖神的仪式，在祭祀的过程中唱《摆手歌》第一部分“天地、人类来源歌”，且这一部分只能由梯玛吟唱，此后才是由梯玛或掌坛师带领众人到摆手堂前的摆手坪，随着鼓点牵手连腰跳摆手舞，并唱《摆手歌》的其他部分。这说明“天地、人类来源歌”这一部分的神圣性强于其他部分，梯玛在祖神的庇佑下吟唱“天地、人类来源歌”，相当于代表祖神向族民传达祖祖辈辈传下来的神圣法则，告诫族民要敬天礼神，要感谢大神的创世造人之功，感谢祖先的护佑，要能够从远古的神圣故事中获得人生的启悟。

与其他民族的创世神话总是在力图确定某种秩序法则一样，土家族“天地、人类来源歌”中的创世神话的推原想象，实质上也是在确立根本的秩序法则，包括世界秩序、社会秩序、人伦秩序等，它们是土家先民建立的原始社会

---

[1]［以色列］尤瓦尔·赫拉利著，林俊宏译：《人类简史》，中信出版社，2014年。

[2] 朱祥贵、杨洁：《摆手歌的原型及其它》，《中南民族大学学报（人文社会科学版）》，1993年第4期，第75—79页。

[3] 各地摆手堂供奉的祖神并不完全一致，如湘西各地和鄂西来凤一般是彭公爵主、向老官人、田好汉、鲁里嘎巴、科冬毛人等，龙山的农车、马蹄寨、洗车、岩冲等地敬供的是八部大王。

道德的体现。正如杨昌鑫、彭继宽在1986年发表的文章中所指出的："维护氏族和部落的共同利益，使氏族和部落得以生存和发展，是原始社会道德的基本原则。这个原则，在土家族《摆手歌》里得到了体现。"[1]"这种道德虽然是简单的，并与风俗融为一体，表现为'风俗统治'，但它表现出比阶级社会制定的法律和严格的道德规范具有更高的权威，起着对整个原始民族的统治作用。它提供了土家族原始道德的类型，为土家族整个民族道德的进步和发展，奠定了良好的根基。"[2]

世界秩序主要通过天、地、人来建构。在"制天制地"中，世界的初始状态是"天和地是挨着的"，天神墨贴巴令大神张古老和李古老分开了天地，先有天，再有地，然后才有人，这个次序若是颠倒，就是对天的不敬，会受到天罚。在"天和地是挨着的"时候，地上的画眉的叫声吵到了天，所以画眉被天打了，"他各树林里面躲着叫在了"。地上的青蛙的叫声吵到了天，所以青蛙被天打了，"他各岩板脚下躲着叫在了"。地上的葛藤、茅草、马桑树长上天了，所以它们被砍被割，葛藤"他各躲着地上趴着在了，站起来不得呢"，茅草"他各水沟旁边躲着了"，马桑树"他各三尺高到勾腰了"。大鱼打个筋斗，翅膀把天地都"打起眼眼"了，所以它的翅膀被天用斧头砍了。这些事物在性质上类同于中国创世神话中的"天梯"，类同于《圣经·创世记》中的"巴别塔"。不该上天的事物或人上了天，世界秩序就混乱了。"巴别塔"的毁掉与颛顼的"绝地天通"都是为了阻隔天地相连。土家族人心中的天神墨贴巴命令张古老制天、李古老制地，目的在于把天和地分离开来，分离的目的则是要确立"天"在上"地"在下的秩序。在"雍尼补所"中，病重的婆婆想吃雷公肉、喝雷公汤，她的儿子们用计把天上的雷公骗下来捉住，锁在了铁柜里，从性质上来说也是一件十分胆大妄为的"逆天"行为，它带来的后果就是墨贴巴允许雷公"有仇报仇"，允许雷公发下齐天的大水淹灭人类。

社会秩序主要通过神与神、神与人的关系来建构。在"制天制地"中，墨

[1] 杨昌鑫、彭继宽：《土家族原始而朴素的道德观——评史诗〈摆手歌〉》，《民族文学研究》，1986年第5期，第72—75页。
[2] 同上。

贴巴是最高的主神，他命令大神张古老制天、李古老制地、依窝阿巴造人，显示出来的社会秩序是即便是大神也不能包揽一切，他们也需各司其职，各尽其长，如果越俎代庖同样会遭遇失败。关于天地分离的讲述与汉族的盘古开天辟地神话不同，盘古开天辟地是由盘古一个大神完成的，“制天制地”却是由大神合作完成的，张古老主要完成了补天的任务，李古老的主要任务则是把地从天地合一的混沌体剥离下来，并把它咬开扯开。张古老造天不造地，李古老造地不造天，张古老和李古老都不能造人，他们所造的人是没有生命的，只有母神依窝阿巴造的人有生命，这意味着一个氏族或部落的生存与发展，需要男女各司其职，各尽所长，严格地分工合作是维护社会秩序的基本保障。在“雍尼补所”中，人的力量渐渐强大，强大到可以藐视天神，天上的雷公被地上的人类锁住，意味着社会的阶级力量在发生变化，社会秩序将会发生改变，本来它代表着社会进步的积极一面，但人类付出的代价是极大的，它在告诫人们不可因为自己的贪婪而做出逾越等级秩序的“逆天”行为。到神话的最后，天神墨贴巴嫌世上人太多，一下子放出十二个太阳，人间的勇士洛雨（异文又作“洛羽”“卯雨”）哥哥射掉了十个太阳，留下两个，叫哥哥晚上走，唤作月亮，妹妹白天走，唤作太阳。这意味着天神也有因不遵守秩序而导致权威崩塌的时候。洛雨射太阳的成功表示社会秩序的重建，最终人和神、人和人之间达到了某种秩序上的和解。

在人伦秩序上，原始的道德原则发挥最重要的制约力量。“天地、人类来源歌”中传达的“团结才有力量”的人生智慧、善恶各有其报的道德观念、不同族群的同宗共祖意识，对于人伦秩序的建设都颇为宝贵。比如，婆婆的儿子们如何抓住雷公，就给出了“团结才有力量”的示范。儿子们准备好了可以困住雷公的陷阱、铁锁和铁柜，蒸起黄黄的棕树籽，骗得千里眼、顺风耳误以为是人在糟蹋粮食，墨贴巴便派雷公拿着斧头到人间来砍他们，雷公踩在苦楝皮子做的陷阱上，滚到坑坑里，于是“大哥翅膀掐了哩，二哥脚杆掐了哩，飞呀上去不得，跑呀跑不得，三哥捉起铁柜里面丢了，四哥锁锁了，雷公的肉吃得要”，天神派来的雷公竟就这样被人间的儿子们抓住了，要把它煮着蒸着当菜吃了。这样的情节设置及相应的生动描述，的确向人们暗示了一个真理，团结、合作、兄弟同心，可以把不可能的事情变成现实。同时，这样的情节中间也传达出善恶各有其报的道德观念。正是由于婆婆（娘）想吃雷公的肉，兄弟们就“逆天”抓锁了雷公，“贪婪”促成了“恶行”。雍尼和补所两兄妹禁不住雷公的央求，给了他烟火和水，雷公得以逃脱，回到天庭，兄妹的“不忍”成就了“善行”。于是才有了后面雷公放齐天的大水复仇，唯有好人雍尼和补所两兄妹能够乘葫芦瓜逃难，成为现世人的始祖。另外，对于不同族群的人来说，寻求共同的祖先，使人们能够结成联盟，才能更好地生存与繁衍，这种同宗共祖意识的传达也是建立人伦秩序的保障。

土家族《摆手歌》的创世神话中传达出来的世界、社会、人伦秩序法则，大体上都是经过了破坏与重建的过程才得到确认。伴随着秩序的生成与确立，获得各种深刻的教训与宝贵的生命悟解，它们是土家人在悠久的民族记忆的基础上，以推原想象的方式寻根探源而获得的。

四、结语

作为一个少数民族的神话个案，土家族《摆手歌》中的创世神话与西南地区的同类型神话受孕于同一个文化母体，也同属中华文化的母体。[1]所以对《摆手歌》中的创世神话研究，具有“举一反三”的作用。《摆手歌》中的创世神话，与世界上许多其他民族的创世神话一样，是族民对世界万物的初始状态进行推原想象的结果。《摆手歌》中的创世神话是土家先民根据本民族的历史记忆再造出来的“根谱”，是土家族人民通过推原想象的诗性逻辑还原出来的“神话历史”，是土家人对于人类秩序之毁灭与重建的深刻思考。它包含了先民们对于世界、社会、人生的基本理解与认知，集中地体现了土家先民的诗性智慧。而整部《摆手歌》，是十分珍贵的民族文化遗产，对于激发土家人的文化自觉，树立土家人的文化自信，具有重要的驱动作用。

---

[1] 巫瑞书：《史诗〈摆手歌〉的民族学价值——土家“摆手”研究之一》，《湖南大学学报（社会科学版）》，2003年第5期，第3—8页。

论大洋洲原住民创世神话研究趋向

王　倩[1]　赵晓寰[2]

（1，扬州大学，江苏扬州，225009）

（2，悉尼大学）

摘要：大洋洲原住民创世神话研究始于20世纪20年代，主要以澳大利亚原住民与新西兰毛利人创世神话为主。20世纪50年代后，两地创世神话研究进入繁荣阶段，研究走向有三种方向：体系化，重述与仪式化。原住民创世神话体系化的主要表现是大量创世神话及儿童版创世神话丛书的出版，重述依靠白人艺术家安斯利·罗伯兹“黄金时代”绘画进行，仪式化则通过政府组织的博物馆文物展览与开放原住民创世神话载体而实施。仪式化过程中，毛利学者自发性的创世神话表演加快了原住民创世神话研究者由他者走向我者的步伐。创世神话的研究已经不是一种单纯的学术研究，还是政府与原住民共同建构本土历史与文化的一种路径。

借助于人类学的跨学科视野，研究者将原住民创世神话还原为地方性知识与信仰，乃至于元科学的面目。在此过程中，一方面，他们反对科学主义的做法，即反对将神话视为非逻辑、非科学的思维范畴，倡导承认创世神话作为前科学或元科学的认识论价值；另一方面，他们又反对过度夸大创世神话在建构族群宇宙论与社会秩序方面具有的作用，倡导将创世神话置于其生成语境中加以阐释，消解了将神话与科学对置的二元阐释模式。

关键词：大洋洲；创世神话；仪式化；重述；地方性知识

一、概念的说明

“大洋洲”一词是地理学意义上的概念，它包含了25个国家与地区，其中独立国家有14个。本文涉及的国家只有2个，即澳大利亚与新西兰，理由非常简单：这两个国家是大洋洲国土面积较大、原住民神话较为丰富的国家。众所周知的事实是澳大利亚与新西兰的前身与殖民地国家使用的官方语言主要为英语（澳大利亚官方语言是英语，新西兰官方语言是英语与毛利语），但本文探讨的创世神话并不是这两个国家殖民者的创世神话，而是其原住民的创世神话。具体说来就是澳大利亚原住民的创世神话，其中包括澳洲东部、东部海岸（昆士兰、新南威尔士、维多利亚）、南部海岸的原住民神话，以及新西兰毛利人的创世神话。自然，本文涉及的创世神话的研究成果，乃是指英语学界关于澳大利亚与新西兰原住民创世神话研究的成果，并不包括中文或者日语、德语、法语的相关研究。论文研究的时间起点为20世纪，因为英语学术界此时才开始出现关于这两个国家原住民创世神话的研究成果。

20世纪以来，英语学界的神话研究在理论与方法上出现了前所未有的繁荣与发展，人类学对于地方性知识的强调，澳大利亚与新西兰政府对于土著的政策与态度，以及原住民培养的学者对于本土文化的再认知，上述各类因素的叠加，使得20世纪以来的澳大利亚与新西兰创世神话研究呈现出极为复杂的多元化趋向，关于神话的范畴、功能、属性的各类探讨因而有所改变。因此，本文将澳大利亚与新西兰原住民创世神话研究作为一个整体加以考虑，并不考虑创世神话在语言与文化方面的差异，并且从整体性与长时段出发探讨关于二者的创世神话研究特征与趋向，为中国创世神话研究提供借鉴。

二、创世神话的体系化

早期英语学界创世神话研究带有明显的欧洲中心主义色彩，学者们的关注点主要集中在古希腊创世神话，鲜有人关注欧洲以外地区的创世神话，更不用说位于南半球大洋洲地区原住民的创世神话。直到20世纪20年代，这种状况才得到改善。1922年，英语学界出现第一部探讨新西兰原住民神话的论著，即埃尔斯顿·贝斯特的论著《毛利神话与宗教样态》。[1]该书介绍了毛利创世神话中造物主、诸神、万物的起源故事，以及创世神话的宇宙论思想。1930年，人类学者A. R. 拉德克利夫-布朗发表《澳大利亚东南部彩虹蛇神话》[2]一文，这是英语学界第一篇关于澳大利亚创世神话研究的论文。在这篇论文中，人类学者拉德克利夫-布朗首次向英语学界的读者介绍了澳大利亚东南部原住民创世神话造物主彩虹蛇的故事。埃尔斯顿·贝斯特与拉德克利夫-布朗的研究打开了大洋洲创世神话研究的新局面，自此之后，大洋洲创世神话研究在世界创世神话研究中占据了一席之地。

20世纪早期大洋洲创世神话的研究仅停留在对原住民创世神话的介绍与整理阶段，并且这种方式的介绍与整理并不是为了创世神话的研究，而是出于研究者自身学术理论体系建构的需要。比如，拉德克利夫-布朗关于澳大利亚东南部原住民创世神话的研究乃是服务于其社会学理论的研究，埃尔斯顿·贝斯特对毛利传世神话的介绍乃是基于其研究毛利历史的需要。20世纪50年代之后，随着澳大利亚与新西兰经济的发展，原住民创世神话越来越受到学者的关注，创世神话的体系化工作开始纳入日程。所谓体系化，乃是指原住民神话叙事体系的建构与神话谱系的创建。澳大利亚与新西兰原住民创世神话多半保存在口传、岩画、玉器、雕塑与建筑中，文字形式的创世神话几乎不存在。在这种情境下，一方面，研究者要将口传、仪式与图像中的神话搜集、整理，并克服语言困难，将其转换成文字形式；另一方面，澳大利亚与新西兰毛利人部落较多，创世神话叙事体系呈现多样化，因此创世神话的体系化工作极为艰巨。尽管如此，大洋洲创世神话的体系化工作依然取得了卓然不凡的成就。在这方面，澳大利亚原住民神话的体系化工作值得一提。

从1965年开始，艺术家安斯利·罗伯兹与学者查尔斯·P. 蒙特福德、梅尔瓦·简·罗伯兹等人合作，即艺术家安斯利·罗伯兹画插图，人类学学者查尔斯·P. 蒙特福德与梅尔瓦·简·罗伯兹等人撰写文字，共同推出了10本名

[1] Elsdon Best. *Some Aspects of Maori Myth and Religion*. Wellington: W. A. G. Skinner, Government Printer, 1922.

[2] A. R. Radcliffe-Brown. The Rainbow-Serpent Myth in South-East Australia. *Oceania*, 1930, 1 (3) : 342-347.

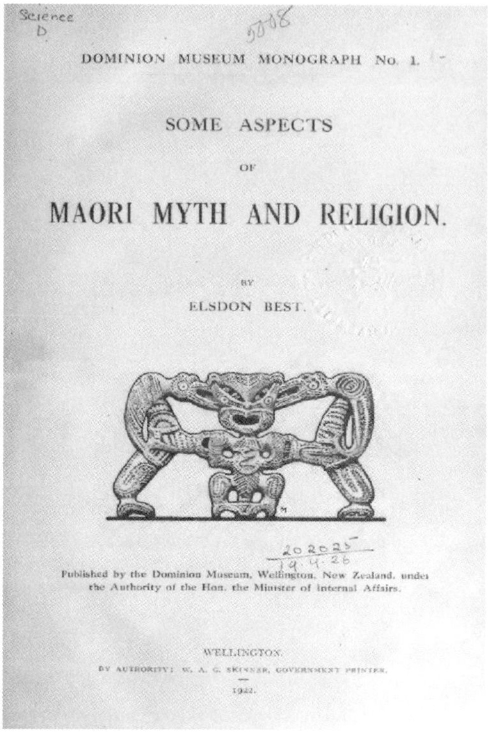

图1 1922年版《毛利神话与宗教样态》扉页

图2 2015年版《毛利神话与宗教样态》封面

图3 澳大利亚原住民创世神话中的彩虹蛇

（图片采自 Dick Roughsey. *The Rainbow Serpent*. Sydney: Collins, 1975, p.15）

为“黄金时代”的澳大利亚原住民神话丛书。[1]这套丛书的出版从1965年持续到1989年，整整持续了23年，其中1965年出版的第一部书《黄金时代：澳大利亚原住民神话》先后再版18次，在社会上产生了广泛影响。值得一提的是，这套丛书有两个特点，一是图像系列书居多。因澳大利亚原住民神话有不少是以岩画的形式保存的，这套“黄金时代”创世神话丛书有5本是关于图像中的创世神话，[2]由此可见学者们对原住民以图像形式出现的创世神话的重视。除

图4　“黄金时代”丛书部分封面与扉页

[1] 具体信息如下：Ainslie Roberts, Charles P. Mountford. *The Dreamtime: Australian Aboriginal Myths in Paintings*. Adelaide: Rigby, 1965; Ainslie Roberts, Charles P. Mountford. *The Dawn of Time: Australian Aboriginal Myths in Paintings*. Adelaide: Rigby, 1969; Ainslie Roberts, Charles P. Mountford. *The First Sunrise: Australian Aboriginal Myths in Paintings*. Adelaide: Rigby, 1971; Ainslie Roberts, Charles P .Mountford. *The Dreamtime Book: Australian Aboriginal Myths*. Adelaide: Rigby, 1973; Ainslie Roberts, Melva Jean Roberts. *Dreamtime Heritage: Australian Aboriginal Myths in Paintings*. Adelaide: Rigby, 1975; Ainslie Roberts, Melva Jean Roberts. *Dreamtime, The Aboriginal Heritage: Australian Aboriginal Myths in Paintings*. Adelaide: Rigby, 1981; Ainslie Roberts, Charles P. Mountford and Melva Jean Roberts. *Dreamtime Stories for Children*. Adelaide: Rigby, 1983; Ainslie Roberts, Melva Jean Roberts. *Echoes of the Dreamtime: Australian Aboriginal Myths in the Paintings of Ainslie Roberts*. Melbourne: J. M. Dent, 1988; Ainslie Roberts, Dale Roberts. *Shadows in the Mist: Australian Aboriginal Myths in Paintings*. Blackwood, S. Aust.: Art Australia, 1989.

[2] 具体书名参见上一条注释，此处不赘述。

了重视图像形式的创世神话之外，这套创世神话丛书的第二个特点便是体系繁多。9本图书分别从不同的创世神话系统出发，阐释了澳大利亚不同地方的原住民创世神话。难能可贵的是，这套创世神话丛书的撰写者并没有将澳大利亚的创世神话当作虚构的文学叙事，而是将其视为原住民的信仰与文化因素，一定程度上还原了创世神话叙事的文化情境。

新西兰毛利创世神话研究也存在大规模体系化的现象，但是较之于澳大利亚创世神话的体系化，毛利创世神话的体系化所依据的资料主要是口传叙事，由此出现了一系列关于毛利创世神话的论著，诸如《源自毛利神话与传说的诗歌》[1]《毛利神话：毛利人的神灵世界》[2]《新西兰的伟大神话：毛利传统起源与发现研究》，等等。[3]关于毛利图像中的创世神话的系统化研究较少，其中较为典型的是D. R. 西蒙斯编撰的《新西兰毛利宗教图像》一书。[4]在这部论著中，西蒙斯根据埃尔斯顿·贝斯特关于毛利创世神话三个体系的观点，[5]将毛利图像中创世神话分成三个体系，进而阐释其叙事内容。新西兰创世神话的体系化并未出现"黄金时代"丛书这类具有广泛影响力的丛书，体系化的研究工作基本都是依靠研究者的学术兴趣而进行的。虽然如此，其深度并不逊色于澳大利亚创世神话的体系化研究，这主要归结于20世纪早期埃尔斯顿·贝斯特所做的一系列关于毛利神话的整理与搜集工作。

尚需指出的是，大洋洲神话的体系化并没有陷入文学式的体系化模式，研究者虽然并不是原住民成员，但多数研究者要么具有多年本土文化经历，比如，埃尔斯顿·贝斯特就是新西兰本土原住民，要么是人类学学者。这些学者具有研究原住民的丰富经验，因此很大程度上能够站在宗教与文化的角度客观看待原住民的创世神话。这些研究者重视大洋洲原住民创世神话的生成情境，并力图将创世神话的体系化纳入原住民的文化情境中，并以图像

[1] L. F. Moriarty. *Verse from Maori Myth and Legend*. Devon: Arthur H. Stockwell Ltd., 1958.
[2] A. W Reed. *Maori Myth: The Supernatural World of the Maori*. Wellington: Reed, 1977.
[3] D. R. Simmons. *The Great New Zealand Myth: A Study of the Discovery and Origin Traditions of the Maori*. Wellington: A. H. & A. W. Reed, 1976.
[4] D. R. Simmons. *Iconography of New Zealand Maori Religion*. Leiden: E. J. Brill, 1986.
[5] ElsdonBest. *Māori Religion and Mythology*. Wellington. N.Z.: Govt. Printer, 1924, p.20.

与文字两种方式呈现原住民传世神话的结构与体系。自然，这种体系化的前提是进行原住民神话的收集与整理，或者拥有数据化的创世神话资料库。这一点特别值得中国学者借鉴，也是中国创世神话体系化研究需要加以提升的地方。

三、创世神话的重述

20世纪60年代澳大利亚原住民创世神话研究有一种非常突出的特征，那就是创世神话的重述或再创造。这种研究路径实际上始于白人艺术家安斯利·罗伯兹。他开启了大洋洲创世神话的重述模式，并且创建了原住民创世神话的视觉化方向。前文所论述的“黄金时代”的创世神话系列丛书，也是由安斯利·罗伯兹与查尔斯·P. 蒙特福德、梅尔瓦·简·罗伯兹等人所带动的。实际上我们可以说，安斯利·罗伯兹关于澳大利亚原住民创世神话的重述，带动了大洋洲与世界创世神话研究的诸多范式与趋向。这样说来不免有些抽象，我们先从安斯利·罗伯兹相关经历开始，由此探讨他对澳大利亚原住民创世神话的重述行为。

安斯利·罗伯兹原为英格兰人，后来随家人移民澳大利亚并定居于位于南澳的阿德莱德市。罗伯兹早年所受的教育多半与艺术相关，他后来对澳洲原住民创世神话的重述形式实际上与其早年所受到的艺术教育密切相关。20世纪50年代早期，罗伯兹因身体缘故到澳大利亚南部的爱丽斯温泉疗养，期间接触到当地乌鲁鲁部落雕刻于圣山埃尔斯的岩画。再后来，他邂逅了人类学学者查尔斯·P. 蒙特福德，二人先后到澳大利亚南部与中部收集原住民的神话。罗伯兹被当地人的神话所感动，于1962年将所收集的神话加以改编，以绘画形式加以表现。1963年10月1日，他在阿德莱德举行个人画展，展出21幅澳大利亚原住民创世神话绘画，[1]作品被一抢而光，在社会上产生极大影响。自此之后，他与查尔斯·P. 蒙特福德等人继续合作，继续收集原住民创世神话，并与出版社签订合同，将绘画以系列作品形式出版，前文所讲“黄金时代”系列丛

[1] Charles E. Hulley, Ainslie Roberts. *Ainslie Roberts and the Dreamtime*. Melbourne: J.M. Dent, 1988.

书，其中有5本是以罗伯兹的绘画为核心内容。这在澳大利亚学术界产生了很大影响，有力地推进了澳大利亚创世神话的研究与重述工作。

从形式来看，罗伯兹关于澳大利亚创世神话的重述是依靠图像进行的，其做法非常简单，即将澳大利亚南部与中部的原住民神话创世神话加以改编，以绘画形式表现出来。这些描绘原住民创世神话的绘画画面非常简单，基本是以神话叙事的主角为核心——人物、动物、树、岩石或天体为绘画的表现对象，其内容只有一个：描述世界生成之初万物的诞生与形成情境。罗伯兹是白人，他所搜集的原住民创世神话多数情况下并不为白人所熟知，他经过改编后以绘画形式表现出来的创世神话，某种程度上已经不是原住民的创世神话了，而是作为白人的罗伯兹创造的创世神话。这就意味着，他的绘画本质上是对澳大利亚原住民创世神话的重述，也是居住在澳大利亚的白人对原住民古老文化的一种艺术性再现。绘画出身的罗伯兹对于澳大利亚原住民创世神话的重述开始是一种个人的治疗性行为。因为他1950年去爱丽斯温泉疗养时，患有严重的神经性抑郁症，去南澳等地搜集创世神话，以及后来的创世神话绘画，都是出于缓解自身病症的需要。但到1963年阿德莱德个人创世神话画展之后，他与出版社签订合同，再度去原住民部落搜集创世神话并创造创世神话艺术品，他的创世神话绘画就成为一种有目的的商业性行为，并在一定程度上有力地推进了澳大利亚原住民创世神话研究，以及澳大利亚本土文化的研究。基于此，澳大利亚政府于1993年6月女王诞辰日向罗伯兹颁发了澳大利亚勋章，并这样评价他："一位交流者，用一个白人的方式来描绘，并尝试以可视化的方式去向澳大利亚的白人表明，他们所生活的这片迷人的大地拥有丰富的古代文化遗产，他们应该明白这一点，并尊重这种古老的文化。"

罗伯兹对创世神话的重述持续的时间很长，从1963年一直进行到他去世的1993年，整整进行了30年。他的这种对原住民创世神话的重述看上去是一种个人化的商业性行为，但实际上离不开澳大利亚学术界与政府机构的支持。因为1965年之后的创世神话的绘画工作都是与出版社合作进行的，并且澳大利亚政府通过各种媒介宣传罗伯兹的创世神话的重述工作，甚至澳大利亚政府专门组织人编写了儿童版的原住民创世神话系列丛书，配合他的创世神话工

图5 澳大利亚中部地区乌鲁鲁人的岩画（王倩摄）

作。[1] 罗伯兹对澳大利亚原住民创世神话的重述与原生创世神话的意义差别并不是很大，但创世神话的重述却具有重大意义：一方面他保留了原住民创世神话的文化情境与意义，某种程度上再现了原住民创世神话的内涵；另一方面，以绘画形式描绘的创世神话是一种新的创世神话，是白人艺术家以文化他者的身份创造出来的创世神话，并不是原住民自己表述的创世神话。从这个视角来看，罗伯兹关于原住民创世神话的重述实际上是一种新神话主义的形式，即创世神话的再创造，但比21世纪初叶西方新掀起的“神话重述”热潮更具价值与意义，也是世界各地的神话重述行为值得借鉴的案例。

四、创世神话的仪式化

就表现形态而言，大洋洲原住民创世神话，尤其是澳大利亚与新西兰的创世神话，多数情况是以非文字的方式呈现出来的。在这一点上，澳大利亚与新西兰各不相同，我们分别进行说明。

在1788年英国殖民者进入澳大利亚之前，澳大利亚原住民并不是一个统

[1] 这方面主要是指以“黄金时代”命名的系列儿童普及类别创世神话丛书，较为典型的主要有：Roland E. Robinson, Rod Shaw. *Wandjina: Children of the Dreamtime: Aboriginal Myths & Legends*. Brisbane: Jacaranda, 1968; Dale Roberts. *Wanari's Dreamtime: Aboriginal Myths for Children*. *Blackwood*. S. Aust.: Art Australia, 1989.

一的共同体，他们分别隶属于不同的部落，互不统属。1788年，澳大利亚原住民的人口约为30万人，由500个不同语言和习惯的部落构成，在语言、图腾、饮食、习惯等方面均存在很大差异。[1]直到19世纪末叶，澳大利亚原住民还在使用的语言与方言就有数百种。[2]尽管如此，澳大利亚原住民的创世神话保留的样态大致只有三种：口传、仪式与岩画。澳大利亚南部与中部地区的原住民创世神话保留下来的较多，尤以口传和岩画居多。

对于新西兰的毛利人而言，情况就不大一样了。“2006年的新西兰最新人口统计数据表明，新西兰2006年有毛利人565 329人，占新西兰总人口的14.6%。也就是说，超过七分之一的新西兰居民声称自己是毛利族。”[3]与澳大利亚原住民不同的是，新西兰的毛利人说的是统一的语言毛利语，但毛利语的方言较多，有“至少7种主要的方言，有些与早期的部落有关，有些与地域有关。依照地域毛利语可大体分为北部地区、东海岸、塔拉纳基地区、旺加努伊地区和南岛5个方言。这7个主要的毛利方言的差异还是比较明显的，毛利语使用者能根据方言判断彼此的出生地”。[4]虽然如此，毛利人的创世神话内容却非常统一，主要讲述神话时代人类世界与万物的起源，其创世神话的体系也非常简单，“主要有3个系列，即天父郎伊·努伊和地母帕帕·图阿努库的创世神话、半人半神的毛伊的历险故事，以及英勇而杰出的部落酋长塔瓦基的故事。这些神话和传说的主人公是诸神、神的后裔以及他们丧失了神性的人类后代。”[5]毛利创世神话保留的样态，大致有三类：口传、仪式、建筑与绿玉。口传与仪式方式保留的创世神话比较容易理解，这一点与澳大利亚原住民的创世神话比较类似，建筑与绿玉上保留的创世神话，是毛利创世神话不同于澳大利亚原住民创世神话的地方，需要加以说明。

---

[1] A. Dirk Moses. *Genocide and Settler Society: Frontier Violence and Stolen Indigenous Children in Australia History*. New York: Berghahn Books, 2004, p.312.

[2] Damien Short. Reconciliation, Assimilation, and the Indigenous People of Australia. *International Political Science Review*, 2003, Vol.24 (4), p.492.

[3] 赵晓寰、乔雪瑛著：《新西兰：历史、民族与文化》，复旦大学出版社，2009年，第102页。

[4] 同上书，第133页。

[5] 同上书，第185页。

毛利人的传统建筑在毛利语里叫作“玛雷”，是长方形的带有门廊的建筑物，外墙和屋顶覆盖着干草或亚麻，内有火炉，是毛利人祭奠祖先的圣地，也是部落的公共场所，部落的庆典、婚丧、嫁娶、宗教仪式、生日聚会等都在此举行。“玛雷”由前厅和正堂构成，前厅是接待处，正堂是会堂。会堂中央的大建筑叫作“瓦莱努伊”，其结构模仿了毛利创世神话中祖先的身体。“前方的部分或耸立在会堂顶端的部分叫‘考鲁鲁’，又叫‘特考特考’，代表祖先的头部。‘考鲁鲁’的眼睛用当地产的鲍鱼的壳镶嵌，闪闪发光，代替当地的雄鹰‘鲁鲁’守候着会堂。……‘玛伊希’是从头部延伸到地面的大板子，代表手臂，好像祖先的臂膀欢迎四方来客。‘阿默’是瓦莱努伊前的小板子，代表腿。而‘塔胡胡’是贯穿屋顶的梁柱，代表脊椎。祖先的脊柱必须厚实，因此要选用最坚实的木头来搭建。房子里的椽则象征着祖先的肋骨。许多瓦莱努伊内部都有复杂的雕刻和装饰板，呈现部落的家谱及毛利人造物神的故事。”[1]这实际上是毛利创世神话的建筑化与象征化，这一点与澳大利亚原住民的创世神话有很大不同。除此之外，毛利人还将其创世神话雕刻在绿玉上。这种绿玉叫作“普纳姆”，是新西兰独有的绿玉，被毛利人认为是一种神圣的石头，可以用来驱邪，并且能够带来好运。很多绿玉上雕刻的形象是毛利人创世神话中的祖先，戴上这种雕有祖先形象的绿玉就可以永远拥有好运，避免邪灵的侵犯。

基于澳大利亚与新西兰毛利创世神话存在样态的情境，澳大利亚和新西兰政府采用了还原文化情境的方式来呈现创世神话。具体来说就是，政府通过仪式化的途径展现创世神话，即通过在原来的创世神话生成情境中展现神话，进行创世神话展演，其中包括博物馆展览，开放创世神话生成地，组织原住民在重大仪式与文化旅游节日进行创世神话的表演。对于澳大利亚创世神话的仪式化而言，南部澳大利亚政府的工作做得很是到位。每年夏季是乌鲁鲁地区的旅游旺季，这个时候，政府向世界各地的游客开放埃尔斯岩画，游客可以近距离地观看乌鲁鲁部落刻画在岩石上的创世神话，同时还能够在

[1] 赵晓寰、乔雪瑛著：《新西兰：历史、民族与文化》，复旦大学出版社，2009年，第108—109页。

图6 毛利瓦莱努伊建筑的“考鲁鲁”，奥克兰战争记忆博物馆（王倩摄）

图7 毛利瓦莱努伊建筑的“考鲁鲁”局部，奥克兰战争记忆博物馆（王倩摄）

图8 毛利瓦莱努伊建筑的“塔胡胡”梁柱，奥克兰战争记忆博物馆（王倩摄）

图9　毛利人绿玉雕刻的创世神话祖先形象，奥克兰战争记忆博物馆（王倩摄）

旅游期间观看乌鲁鲁部落举行的创世神话仪式，并与部落成员一起描绘有创世神话祖先的图像。澳大利亚政府在每个州都设有博物馆，有原住民的州立博物馆会将刻有原住民的创世神话图像与其他文物一起展览，很多时候会对创世神话的图像进行特别说明。譬如，塔斯马尼亚博物馆与美术馆中，展览对塔斯马尼亚创神话中的猴面包树图像做了特别说明，标明它的神圣性。同样，新西兰政府也会有这种举措。与澳大利亚政府有所不同的是，因毛利神话在建筑与绿玉中被表现的场景较多，新西兰政府在博物馆展览毛利建筑与绿玉的做法比较普遍。甚至我们在奥克兰战争记忆博物馆，看到了一种叫作“瓦莱努伊”的建筑物，以及大量表现毛利创世神话的绿玉雕刻。这种创世神话的仪式化是政府行为，推进了对原住民创世神话的认知，以及原住民传统文化的普及。毕竟澳大利亚和新西兰现有的政府并不是原住民组建的政府，相对于历史悠久的其他国家，他们国家的历史很短，需要原住民的创世神话与文化来建构一个历史与文化悠久的国家形象。

值得注意的是，在这种国家创世神话仪式化的进程中，新西兰毛利学者的族群身份认同意识极强，开始自发地组织毛利神话的仪式化展演。在表述形式上，更多毛利学者倾向于在重要的学术场合以口传和仪式这两类方式来表演创世神话，以期获得更多学者的关注与认同。譬如，在2016年6月29日至7月2日奥克兰科技大学举行的“21世纪表演认同”国际戏剧学术会议上，毛利学者在会议茶歇期间，自发地以母语与英语对照歌唱的形式表述本土创世神话。这种学者的自发行为实际上表明，在毛利创世神话的仪式化过程中，毛利人已经意识到创世神话对于毛利民族身份认同的重要性，毛利学者作为一种不可忽视的力量，加入毛利创世神话的仪式化工作中。我们有理由相信，原住民学者自发的创世神话仪式化表演，会使得毛利创世神话的研究主体逐渐由他者转向我者。

图10　塔斯马尼亚创世神话中的猴面包树，澳大利亚塔斯马尼亚博物馆与美术馆（王倩摄）

图11　毛利人绿玉上的创世神话形象，奥克兰战争记忆博物馆（王倩摄）

图12　毛利学者在国际戏剧学术会议茶歇期间歌唱创世神话，奥克兰科技大学 2016年6月29日（王倩摄）

五、结语

20世纪以来的大洋洲原住民创世神话研究，经历了学者个体性研究，白人艺术家再创造，以及政府与原住民共同参与仪式化展演的过程。在此过程中，白人艺术家对原住民创世神话的重述，以及原住民学者对创世神话的情境性展演，使得原住民创世神话成为可被观看与再创造的新神话。创世神话的研究已经不再是一种单纯的学术研究，还是政府与原住民共同建构本土历史与文化的一种路径。借助于人类学的跨学科视野，研究者将原住民创世神话还原为地方性知识与信仰，乃至于元科学的面目。在探讨过程中，研究者、政府与原住民，三者对于创世神话的价值始终持有一种极为客观的认知态度：一方面，他们反对科学主义的做法，即反对将神话视为非逻辑、非科学的思维范畴，倡导承认创世神话作为前科学或元科学的认识论价值；另一方面，他们又反对过度夸大创世神话在建构族群宇宙论与社会秩序方面具有的作用，倡导将创世神话置于其生成语境中加以阐释，反对将神话与科学对置的二元阐释模式。

嘉绒藏地的“世界”想象：创世神话、神山信仰与生境传说

李　菲[1]

（1，四川大学，四川成都，610207）

摘要：本文以嘉绒地区流传的“鹏鸟卵生”创世神话/族源神话、墨尔多神山信仰和金川“神仙包”生镜传说为例，通过多重文本间的比较和关联，尝试指出“世界”在创世神话/族源神话、神山信仰与生境传说中均是核心要素，不过在三者中，“世界”分别体现出作为终极宇宙图式、神圣信仰系统和区域自然生境的不同面向。在其中，世界的“神圣性”逐渐从高度抽象的宇宙哲学向具体可感的生境想象过渡，逐渐降低。与此同时，包含终极宇宙图式和神圣信仰体系的创世神话/族源神话和神山信仰牢固地支撑着嘉绒世界观念和族群认同的核心，而山川生境传说，则处在嘉绒人“世界”想象的外围位置，更多地受到来自东面的汉族文化影响。

关键词：嘉绒；藏彝走廊；创世神话；神山信仰；治水神话

嘉绒藏人，世居青藏高原东缘藏彝走廊中部的大渡河上游大、小金川流域。本区域河流深切、山峰耸峙，为典型的横断山区地貌。在卫藏、安多与康巴传统藏文化三大人群和区域划分中，嘉绒藏人与安多和康巴为邻，以“东面河谷地带的农人”著称。正是因为凭着横断山区河谷地带冲积平原，分布于二、三级台地的耕地以及温暖湿润的气候条件，嘉绒人在这片以墨尔多神山为核心的区域创造出了自己独特的耕牧生计传统。

对于嘉绒人来说，操持农耕生计、传承社会文化和维系自身族群认同的起点，是如何理解其栖居于其中、赖以生存的这个周遭世界。这种关于周遭世界的理解在最基本的层面上包括两个彼此关联的维度：一方面，是“栖”，即嘉绒人如何来到这个世界；另一方面，是“居”，即嘉绒人如何具身性地参与和实践这个世界。如果说前者主要是嘉绒人关于宇宙起源和族群来源的象征性信仰和表述，后者则更多与山川河流等具体的生境、自然、景观相关。本文通过对嘉绒“鹏鸟卵生”的创世神话/族源神话、墨尔多神山圣水信仰体系和金川“神仙包”生境传说的考察和分析，试图指出，在藏彝走廊多族群互动交融的社会文化进程中，嘉绒人对同时作为“宇宙”和“生境”的周遭世界的理解和讲述，形成了一个包括创世神话、信仰传说、民间故事、歌谣颂唱、地方景观等在内的族群表述系统，且从中可以窥见西面的藏文化、东面的汉文化以及嘉绒本土古老的苯教信仰的深厚影响，充分体现了该区域多族群、多历史的独特文化特征。

一、鹏鸟卵生：嘉绒创世神话和起源神话

在早期社会历史进程中，青藏高原多族群紧密互动，逐渐交融，使得今天流传下来的藏族创世神话呈现出奥义深远、内容丰富、多姿多彩的文化特征。从类型上看主要包括以下四类：其一是天地山川起源神话，其二是人类起源神话，其三是氏族部落起源神话，其四是文明起源神话。其中有关天地山川的起源神话又包括天地开辟神话、变形神话、自然生成神话。[1] 在上述各类

[1] 代九：《浅论藏族创世神话》，西藏大学硕士学位论文，2016年。.

神话中，关于世界为何、如何形成的神话，毫无疑问是理解世界与自身的核心原点。有藏族学者根据青藏高原区域和族群分布将藏族世界起源神话分为象雄型、安多型和雅垄型三大类型，并分别归纳了其核心特征：象雄型，叙述为主，以受古老苯教信仰影响的卵生世界神话为代表；安多型，以斯巴老人创世神话为代表，问答诗歌为主要形式；雅垄型，叙述形式，以“猕猴变人”神话故事为代表。[1]嘉绒地处青藏高原东缘，嘉绒创世神话从内容上看，多受象雄型和安多型的影响，这与历史以来嘉绒地区崇尚苯教有关，甚至嘉绒也被学者认为是古代文献传说中的“象雄”所在。

（一）苯教“卵生世界”起源神话

苯教卵生世界神话在《斯巴卓浦》以及《黑头矮子的起源》等苯教著作之中都有保存，表述各有不同，但以“卵”为核心意象：

其一：

世界最早是空的，后来有了两仪，凶险作母，明亮作父，此后从露珠中产生一湖，湖中的一个卵孵出一光亮一黑暗两只鸟，二鸟相配生了白、黑、花三个卵，从而繁衍出神和人，世间神桑波奔赤创造了有人类居住和无人类居住的世界。[2]

其二：

在很早以前，有位名叫南喀东丹却松的国王，拥有“五种本原物质”，法师赤杰曲巴把他们收集起来放入他的体内，轻轻地“哈”了一声，吹起了风，当风以光轮的形式旋转起来的时候，就出现了火，火越吹越旺，火的热气和带有凉意的风产生了露珠（水），在露珠上出现了微粒，这些微粒，反过来又被风吹落，堆积起来形成了山。法师又从五种本原物质中产生出一个发亮的呈牦牛的卵和一个黑色的呈锥形的卵，然后，用一个光轮来敲发亮的卵，产生了发光。雨和云又

[1] 琼珠：《藏族创世神话散论》，《民族文学研究》，1989年第2期，第45—51页。
[2] 同上。

从五种本原物质中产生出来形成了海，于是，天地形成，世界就这样被创造出来。[1]

在以上两则神话中，包含了藏族先民朴素的唯物观，也体现了光明/黑暗、有人类/无人类、神/人等二元对立、万物关联相生的认知逻辑，同时，由“世间神桑波奔赤”到“国王”“法师”等神圣权威人物的引入，使得创世神话展现出向宗教信仰过渡，与部落统治体系的权威建构紧密结合的痕迹。

（二）《斯巴形成歌》与大鹏分天地

《斯巴形成歌》是藏族关于世界起源的歌谣，主要流传在安多地区。“斯巴”即藏语的世界天地和万物。歌谣中以自问自答的形式唱道：

最初斯巴形成时，天地混合在一起，请问谁把天地分？
最初斯巴形成时，阴阳混合在一起，请问谁把阴阳分？

最初斯巴形成时，天地混合在一起，分开天地是大鹏，大鹏头上有什么？

最初天地形成时，阴阳混合在一起，分开阴阳是太阳，太阳顶上有什么？[2]

《斯巴形成歌》创世神话中的“混沌”原型产生于藏族先民所处的原始时期，是藏族先民朴素自然观的反映，在西南地区汉族、彝族等其他民族的创世神话中也普遍存在。这其中，“大鹏”在最初世界形成时完成了“分开天地”（开天辟地）的壮举，与象雄卵生神话中的“鸟”也有内在关联。

（三）嘉绒地区的大鹏鸟卵生神话

嘉绒地区以苯教信仰为核心，不仅保留了上述苯教经典中的卵生世界神话，而且在民间流传的族源传说中，最广为人知的族源传说也是大鹏鸟卵生神

[1] 德吉卓玛：《藏族创世神话与宗教》，《西南民族学院学报（哲学社会科学版）》，1993年第4期，第63—65页。
[2] 马学良：《藏族文学史》，四川民族出版社，1994年，第13—14页。

话。嘉绒十八土司之一的巴底土司起源神话即是一个典型的例子。巴底土司辖地，位于墨尔多山西麓，全称为“巴拉斯底安抚司、宣慰司”，“巴拉”意为山，“斯底”为岭，即由其地在山之巅而得名“巴底”。马长寿在《嘉戎民族社会史》(编者注：应为《嘉绒民族社会史》) 中写道，20世纪40年代初，当他前往嘉绒调查时，听巴底末代土司王寿昌言其祖牒可上溯三十余代，可惜在他们抵达巴底的第二天，巴底黑经寺突发大火，将土司牒谱尽数焚毁，因而未能得见。但他将王寿昌所讲的巴底土司源于琼鸟的传说记录了下来：

荒古之世，有巨鸟，曰“琼”者降生于琼部。琼部之得名由于此，译言则“琼鸟之族”也。生五卵：一红、一绿、一白、一黑、一花。花卵出一人，熊首人身，衍生子孙，迁于泰宁，旋又迁移巴底。后生兄弟二人，分辖巴底、巴旺二司。[1]

据传巴底土司先祖为嘉绒古老小邦土王，至明永乐年间归顺朝廷始受封为土司。明清更迭之际，巴底脱离中原王朝统治，至清康熙四十一年(1702)复又归顺，由清沿明旧制，封为安抚司。因此，在末代土司的讲述中，简要提及巴底、巴旺二司身份，这在某种程度上表明土司是需要借助外部力量维系自身的统治。上面这则神话，巧妙地将嘉绒“琼部”族源与“琼鸟”(大鹏鸟)神话和卵生神话相结合，以此为基础，将后者改造为象征土司祖先来源与世系的起源神话。这样一来，在嘉绒土司社会结构中，古老的大鹏鸟卵生创世神话中便出现了土司的身影，借助外部力量得以维系的土司将其血缘与统治权力的神圣性和合法性溯源至古老的大鹏鸟卵生神话及琼部族源，在族谱文本的一再讲述和流传中使得土司世系得以巩固。

二、神山圣水：墨尔多神山信仰中的象征世界

在上文的嘉绒鹏鸟卵生创世神话/族源神话中，“世界”呈现出高度概念化的面貌，无论是“五种本原物质”“牦牛的卵/黑色的呈锥形的卵”“红绿白黑花卵”“气/微粒/光/雨/云/海”，都只提供了“世界”想象的模糊图景，而

[1] 马长寿：《嘉戎民族社会史》，载周伟洲编：《马长寿民族学论集》，人民出版社，2003年，第140页。

缺乏进一步想象这个原初世界的素材和细节。一方面，这当然是由于这个世界过于远古，但更重要的是，这个原初世界之神圣性也必须有赖于这个原初世界，并与孕育其中的“混沌”保持着隐喻性的内在联系。在这个意义上，“模糊”正是原初世界的必要特征。

与此相比较而言，以墨尔多神山为核心的嘉绒神山信仰作为嘉绒苯教信仰的一个重要部分，则发展出了一套更为精致、清晰的“世界”想象模式。在这个想象图景中，墨尔多神山成为苯教“雍仲宇宙”永恒周运不息的象征核心。嘉绒人通过日常生活中转山朝圣等宗教仪轨锚定这个“雍仲宇宙”，将自己栖居其间的这片地方与苯教信仰的神圣世界相联系。如此而来，“神圣宇宙”便呈现为更加具体、复杂，充满想象、感知与细节的神山圣水。

相传为白诺纳扎大师所编著的《墨尔多神山志》，将墨尔多称为“东方嘉莫绒圣地墨尔多雍忠崩资”。“雍忠”即象征坚不可摧，永恒常在；“崩资”即堆积的高峰。这一称号表明墨尔多神山作为嘉绒藏地最高神山的核心地位。据嘉绒本土学者雀丹考证，“嘉绒”得名的七种说法中就有一说是因本区域群山环抱，江河汇流，当地苯教与藏传佛教信众都将墨尔多神山奉为嘉绒藏地群山之首，其山全称为“嘉莫·墨尔多”，将山名变译称为“嘉莫绒”或“嘉尔木戎巴”，“嘉绒”便是这些称谓的缩写或简称。[1]藏族学者格勒也认为“嘉绒”得名于闻名全藏的墨尔多神山——“斯巴嘉尔木”与流经本地的大渡河——“嘉尔木区曲”，是将神山圣水之名综合简化而来。[2]考古资料显示，丹巴县中路乡群碉间发现有巨大石棺葬墓群，所有墓头均是朝向墨尔多神山的主峰，成叩拜式。[3]说明墨尔多神山在本地区地方信仰传统中占据核心地位已有十分悠久的历史。

从地理空间位置来看，墨尔多神山坐落于大渡河上游支流大、小金川之

[1] 雀丹著：《嘉绒藏族史志》，民族出版社，1995年，第41—42页。
[2] 格勒著：《藏族早期历史与文化》，商务印书馆，2006年，第308—309页。
[3] 康巴：《嘉绒藏族族源探索》，载李涛、李兴友编：《嘉绒藏族研究资源丛编（征求意见本）》，四川藏学研究所，1995年，第45页。

间，属岷山山系的西麓山脉，主体居于岷山与邛崃山的结合部，[1]余脉则沿山势由西南向东北延伸至阿坝州金川、小金、马尔康境内。墨尔多神山主峰地处北纬30° 56′，东经101° 56′，海拔4 820米，位于甘孜州丹巴县小金川下游岳扎乡境内，是巴旺、岳扎、半扇门三乡的界山，又是墨龙沟、鹅狼沟、根坝沟、燕尔岩沟的分水岭，距县城10公里，山北丛林莽莽，山南树木稀少，石笋嵯峨，奇丽壮观。[2]而作为更具象征意义的文化空间，墨尔多神山则为本区域提供了神圣信仰世界的基本框架，表达了嘉绒人特殊的空间观念：

> 墨尔多神山的外貌犹如如意宝上蒙了一层珍贵的绫绸，即使凶恶的敌人亦无可奈何；内里却俨如空行佛绫子夏玛若坛城，好似一个兰（笔者按：原文为兰，应为“蓝”）色的宝瓶置于地毯上，显示出圣地奇特的加持力；而圣地的中心宛如伞盖的骨架向四周延伸，支撑着六十五座神山。整个神山的内外以及中心部分的形态结构为：山顶的四大圣景呈四业形状，分为一百个分支圣景，每个又分为十个小圣景。……山顶犹如宝石堆砌的晶莹雪山上，耸立着一座宛如永恒不变的金刚一般直插云霄的高峰，更在周围六十座神山中，显得巍峨壮丽。在这座神山的四面八方，崩腾流淌的八条河流，如同支撑伞盖的骨架，条条源于此山中，八条山沟恰如烂漫盛开的莲花，八条河流好似莲花的茎梗。位于中心的墨尔多玉札（笔者按：即雍忠）崩资高峰，酷似重叠堆积的如意珠宝；山顶峰峦叠嶂十三层，呈现着本尊白色虚空的本色。[3]
>
> 共计六十五座神山中，东方有成就息业的山十座，山山水水呈白色……，北方有增业形成的山十座，山山水水呈绿色……，西方有怀业形成的山十座，山山水水呈红色……，南方有诛业形成的山十座，

[1] 李茂、杨先郎布、舒福秋编：《墨尔多神山——神秘的大自然群雕遗产》，阿州临字（97）第12号，1997年，第3页。

[2] 丹巴县志编纂委员会编：《丹巴县志》，民族出版社，1996年，第86页。

[3]《墨尔多山志（伏藏四地之一——东方嘉摩绒圣地墨尔多雍忠崩资等六十座神山志）》，载李茂、杨先郎布、舒福秋编：《墨尔多神山——神秘的大自然群雕遗产》，阿州临字（97）第12号，1997年，第166—167页。

山山水水呈蓝色……[1]

作为嘉绒藏地信仰空间的核心，墨尔多神山具有强大的空间标识性和认同向心力。以它为中心，周围的山水圣景沿着“东—北—西—南”四方的逆时针方向渐次排列开来，形成了一个覆盖嘉绒地区的庞大神山体系。历史上宗教界将周围群山都分封为墨尔多神山属下的诸臣百姓或者是法物配饰等，有着详细的种类与层级区分。[2]尽管《墨尔多神山志》本身对此神山数量的描述多有出入：有时写作“六十”，有时又作“六十六”（除墨尔多神山之外周围共计“六十五”），但包括“六”“六十六”“四大圣景呈四业形状”“一百分支圣景”“十小圣景”“八条山沟”“八条河流”“叠嶂十三层”等在内的一系列不断重复的神圣数字，与固定的方位以及方向相结合，共同将墨尔多神山体系及其所护佑的嘉绒大地塑造为一个整饬、圆满、永恒与秩序稳定的世界。

与此相应，嘉绒人还以转山的方式将这一空间图式刻印在个体与群体生命的感悟和律动之中。传说农历七月初十是墨尔多山神的生日，嘉绒人从各地云集丹巴，转山朝圣，参拜墨尔多庙和墨尔多神山。再加上一年到头不同地方大大小小各种神山的转山节，嘉绒人在对神山的虔诚绕行中，一再地体认神圣“雍仲宇宙”的圆满和秩序，表达自身对嘉绒区域空间层级关系的理解，也在此关系中理解自身。[3]

三、金川“神仙包”：川西治水神话的多族群交融与互动

墨尔多神山体系中的神山圣水，是这个神圣的“雍仲宇宙”在嘉绒大地上的投影，毫无疑问是超越时间的整饬、圆满和永恒。倘若调整聚焦点和焦距，将目光从这种俯瞰嘉绒大地的全景观想，转向某个具体而微的地方日常生活画面，则将看到一副全新的图景。“世界”对于嘉绒人而言，不仅是远古的宇宙图式、永恒的神山体系，同时也是切身遭遇、居处期间的周遭生境，可实践、

---

[1]《墨尔多山志（伏藏四地之一——东方嘉摩绒圣地墨尔多雍忠崩资等六十座神山志）》，载李茂、杨先郎布、舒福秋编：《墨尔多神山——神秘的大自然群雕遗产》，阿州临字（97）第12号，1997年，第167—170、185—186页。

[2] 雀丹著：《嘉绒藏族史志》，民族出版社，1995年，第50页。

[3] 李菲著：《嘉绒跳锅庄：墨尔多神山下的舞蹈、仪式与族群表述》，北京大学出版社，2014年，第100—101页。

可经验、可感知。在青藏高原东缘多民族互动的历史脉络之中，人民对于地方生境的理解，与横断山区特定的自然生态环境及特定人群的生计模式、人与自然的互动关系密切相关，不仅体现出藏文化与本地苯教信仰的深厚根基，同时也体现出受到来自东面汉文化影响的印迹，显现出多民族走廊区域文化交织交融的复杂特征。基于嘉绒中部金川“神仙包”的田野个案分析，可对这种动态入微的地方生境过程有更加深刻的理解。

（一）金川“神仙包”的地方传说

清乾隆第二次金川之战结束后，嘉绒地区改土归流，设屯戍垦。乾隆四十九年（1784）八月至五十四年（1789）二月，绥靖屯第三任屯务李心衡前往金川。他前后“历徼外者五年……夷情渐稔习而安焉”，在闲暇时遍访当地名胜风俗，将“凡耳闻目睹”辑为《金川琐记》，[1]并留下了咏“绥靖屯八景”的诗作。诗作之六，为《仙坪跳月》：

神仙包石势嵯峨，
阜上芳坪地不颇。
连臂踏歌纷罽锦，
一年胜会上元多。

诗中所咏仙坪，即今阿坝州金川县沙尔乡境内（沙尔尼村）的“神仙包”，位于县城以北约3公里处大金川河谷西岸。“仙坪跳月”描述的正是正月十三当地一年一度的“神仙会”盛景。到了夜晚，人们“连臂踏歌”跳起当地的嘉绒锅庄。只不过，由于李心衡赴任金川之前曾履职地处彝族地区的四川西昌县丞，因以彝俗“跳月”指称嘉绒锅庄。从藏彝走廊多族群大多都有的“圈舞”习俗来看，这虽然不够准确，却也不为过。

关于“神仙包”和“神仙会”的由来，在清道光年间《绥靖屯志》之“卷二·舆地·胜迹”中尚有一段更详细的记载：

神仙包在屯北十五里。岿然山阜，上独平坦。相传上古天地初

[1] 李心衡纂：《金川琐记》，商务印书馆，1936年，“自序”第1页。

分，有巨人身被马革，蒙首卧山上，觉而洪水泛流，举目左顾，山为之倾，因委蜕去，分山导水，不知所终。按其说荒诞不经。每岁正月十三日，番夷男妇着丽服，携酒食，群集转经、烧香、然酥油灯。屯民亦咸往观焉。[1]

上述记载保留下了当地民间传说“神仙包”的得名由来。该地“石势嵯峨”“岿然山阜，上独平坦”，体现出金川流域地处横断山区，河流深切、山峰耸峙的典型自然地理特征。就“神仙包”这个具体而微的地方景观而言，嘉绒人的“世界”已经不再是世界/族源起源神话中高度模式化的宇宙图式，也不再是神山信仰中高度整饬化的神山圣水体系。

这身被马革、蒙首而卧的巨人便是后人所称的神仙，而“神仙包”乃是他在天地初分时以分山导水之神术来疏导洪水泛流的所在。有意思的是，这则荒诞不经的传说放在嘉绒藏族的文化传统中显得格外特殊，但从更大范围来看，与古代中国治水神话颇有关联之处。

（二）川西治水神话与金川“神仙包”的互动与关联

在我国古代神话体系中，治水神话是洪水神话的重要组成部分，也与华夏起源神话密切相关。[2] 地处青藏高原东缘与四川盆地西缘的横断山脉区域为我国地理第一级与第二级阶梯的分界线，了解这一点对理解我国古代洪水神话与治水神话的空间分布有着重要意义。

就洪水神话的分布数量而言，以陈建宪所论及的433篇有关中国各民族各地区洪水神话的异文为例，其中仅9篇（藏族6篇、维吾尔族1篇、哈萨克族1篇、柯尔克孜族1篇）流传于本区域，即横断山脉区域第一、第二级阶梯分界线所在的东经97°～103°以西。[3] 也就是说，作为先民对自然现象的历史记忆，洪水神话的空间分布与我国河流山川的地理格局大致吻合。

---

[1]《阿坝州文库》编委会编：《绥靖屯志（道光）懋功厅乡土志（光绪）》，四川民族出版社，2013年。

[2] 王宪昭：《我国各民族创世神话分类问题探讨》，《社会科学家》，2010年第5期，第21—23+27页。

[3] 陈建宪：《中国洪水神话的类型与分布——对433篇异文的初步宏观分析》，《民间文学论坛》，1996年第3期，第2—10页。

而就洪水神话的内容而言，在青藏高原及其周边地区整个藏文化传播圈内，与古代大洪水有关的神话大致可以分为三类：第一类为宇宙起源母题，代表性神话为“大海变陆地”，民间传说整个世界起初是一片汪洋大海，然后风吹尘土形成大地。与此相关的多种异文，尤其是苯教经典则认为世界从五种本源物质中生出发亮的牦牛状的卵和黑色的锥形的卵，然后变成了天和海。[1]藏文史书《朗氏家族史》则记载世界之海是由卵中而生：五元精华生一蛋，蛋壳生成天界的白色石崖，蛋液旋转变为白螺海，蛋液中产生六道有情众生。[2]第二类为藏地起源神话，说藏地是在汪洋大海中生成。藏文史籍如《柱下遗教》《西藏王统记》《贤者喜宴》等记载：藏地原是一片汪洋大海，后来所有的水都流入“贡格曲勒”山洞，才显现出青藏高原的地貌。[3]这则神话普遍流传在西藏各地，特别是在拉萨一带，人们还能说出某座山峰就是当时控船的地方。第三类为女神母题，往往与宇宙和人类起源神话有关，代表性神话为著名的“珠穆朗玛五仙女”传说，传说从前青藏高原是一片汪洋大海，海中出现五头毒蛇，搅得天翻地覆，五仙女征服了毒蛇，喝令大海退去，才现出了森林、良田和牧场。[4]

倘若细加辨析则会发现，与流传于横断山脉区域及其以东的洪水神话相比，上述藏地洪水神话具有三个区别性特征：其一，洪水本身即是上古世界的起源，而非上古世界的突发灾难，比如《淮南子》说“共工与颛顼争为帝，怒而触不周之山”（《淮南子·天文篇》）；其二，洪水的存在形态是海洋，而非河流，比如《尧典》载“汤汤洪水滔天，浩浩怀山襄陵”（《尚书·尧典》）；其三，洪水或消失，流入山洞，或被控制，基于法术，而非人力治水——在东面的华夏神话体系中，是鲧“窃帝之息壤以堙洪水”（《山海经·海内经》），或禹“疏川导滞”“决汩九川”（《国语·周语下》）。

从与洪水神话密切相关的治水神话来看，以岷江、大渡河上游流域为核心

[1] 孙正国：《藏族神话母题的文化解读》，《中国藏学》，2003年第3期，第115—121页。
[2] 参见南卡洛布著：《藏族远古史》（藏文），四川民族出版社，1990年。
[3] 拉先：《略论藏族神话的类型与表现形式》，《西藏大学学报（汉文版）》，2006年第2期，第48—54页。
[4] 赤列曲扎编著：《西藏风土志》，西藏人民出版社，1982年，第1—2页。

的川西横断山区中部，不仅是我国治水神话分布与流传范围的最西界限，同时也是我国治水神话多态杂存、跨族群实践最为富集的代表性区域之一。本区域不仅流传着包括大禹导江、开明（鳖灵）治水、李冰筑堰在内的大量治水神话与民间传说，还有碑刻志铭、名胜景观等人文遗存，且在本区域世代交融互动的嘉绒藏族、羌族和汉族地方群体中，围绕这些神话传说发生着复杂的跨族群记忆、叙事与仪式展演。这一现象表明，作为先民生境适应、改造自然的文化实践及其历史记忆，治水神话分布的空间界限，与中国多民族历史进程中农耕文明、灌溉社会以及华夏边缘的生成、互动、推移等密切关联。

在大金川河流域，嘉绒“神仙包”的传说是岷江流域治水神话向大渡河上游流域人群辐射传播的一个典型案例，也几乎是本区域治水神话流传分布的最西界。当地嘉绒人仅挪用了川西治水神话的叙事轮廓，以类似的巨人“分水导山”传说来理解地方山川的自然生境。在上述基础上再来考察金川“神仙包”的记忆与表述，可以看到它更多地体现出川西治水神话的影响，而不是藏地洪水神话的遗绪。这表明，金川“神仙包”不仅是嘉绒身处汉藏之间受东面汉文化影响的结果，也与当地的自然生境及当地人在此自然生境中的适应策略、生产生活的社会经验和记忆有着密切关联。

四、结语：嘉绒藏地的多重世界

本文以嘉绒地区流传的“鹏鸟卵生”创世神话/族源神话、墨尔多神山信仰和金川“神仙包”山川传说为分析个案，通过多重文本间的比较和关联尝试指出以下四点初步结论：

其一，“世界”在嘉绒藏人的创世神话/族源神话、神山信仰与生境传说中均是核心要素。

其二，在三类文本中，“世界”分别体现出作为终极宇宙图式、神圣信仰系统和区域自然生境的不同面向。

其三，在三类文本中，嘉绒人“世界”的神圣性逐渐从高度抽象的宇宙哲学向具体可感的生境想象过渡，逐渐由整体性的神圣性拆解为个别的地方神圣性，并显现出神圣性递减的趋势。

其四，在三类文本中，包含终极宇宙图式、神圣信仰体系的创世神话/族源神话和神山信仰牢固地支撑着嘉绒“世界”观念的核心，而山川生境传说则处在嘉绒人“世界”想象的外围位置，更多地受到来自东面的汉族文化影响。由金川“神仙包”个案可见，在横断山区岷江、大渡河上游的流域社会中，以灌溉农业为核心的华夏治水神话，已被部分吸纳入嘉绒藏人的“世界”想象之中，巨人“分水导山”与嘉绒墨尔多的山神/神山信仰相交织，造就了“神仙包”的独特地方节庆习俗和人文景观。

天熊伏羲创世记

——四重证据法解读天水伏羲文化

叶舒宪[1]

（1，上海交通大学，上海，200240）

摘要：本文以四重证据法解读有关“伏羲号黄熊”的历史之谜，结合天水的伏羲文化研究，提示20世纪出土的二重证据长沙楚帛书天熊伏羲创世神话，对接第四重证据——天水本地出土的齐家文化镶嵌绿松石熊形铜牌，重建天熊神话从史前期图腾崇拜到先秦时期楚国神话文本的建构历程。对作为一重证据的传世文献哑谜——《礼记》孔颖达正义引《帝王世纪》的说法“帝庖牺氏，风姓也……是以称大皞，一号黄熊氏”，做出大、小传统贯通的系统性阐释。楚帛书天熊伏羲叙事是迄今所知中国最早记录的创世神话，而“伏羲号黄熊”和“黄帝号有熊”的对应现象，暗示着《山海经》熊山熊穴神话与天熊崇拜之间的内在关联。天熊和神熊观念来自史前大传统的熊图腾信仰，以辽宁建平出土的牛河梁红山文化女神庙熊头骨和泥塑神熊形象等实物为证。

关键词：天熊伏羲；楚帛书；创世神；镶嵌绿松石熊形铜牌

研究缘起

国际学界通行的“创世”这个词，直接来自希伯来人的创世神话。20世纪以来，随着中国西南地区少数民族神话叙事诗歌收集采样工作的展开，学者们方才意识到，像《创世记》这样的开天辟地神话的名称，其实也是流传在中国多民族之间的本土口传叙事诗的名称。最为典型的例子莫过于云南省纳西族《创世记》和《人类迁徙记》之类的多样性神话文本。就华夏神话时代位居三皇之首的伏羲来说，目前也有一部相当于汉族创世记的出土文本，即1942年长沙子弹库出土的楚国帛书甲篇。该帛书记录的是战国时期流传的一则创世神话，其一开场就将创世主神伏羲称为“天熊”。可惜的是，多数研究中国历史和中国神话的学人尚未关注到这则神话的重要意义。与古籍中的各种神话化叙事相比，这是我国古汉语文献中最早笔录下来的完整的创世记神话，也是有关伏羲、女娲最早的书面作品，其重要研究价值不言而喻。

新时期以来，在甘肃天水伏羲庙举办的学术文化盛会已经持续多年，相关的研究成果也有不少。目前看来有关伏羲神话研究的瓶颈就是很难把伏羲文化的起源落实到华夏的史前文化原型。一般的观点是从明代以来的伏羲庙祭祀活动直线挂钩考古发现秦安县大地湾遗址的一期文化，要使伏羲文化传承获得七千年以上的历史深度。这样的做法，在注重实证的严谨学者看来，是需要商榷和讨论的。不要说七八千年前没有文字的可能，就连距今三四千年的夏、商、周世系问题，尤其是夏都问题，目前在学界也还有很大的争议。研究者既要能大胆假设，更需要小心求证，同时还需要理论指导。国内的文学人类学一派有关“神话历史”的理论探索，还有其所倡导的四重证据法的新方法论，是目前知识条件下的一种行之有效的解决方案。

2005年7月，笔者在兰州大学任萃英讲席教授期间，第一次到天水考察，起因是据当时在兰州大学中文系开设文化人类学和民俗学课程的武文教授介绍，1990年代一次甘肃省民间文艺家协会会议上，一位来自礼县的民间文化干部讲到他有一部收集到的民间传承的伏羲史诗。于是笔者便和武文教授一起下乡，希望能寻找到民间流传的伏羲创世史诗。但是由于时过境迁，武文教授没有找到当事人，当年的这一目标未能达成，却有幸在礼县博物馆看到秦先公墓出土的青铜熊车，促使笔者以此作为关键的图像证据，写成《熊图腾——中华祖先神话探源》（上海文艺出版社，2007年）一书。在随后启动的中国社会科学院重大项目《中华文明探源的神话学研究》（社会科学文献出版社，2015年）中，熊图腾为华夏祖先神话主要原型的观点，贯穿到整个三皇五帝系统的研究中，从“伏羲号黄熊”、天熊，到“黄帝号有熊”、鲧禹启三代的化熊或熊化叙事，再到二里头遗址出土镶嵌绿松石铜牌上的神熊形象辨析，结合二重证据上海博物馆战国楚竹书《容成氏》关于夏禹国旗为“中央熊旗”的记录，上溯到北方红山文化牛河梁女神庙出土的神熊雕塑和林西县出土的兴隆洼文化石雕熊，一个八千年延续下来的熊图腾神话信仰谱系，就这样得以重建其基本脉络。

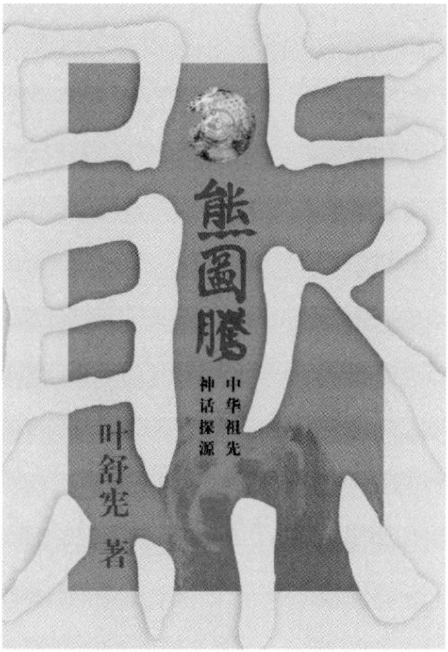

图1　笔者著《熊图腾——中华祖先神话探源》一书封面

2012年7月，笔者以专家身份出席在天水61师师部举办的央视百集影片《中国通史》工作会议，会间到新开馆的天水博物馆拍摄到距今约4 000年的齐家文化镶嵌绿松石熊形铜牌。这正是文学人类学研究者们努力探寻的第四重证据，它可以通过图像叙事的方式提供证明，证明有关伏羲天熊的神话观念不是战国时代楚国人的发明，而

图2　天水出土齐家文化镶嵌绿松石熊形铜牌，笔者摄于天水市博物馆

是沿袭自史前时代的天人合一信仰。

2016年元月和7月，笔者作为第九次、第十次玉帛之路文化考察活动（由文学人类研究会主办，《丝绸之路》杂志和中国甘肃网承办）的组织者，两次到天水考察玉文化传播线路，聚焦武山县的鸳鸯玉产地，提出距今5 000年以上的西玉东输运动是丝路中国段发生的原型路线。相信这将给天水的地方文化研究和开发带来一种深度视角和新机遇。

一、一重证据："伏羲号黄熊"之谜

所谓一重证据，是针对二重证据而言的，指古代流传下来的传世文献。清代和清代以前的国学传统基本上都是聚焦在一重证据。直到1925年王国维《古史新证》提出将地下出土的甲骨文作为二重证据，传世文献以外的新材料才逐渐开始引起大家关注。有关"伏羲号黄熊"的说法，是出自传世文献《礼记》的一个注释，过去没有多少学人对此感兴趣。《礼记》是战国时成书的，其《月令》篇记述的古代季节性官方礼仪活动，首先就是一年之孟春的祭祀活动：

> 孟春之月，日在营室，昏参中，旦尾中。其日甲乙。其帝大皞，其神句芒。[1]

大皞，即太昊伏羲氏。唐代的注疏家孔颖达引用《帝王世纪》的伏羲事迹，来为《礼记》的春季祭礼做具体说明，其中就专门提到伏羲有个雅号叫黄熊氏。谁知孔颖达的这个引证说明过后，"伏羲号黄熊"的问题也就基本冻结起来，沉寂了一千多年。直到楚帛书出土问世之后，才又重新得到引用。

《礼记·月令》孔颖达引《帝王世纪》云：

> 大皞帝庖牺氏，风姓也。母曰华胥，燧人之世，有大人之迹出于雷泽之中，华胥履之，生庖牺于成纪，蛇身人首，有圣德，为百王先。帝出于震，未有所因，故位在东主春，象日之明，是以称大皞，一号黄熊氏。[2]

[1]（汉）郑玄注，（唐）孔颖达疏，龚抗云整理：《礼记正义》，北京大学出版社，1999年，第442—445页。
[2] 同上书，第446页。

笔者在2006年指出，伏羲号“黄熊”，黄帝号“有熊”，虽然不同于鲧和羿化为黄熊，但是其间的神话思维联系还是明确的。关键在于理解熊这种动物在史前图腾神话时代起就已经具有的象征含义：它可以充任生命与再生女神的化身。[1] 之所以能够象征生命的再生，主要是因为熊能够冬眠这一自然习性，它的这一习性被初民理解为死而复活。这样看，作为三皇之首的伏羲，与作为五帝之首的黄帝，为什么都与“熊”号相关呢？这显然不能用巧合来解释。早在三皇五帝的上古神话历史谱系孕育和诞生之前很久，熊就已经是东亚先民崇拜的图腾圣物了！这就是后来的三皇五帝系统为什么要在名号上倚重黄熊或有熊的根本原因。其神话想象的奥秘早已潜藏在和《礼记》大约同时成书的《山海经》一书里。那就是《中山经》里有关熊山有熊穴，冬天关闭，夏天开启，恒出神人之类的说法。可惜的是，研究儒家礼制的正统学人一般不敢正视《山海经》的史料价值，以为那是儒家圣人“子不语”的怪力乱神之书。冬闭夏启的熊穴，隐喻的就是熊冬眠春出的季节性作息规则。熊穴中恒出神人的说法，明显透露着以熊为神的信仰观念。

太昊伏羲出现在一年四季之国家礼仪的第一个季节的祭礼上，难道是偶然的吗？每逢春天到来的时候，正是蛰伏了一个冬天的神熊结束冬眠状态，走出洞穴的时刻，生命的季节性复活之原理，非常清楚地体现在上古字典《尔雅》给“熊”字的解说上：“蛰兽也。”如此看来，春神太昊伏羲能有黄熊的雅号，实在是顺理成章的事。春季是一年四季之首，太昊是季节神之首，黄熊氏伏羲为三皇之首，有熊氏黄帝为五帝之首，他们所遵循的神话思维逻辑是完全一致的。关键就在于充分认识熊图腾崇拜在欧亚大陆史前文化中的深厚积累。

《礼记正义》所引用的《帝王世纪》，本为西晋学者兼医药大师皇甫谧的著作。该书把开天辟地后的第一神（人）的位置留给伏羲，这一点也和楚帛书的情况非常相似。《帝王世纪》的叙事模式显然是脱胎于先秦时代的创世神话模式的，凸显了伏羲为华夏文明神话世界之中的创世主地位。

---

[1] 叶舒宪：《熊与龙——熊图腾神话源流考》，《博览群书》，2006年第10期，第50—58页。

二、二重证据：楚帛书天熊伏羲创世神话

就华夏上古流传的神话文本而言，文学人类学一派将新发现的甲骨文、金文资料，以及新出土的东周时期以来的竹简、帛书等都视为二重证据。这方面有一个楚国版本的创世神话，即20世纪40年代在湖南长沙子弹库出土的楚帛书甲篇，内容讲述从天熊伏羲大神到女娲、禹与契、共工的整个创造宇宙的过程，其中也提到天梯的母题。兹引述该文献的前面一段：

> 曰故（古）大（天）熊雹戏（伏羲），出自□霆（震），居于脽□。厥□僬僬，□□□女，梦梦墨墨，亡章弼弼。□每（晦）水□，风雨是於。乃取（娶）□□子之子，曰女皇（娲），是生子四。□□是襄（壤），天践是各（格），参化法逃（度），为禹为万（契），以司域襄，咎天步达。乃上下朕（腾）传（转），山陵丕疏。[1]

以上引文中，凡是原文中的异体字后均以括弧标出今字。缺字和未识字以“□”表示。楚帛书甲篇内容可分为两部分，上引第一段为主情节，叙述的是世界初创的过程。随后的部分是附属情节，叙述创世之后的宇宙灾难和禳灾，可视为宇宙的二次创造。[2] 帛书称创世时第一个出现的大神雹戏为天熊，这符合楚人以颛顼即黄帝之孙为其祖先的图腾信仰。黄帝号有熊，伏羲号黄熊，二者的共同点是以熊为图腾。楚王族本姓芈，王者继位后便改称熊某，从穴熊、鬻熊到熊通、熊丽、熊狂……，据《史记·楚世家》的记录，一共有二十五位楚王以熊为号。这样的现象除了图腾信仰之外很难解释。[3] 雹戏即伏羲，娶女娲为妻。伏羲、女娲生出四子，根据楚帛书后文所云“四神相代，是唯四时”，可知这四子是代表四方四时的神。李学勤先生指出：“以五木奠四极，意味着五行的空间分布；以四色名四神，又意味着五行的时间循环。”[4] 也有学者提出四

---

[1] 楚帛书甲篇文本，参见董楚平：《中国上古创世神话钩沉——楚帛书甲篇解读兼谈中国神话的若干问题》，《中国社会科学》，2002年第5期，第151—163+206—207页。并参考其他专家的校本。

[2] 有关再创世的神话母题研究，参看叶舒宪著：《中国神话哲学》，中国社会科学出版社，1992年，第八章第三节。

[3] 叶舒宪著：《熊图腾：中华祖先神话探源》，上海锦绣文章出版社，2007年。

[4] 李学勤：《楚帛书中的古史与宇宙观》，载张正明主编：《楚史论丛》，湖北人民出版社，1984年，第145—154页。

神初为云气之神、空气之神。天地形成过程中，空气之神具有巨大的作用，空气正是填充在天地之间的物质，或可以视为最初的天地媒介物，最初的天桥。所以楚帛书下文说道：

而（天）找是各（格）。

“而”字在楚系文字中与“天”字相通，学者认为“而”即天。“找”，一般认为是“践”字。陈斯鹏指出：“践”古训“履”训“迹”，“天践”即登天之所履或登天之迹，犹言“天梯”也。“天找是格”盖上下于天梯之意。这除道出雹戏、女填的神通广大之外，似乎也暗示着其时天地之未分。[1]“各”字，在此用作“格”，值得仔细推究其神话学、宗教学意蕴。笔者在《文学人类学教程》中将此二字作为中国汉语文学发生神圣化仪式背景的关键词来分析：

各与格二字，作为汉语文学发生的关键词，其意义非同小可。它们一方面和“格于皇天”的神圣沟通行为密切联系在一起；另一方面则引出通神叙事的所谓“格物致知”理论，成为富有中国传统特色的神话式认识论之深远源头。

甲骨文中已有“各”字，写作两个意象组合：上方是一足印。下方是一口。杨树达《卜辞求义》分析字形说：“示足有所至之形，为来格之格本字。”（《甲骨文字集释》第二卷，第399页）《说文解字》：“各，异辞也，从口夂，夂者，有行而止之，不相听也。”许慎在此没有解说得很清楚，他虽知道“各”指一种从口中发出声音的言辞，是诉诸人之听觉的。至于什么是“有行而止之，不相听也”，就显得含混不明了。从字形和字义看，“各”和上面讨论的“告”有共同性——都以口传文化的言语活动为造字取象之基础。所不同的是，“告”之本义有自下向上发言的告神之意，尔后才引申出自上而下的告意。而“各”（格）所代表的言说，一开始就含有自上而下与自下而上的双向打通意思，即虞夏书第一段中赞美尧的所谓“格于上下”

[1] 陈斯鹏：《楚帛书甲篇的神话构成、性质及其神话学意义》，《文史哲》，2006年第6期，第5—14页。

(《尧典》)是也。同书中还讲道:“月正元日，舜格于文祖。”指舜举行神圣仪式上通祖神。《吕刑》:“乃命重黎，绝天地通，罔有降格。”降格即降神也。《多方》之“惟帝降格于夏”，是“格”字的同类宗教神话用法。天空在人的头顶上方，那是神圣的天神世界。比如，甲骨卜辞中讲到天上的事物时，常用“各”来修饰。如说“各云”(《乙》，四七八)，指天上来的云;“各日”(《甲骨文合集》29802)指落日。“各”还作祭名使用(《甲骨文合集》27310)，那是商王亲自主持的祭仪。显然，“各”理所当然地带有沟通上下即神人之间的宗教神话意蕴。[1]

由此来看，楚帛书所述创世神话中的“天歬是格”一句，意义就不难理解了。那是指通过沟通天地之间的天梯而实现上下的交通。联系上下文看，是说在天地开辟之初，混沌初开，由天熊伏羲和女娲两位父母大神所生出的四神，开始确定宇宙四方的性质，那时的基本特征是有天梯贯通于天地之间，上上下下是很方便的，人神之间没有阻隔。这就自然让人联想到《尚书·吕刑》和《国语》所说的“乃命重黎，绝天地通，罔有降格”神话情节。在这次绝天地通事件发生之后，人类就和创世之初的天地相通状态永远告别了。天地被阻隔的状态下，唯有借助特殊的仪式行为，人类才能暂时性地找回天地相通和神人沟通的状态。玉礼器，尤其是玉璜，就是在远古通神仪式上专用的法器。从东北到西北，玉璜这样的神话性器物出现在距今7 000年前至4 000年前的史前文化中，以西北的齐家文化多联璜玉璧形制为史前期最后的代表。天水师赵村出土的两套三联璜玉璧(现存中国社会科学院考古研究所文物库房)，就是其典型的标本。[2]

楚帛书的天熊伏羲创世神话虽然出自南方楚地，其所承载的神话观念却不一定是南方起源的。在史前的无文字时代中，只有通过对出土器物和图像的相关叙事解读，才能相对地找到其源头，天水地区恰好有相关的出土新证据出现

[1] 叶舒宪著:《文学人类学教程》，中国社会科学出版社，2010年，第184—185页。
[2] 中国社会科学院考古研究所编著:《师赵村与西山坪》，中国大百科全书出版社，1999年，彩版5、彩版6。

（详见本文第四部分）。

三、三重证据：熊经鸟伸与华夏的能量修炼传统

从华夏著名的民间修炼健身方式华佗“五禽戏”中有熊戏的情况看，熊这种陆地上最大的猛兽，曾经是非常久远的华夏先民时期仿生学神话的榜样。顾名思义，熊戏，即通过人为模拟熊的动作姿势，将力大无穷的熊身体中的神性，或死而复生的生命能量，转移到人体上来，以求达到健体强身和延年益寿的仿生学效果。

三重证据特指非文字的文化证据，一方面与民间的口传文化与非物质文化遗产相关，另一方面也包括民族学和民俗学方面的文化旁证。在天熊神话观念的由来方面，华夏方面由于汉字文献的晚出，很难保留原生态的神话传说。但是日本北海道的原住民——阿伊努人和台湾岛的原住民，都保留着狩猎时代的熊图腾来自天界的神话叙事，这些能够充分说明天熊神话观念的所以然。《熊图腾》一书对此已有论述，于此不赘。在日本阿伊努人神话中，熊本是来自天神世界的贵客，可以视为口传文化中的“天熊”。天熊每年都以下凡的方式来到世间，目的就是为以狩猎为生的阿伊努人提供食物。[1]阿伊努人的信仰很有说服力地证明了滋生熊神崇拜现象的现实生活土壤在于狩猎。狩猎无疑是比农耕更为古老的人类生存方式。熊崇拜的产生一定先于近一万年前的农耕文化起源，是人类史前文化大传统的深厚的精神遗产。

四、四重证据：天熊神话与天水出土镶嵌绿松石熊形铜牌解读

第四重证据专指出土的或传世的古代文物和图像。借用叙事学术语，第四重证据的作用可以称为物的叙事和图像叙事。就天熊神话而言，天水本地出土的第四重证据——镶嵌绿松石熊形铜牌，非常有利于说明问题。在《中华文明探源的神话学研究》中，已经有专章解读二里头遗址出土的多件类似铜牌。

具体而言，对天水博物馆藏的这件史前铜牌的解读有三个方面：

---

［1］参看［日］大林太良著，林相泰、贾福水译：《神话学入门》，中国民间文艺出版社，1988年，第92—93页。

其一是时间方面，二里头文化三期的铜牌不只一件，但是其时间在公元前1600年前后，介于夏商之间。而天水的铜牌属于齐家文化，时间在公元前2100年到公元前1600年之间，显然早于二里头文化三期的时间。天水的铜牌其实也不是孤证，在广河县也发现了类似的镶嵌绿松石铜牌的残件，同属齐家文化，应该看作中原二里头文化镶嵌绿松石铜牌的一个直接源头，其文化源流意义重大。

其二是空间方面，天水出土的齐家文化铜牌表明，熊形偶像塑造行为早在史前期的西北文化中就已经开始。后世南方记录的天熊创世神话，其观念源头或来自北方或西北，即中原以外地区从长城地带延展到西南地区的半月形文化带。

其三，绿松石颜色象征天，用绿松石镶嵌出的熊形象，是天熊观念的最佳表现方式。这也是镶嵌绿松石熊形铜牌何以在甘肃和中原地区都有出现的神话观念驱动要素所在。天熊观念与古人观星相活动中所看到的北极星—北斗星系统的神话联想有关，这一星系在古希腊的神话天文学中就被称为小熊星座和大熊星座。而天水地区礼县出土的秦先公墓青铜熊车，则是熊为中央天帝即北极星神观念的极佳图解。

从距今4 000年的齐家文化天熊铜牌，到距今2 500年的东周青铜天熊车，已经在天水地区形成了非常罕见的证据链，其年代早于现在已知的所有华夏古书文献。最先流传的伏羲神话一定与天熊观念密切联系在一起，后来才有其他方面的相关传说。这便是我们今天能够借助先于汉字的出土文物考察天熊伏羲神话发生和演变的基本思路。

总而言之，有关天熊神话观念的最重要的第四重证据，都出自天水地区。下面略述礼县大堡子山秦先公墓出土的青铜熊车，及其和黄帝的两个名号——轩辕与有熊的关系。

大堡子山M1出土的四轮车形器：现存礼县博物馆，表现出熊神端坐在铜车中央的形象。该器形制特别，不同于常见的随葬礼器。通高8.8厘米，长11.1厘米，宽7.5厘米，车轮直径4厘米。车身长方形，车上四角各有一只立鸟，分别朝向四方。车身四边角各有虎，呈向上攀爬状。车身顶为能够打开的

图3　甘肃礼县出土秦先公墓青铜熊车：表现中央之帝熊（北极星神）与四方位之关系，或为北斗帝车之象征

两扇盖，车前部有一坐人，似为驾车的御者，驾车人身后的主人位置上，是一只熊，呈现为端坐姿势，张耳昂首，十分尊贵、威武。其端坐如人的姿势，很容易使人联想起在殷墟妇好墓出土的六件玉熊、石熊。

这个秦国早期的动物造型表明：熊不是作为一般的动物形装饰而出现在青铜礼器上的，其尊贵的身份非神明莫属。熊与虎、鸟共同出现，可推知嬴秦族信奉的神话动物虽有多样性，但以熊、虎和鸟为主。两座大墓（M1与M2）相距仅10米，M2是圆顶山四座大墓中规格最高的，在二层台上有殉人7个，墓中出土青铜礼器达到五鼎六簋，据发掘者推测已有二鼎被盗，所以原来应是七鼎六簋，级别非常高，绝非等闲之辈的贫民墓葬可以相比。至于以蹲坐熊形来塑造青铜礼器的器足，这一造型传统，从殷商、西周时代一直延续下来，在汉代文物中亦大量出现。现在有了秦先公墓出土的实物“兽流扁体盉”等，熊足器物从三代到汉代之间的承续和中介，也就更加确凿完整了。

嬴秦族人既奉鸟为图腾，又奉熊为图腾，两者关系如何呢？以新发现的秦贵族墓中的四轮铜车为例，该铜车不妨理解为一种祖灵星相车或者北极星动物图腾灵车。四轮车形器上，鸟与熊的形象同时出现，从这两种动物的数量关系和空间位置关系看，好像不是简单的并列，不是平起平坐的关系，而是有主次之分，即中央与四方之分。这种情况非常类似于五方帝系统中的位于中央的黄帝与四方之帝的关系。一个猛兽与四鸟的组合图形，也很容易令人联想起《山海经》中多次出现的“使四鸟：虎豹熊罴”的叙事模式。究竟应该把“虎豹熊罴”视为“四鸟”（《山海经》郝懿行注：而言使四鸟者，鸟兽通名耳）呢？还是理解为能够驱使“四鸟”的神明主体（如同黄帝四面神话）呢？这就牵涉到如下问题：对殷商人和秦人共有的鸟图腾与熊图腾之关系如何理解。其神话信仰一脉相承，应是共同来自天熊信仰和黄帝族的熊图腾。

对此问题，李江浙说：“黄帝族人崇拜‘熊’图腾，族姓为‘姬’，大费族人虽然崇拜‘鸟’图腾，族姓为‘嬴’，却也是熊图腾的崇拜者。宋代邓名世《古今姓氏书辨证》卷六载秦人族姓为‘姬’，也与此种事实相合。”[1] 李氏对姬姓的认识，采取了孙作云先生的观点：考证“姬”字为周人熊图腾信仰中的大熊足印。不过孙氏的这个考证，一直以来争议较大，赞同者有之，反驳者亦有之，似乎还不能落实。如有进一步的证据，把周人姬姓与熊图腾联系起来，则自黄帝以下，夏、商、周与秦、楚、赵等，几乎就要呈现为“祖国山河一片熊”的图腾传统了。这其实也就等于解答了从天熊信仰到熊图腾祖先崇拜之间的关系。

华夏通天神话的基本主题，早在秦始皇统一中国之前的新石器时代中期就已萌生，体现为龙—璜—虹的三位一体神话观念。国人所熟知的“真龙天子”观念和“龙的传人”观念，都是在秦汉帝国时代以后，相继建构出来的龙图腾新神话意识形态。辨析新老神话观的关键在于研究理念的变革和方法的推陈出新。让神话学与考古学的知识互动、视界融合，给中华文明起源研究带来新的理论认识功效。

一方面，文明起源研究可从双向打通的视界来进行：以文字为代表的文明传统为小传统，前文字的传统为大传统。这样的二分法有助于清醒地看到文字符号出现后被割裂的神话历史大传统的存在，将神话—文学研究的目光引向无

[1] 转引自康世荣主编：《秦西垂文化论集》，文物出版社，2005年，第139页。

文字时代的历史纵深处。通过对大传统神话想象规则的分析归纳，找出华夏认同的根源，即超越方国和史前地域文化共同体广泛公认的神话观念，确定其发生的相对年代。

另一方面，重新解读小传统的文字记录之神话，给诸多孤立的文学母题找出来自史前大传统的神话相关性，重新恢复各母题间彼此的联系。这样就能够相对地重构出先民们神话式感知—思维的世界观，其认识效果在于：后人在文字小传统中失去参照和无法解释的东西，通过恢复大传统的文化参照系，可以得到有效的再认识和再理解。

怎样在无文字的史前时代探寻神话观的存在呢？考古实物和图像，担当物的叙事和图像叙事的任务，从而使无文字材料的神话学研究成为可能。本节以神话想象的“龙—璜—虹”三位一体观念为例，提示华夏通天神话的根脉所在。

先秦文献中出现的龙，以升天和潜渊为能事，充当着人与天界—神界相互沟通的媒介或运载工具。屈原在《天问》中发问：“焉有虬龙，负熊以游？”或许可以借黄帝有熊氏骑龙升天的神话来解答。作为坐骑的龙之形象，在此显而易见。人借助龙而升天，获得神意、神赐或天命、永生，这是天人合一神话的真正底蕴所在。其观念背景在于如下远古信仰：人神之间的沟通需要借助神圣物来充当中介。神圣物可以是玉石、金属等天赐良材所打造的礼器、法器（玉礼器和青铜器），也可以是龙、凤、龟、麟等神话生物。这些圣物能够协助人间的通神者实现升天的旅行。

中国第一王朝夏朝的第一位国君夏启，他的名字居然和《山海经》熊山熊穴的特征（冬闭夏启）完全重合。启在先民的神话历史记忆中也是具有乘龙升天的特异能力者兼玉璜等礼器的拥有者。《山海经·海外西经》说：“大乐之野，夏后启于此儛九代，乘两龙，云盖三层。左手操翳，右手操环，佩玉璜。”[1]这里讲述的是礼乐歌舞的由来和掌握者——乘两龙的夏后启。他能够乘龙，为什么还要手操玉环和身佩玉璜呢？文本叙事中没有具体的解释。参照《山海经》的另一处叙事，可知玉环、玉璜皆为沟通天人之际的神圣媒介物，与龙的功能

[1] 袁珂校译：《山海经校译》，上海古籍出版社，1985年，第191页。

类似。《山海经·大荒西经》:“西南海之外，赤水之南，流沙之西，有人珥两青蛇，乘两龙，名曰夏后开。开上三嫔于天，得《九辩》与《九歌》以下。”[1]把人间的礼乐歌舞之来源，解说成夏启三次上天取来的。其升天工具，照例还是乘龙。将这两个神话文本组合分析，可归纳出天人合一神话观的基本范式，以三个相关母题为表达，即升天者—乘龙—佩玉璜。玉璜是先秦六种主要玉礼器之一，其形状为半璧形，与璧、琮、圭、璋、琥并称“六器”。华夏历史记忆中最重要的一件玉璜就叫“夏后氏之璜”，历经夏、商、周三代的政权更替，一直传承到西周王室分封诸侯时，这导致后代政治家们对这件象征权力的神圣国宝津津乐道。

据此可知，在西周以后，夏代之初的国君升天所用的神龙早已不知去向，而当年王者所用玉璜作为宝物世代传承。唯有周公之子鲁公在分封之际单独获得这件世间唯一的夏后氏之璜。杜预注“大旗”曰“交龙为旗”。那么，在玉礼器——璜与神龙之间，隐含着怎样的秘密呢?

将传世文献作为一重证据，神话研究难以获得超越性的深度。出土文字作为二重证据，不仅有助于找出龙与玉璜的神话认同，还有助于揭示出二者共同以彩虹现象为想象原型的情况。陈梦家《殷墟卜辞综述》根据甲骨文中三处“虹”字写法，认为像两头蛇龙之形，并印证《汉书·燕王旦传》:“虹下属宫中，饮井水”，及《山海经·海外东经》“䖵䖵在其北，各有两首”，郝懿行注云“虹有两首，能饮涧水，山行者或见之”。甲骨卜辞中也有“虹饮于河”的记录，正与此种神话相符合。甲骨学家、文字学家于省吾进一步指出：

> 虹与古玉璜形亦相似。《太平御览》十四天部引《搜神记》:“孔子修春秋，制孝经。既成。孔子斋戒，向北斗星而拜。告备于天。乃有赤气如虹，自上而下，化为玉璜。”此虽事属演义，然可推知古来有璜似虹形之观念。《说文》:“璜，半璧也。”按半璧正象虹形。近年来出土之商周玉璜，两端多雕成龙首、蛇首或兽首形，尤与传记所称虹

[1] 袁珂校译:《山海经校译》，上海古籍出版社，1985年，第273页。

有两首之说相符。[1]

在于省吾做出虹、龙、璜三者相似的判断时，其主要的实物依据出自考古学在中国诞生以前的文物图录。此后的考古发现表明，玉璜制作和使用的历史之悠久，绝非商周时代所能限制。我们今日称这些发掘出土的文物为第四重证据，让它们按照考古学文化的分布情况排列在中国地图上，大体呈现为超出汉字历史时间一倍以上的符号物叙事链：将“龙—璜—虹”的神话想象原型一下子就落实到七八千年前。

就龙与玉璜的结合情况看，在距今5 000多年的红山文化遗址中发现的双龙首玉璜，造型精美，那是辽宁喀左县东山嘴的史前祭坛遗址，考古工作者发掘出一件小玉璜，出土于方形基址南墙基内侧，淡绿色，长4厘米，[2]两端雕琢形制相同的龙首造型，长吻上扬。二首一身的龙，弯弯的身体，恰似虹形的天桥。该红山文化玉璜出土于圆形祭坛中，其中还伴出陶塑裸体孕妇像，使人们容易与牛河梁遗址出土女神像相联系。在崇奉女神为生命之源的史前社会，祭祀仪式用的玉璜，就更多地与女神信仰发生关联。

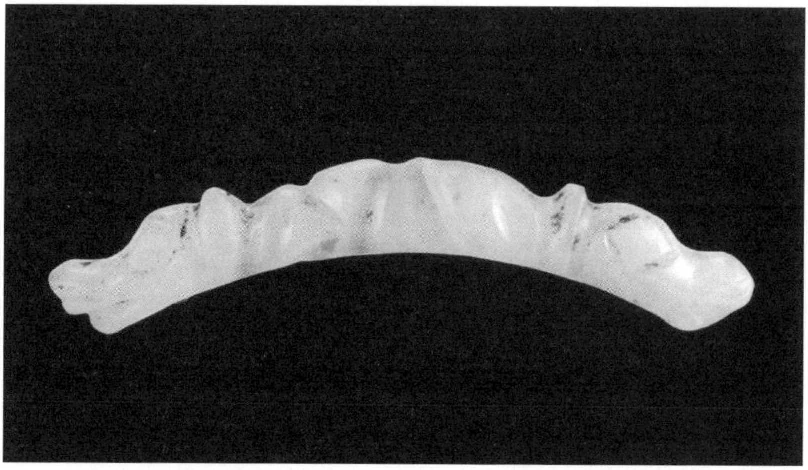

图4　人造“彩虹桥”：红山文化双龙首玉璜，辽宁喀左县东山嘴遗址出土

[1] 于省吾著：《甲骨文字释林》，中华书局，1979年，第5—6页。

[2] 郭大顺、张克举：《辽宁省喀左县东山嘴红山文化建筑群址发掘简报》，《文物》，1984年第11期，第1页。

比红山文化稍晚的长江流域史前文化有安徽含山的凌家滩遗址，历经五次发掘，出土玉璜76件，其中87M15、87M4、87M17、07M23四座墓葬的随葬品除玉璜数量较多外，基本上是器形特殊的重礼器，因而推断墓主可能是酋长、大巫司之类的政治、军事和神权领袖。[1]顶级墓葬07M23中，南侧墓主颈部分布有多达10件的精美玉璜组佩，假设墓主大巫司的神权领袖身份能够得到确认，玉璜的神圣宗教意义就更加凸显。

有关玉璜的性质和功能，一般认为是一种装饰，并没有什么深刻的观念含义。陈淳、孔德贞两位撰文提出，关于玉璜作为祭祀和配饰的功能也是根据史料记载和考古发现的推断，不能根据史籍中记载的玉璜祭祀功能，去推断史前的玉璜也具有相似的功能，因而从随葬品性质看，大体是一种个人饰件。[2]这样的看法有一定代表性，表明今人已经完全不明白神话思维时代的升天观念了。玉璜作为佩饰，无论早期的单件璜，还是后来的玉组佩体系，都是不难理解的，因为无论是双龙首的形象，还是双虎首的形象，甚至是没有肖生动物形象的素器，其弯条形状本身就是模拟彩虹桥的。在此需要回顾，有关伏羲神秘出生的神话情节，其母华胥氏是感彩虹而孕生的。换言之，伏羲作为华夏的创世大神，为什么一开始就有兼通天地的禀赋？在彩虹为天地间之桥梁的神话观念中可以得到解释。伏羲风姓，风是自然现象，不也正是介乎于天地之间的流动空气吗？

明确雕刻为双龙首形象的玉璜，以辽宁喀左县东山嘴红山文化祭坛出土的一件为最早，距今5 000多年。[3]考古出土的红山文化文物中还有双人首或双熊首的三孔桥形玉器，其对应的神话观念是：大雨之后天上的水都流到地下，天神口渴就化作双头人或双头龙、双头熊的形象下凡喝水。此类神话旨在解释彩虹现象的起因。而玉璜的发明则是人工制作的彩虹桥，象征天地沟通和人神沟通。总之，以表现为玉礼器的天桥观念为标志看，它们出现在中国版图的时

---

[1] 安徽省文物考古研究所：《安徽含山县凌家滩遗址第五次发掘的新发现》，《考古》，2008年第3期，第7—17页。

[2] 陈淳、孔德贞：《性别考古与玉璜的社会学观察》，《考古与文物》，2006年第4期，第31—37页。

[3] 叶舒宪：《龙—璜—虹：天人合一神话与中华认同之根》，《中华读书报》，2012年3月21日，第5版。

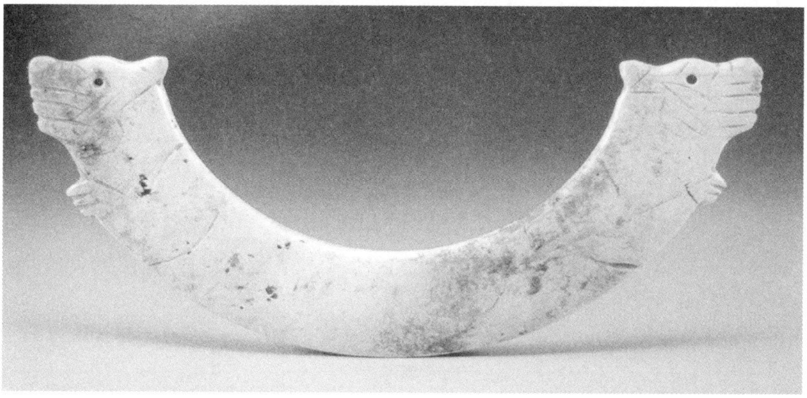

图5　安徽含山县凌家滩遗址出土双虎首玉璜，距今约5 000年，现存安徽省博物馆

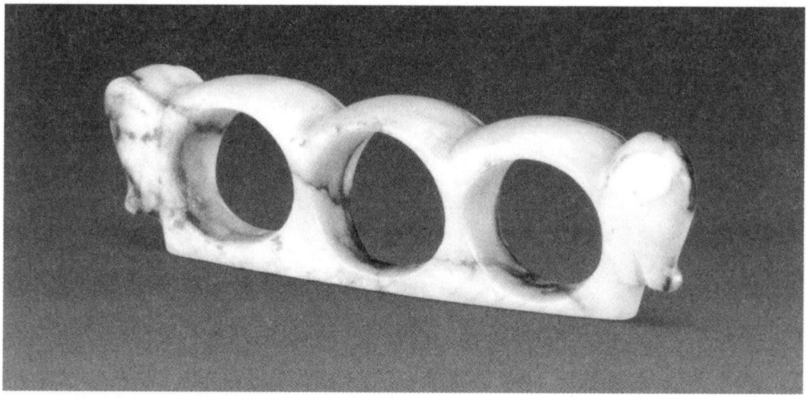

图6　天熊神话的史前造型表现：红山文化双熊首三孔玉器，实为玉璜（虹桥）的变体形式。辽宁省博物馆藏。距今约5 000年

间要比汉字出现的时间早很多。感应彩虹而孕育出的伏羲大神，为何在神话隐喻意义上兼指天地之创造主（天熊）和天地之沟通者（天梯、天桥），就此或能有统一的答案。

从狩猎社会的熊图腾祖先崇拜观念，到伴随农耕文化而来的星相神话观念——天熊神话，再到以北极星为中央天帝的观念，再到伏羲和黄帝皆以熊为圣号的文化现象，我们大体上可以梳理出近万年来的神话观念演变过程。玉石也好，绿松石也好，青铜也好，其初始的使用具有明显的宗教神话背景，所以它们按照时间顺序，依次成为表现天熊神话观念的神圣物质载体。

创世神话与神话历史：以大禹治水—禹赐玄圭为中心

唐启翠[1]

（1，上海交通大学，上海，200240）

摘要：20世纪是神话复兴的时代，也是学者以古往今来的世界眼光，深入追问和重新探索神话意义的时代。其中有两位影响卓著的学者埃利亚德和大卫·克里斯蒂安，分别从比较宗教史和大历史研究视域精彩地回答了世人何以热衷于反复讲述创世神话的问题：归属定位和创世典范的永恒魅力！有意思的是，无论是俗民的历史叙事（神话传说），抑或精英的历史著述，都会有意无意地使用类比意味十足的诠释过程，将历史事件和人物植入创世神话典范中，从而获得新生和永久记忆。在中国历代典籍中，“禹赐玄圭”神话作为大禹治水功成和夏禹开国历史最核心的物化符号，在民间和精英的历史叙事中，同样隐藏着一条模仿典范的线索，即宣告治水成功的“玄圭”逐渐转变成始于天地开辟以来三皇五帝曾经的天命符瑞，强调天命所归和王权更替的正当性与典范性，同时还充满了对德能具备的圣王治世——黄金时代的认同与期待，以及中国治水型创世神话特有的“不认命”抗争精神。

关键词：大禹治水；禹赐玄圭；创世神话；神话历史

一、问题的提出：大禹治水—禹赐玄圭与创世神话有什么关系？

本文以大禹治水—禹赐玄圭为中心，来参与讨论中华创世神话研究的理论意义，直接的背景是源于正在撰写的中华创世神话书系“玉成中国”之《禹赐玄圭：玉圭的中国故事》。虽然鲧禹治水的故事，在中国家喻户晓，然大禹治水功成的标志性事件“禹赐玄圭”及其隐藏的深层文化密码却长期遁世无闻。“禹赐玄圭”首见于《禹贡》：

> 禹敷土，随山刊木，奠高山大川。……九州攸同，四隩既宅，九山刊旅，九川涤源，九泽既陂，四海会同。……东渐于海，西被于流沙，朔南暨，声教讫于四海。禹锡玄圭，告厥成功。[1]

司马迁《史记·夏本纪》对“禹赐玄圭”的来龙去脉，叙述得更为详细：

> 禹者，黄帝之玄孙而帝颛顼之孙也。……帝尧之时，鸿水滔天，浩浩怀山襄陵，下民其忧。……禹乃遂与益、后稷奉帝命，命诸侯百姓兴人徒以傅土，行山表木，定高山大川。……声教讫于四海。于是帝锡禹玄圭，以告成功于天下。天下于是太平治。……于是天下皆宗禹之明度数声乐，为山川神主。帝舜荐禹于天，为嗣。……禹于是遂即天子位，南面朝天下，国号曰夏后，姓姒氏。[2]

汉代纬书多承此演绎，如《尚书璇玑钤》：“禹开龙门，导积石，出玄珪，刻曰：‘延喜玉受德，天锡佩。’”[3]汉武梁祠石室祥瑞图第二石刻一上锐下方蒲纹圭，右上方二行题榜曰：“玄圭，水泉流通，四海会同则至。”可见，《禹贡》《夏本纪》语焉不详的“禹赐玄圭”，在后世纬书的追述中，经历了从缺省主语的“禹赐玄圭”到主谓宾分明的“帝赐禹玄圭”“天赐禹玄圭”，直接赋予舜禹权力交接以神授的象征意义，而玄圭则被赋予天命转移的显圣物象征意义，标志着一个新时代的到来。自此以后，玄圭不仅与大禹治水、夏代

[1] 顾颉刚、刘起釪著：《尚书校释译论》，中华书局，2005年，第523—821页。
[2]（汉）司马迁撰，（宋）裴骃集解，（唐）司马贞索引，（唐）张守节正义：《史记》，中华书局，1959年，第49—82页。
[3] 同[1]书，第823页。

国之重器紧密关联在一起，而且也与王权更替之际天命显圣物直接关联在一起。

根据西晋汲冢出土于战国魏王墓的史书《竹书纪年》所载，汉代纬书的演绎并非汉代人的发明或臆想：

> （帝尧陶唐氏）八十六年，司空入觐，贽用玄圭。……当尧之时，舜举之。禹观于河，有长人白面鱼身，出曰："吾河精也。"呼禹曰："文命治水。"言讫，授禹《河图》，言治水事，乃退入于渊。禹治水既毕，天锡玄珪，以告成功。夏道将兴，草木畅茂，青龙止于郊，祝融之神降于崇山。乃受舜禅，即天子之位。[1]

在西晋王嘉所著《拾遗记》和宋代李昉《太平广记》中，"禹赐玄圭"还置换变形——禹赐玉简或玉书，说明玄圭在大禹治水神话叙事中，既是器物又是天书，还是重定世界秩序的圣器：

> 禹凿龙关之山，亦谓之龙门。至一空岩，深数十里，幽暗不可复行。禹乃负火而进。有兽状如豕，衔夜明之珠，其光如烛。又有青犬，行吠于前。禹计可十里，迷于昼夜。既觉渐明，见向来豕犬化为人形，皆著玄衣。又见一神，蛇身人面。禹因与语。神即示禹八卦之图，列于金版之上。又有八神侍侧。禹曰："华胥生圣子，是汝耶？"答曰："华胥是九河神女，以生余也。"乃探玉简授禹，长一尺二寸，以合十二时之数，使量度天地。禹即持此简，以平定水土。蛇身之神，即羲皇也。[2]

可见，随着治水成功而来的"禹赐玄圭"神话在古籍记载中颇为流行，同时，玄圭的出场，总是和以下五项有关：

（1）和大禹平治水土重定世界秩序有关；

（2）和天命符瑞、天书秘笈相关；

（3）和舜禹禅让王权更替的天命转移和圣王开国相关；

---

[1] 王国维撰，黄永年校点：《古本竹书纪年辑校·今本竹书纪年疏证》，辽宁教育出版社，1997年，第45、48页。

[2]（晋）王嘉撰，（梁）萧绮录，齐治平校注：《拾遗记校注》，中华书局，1981年，第38页。

（4）和大禹（司空—司工—巫王）身份象征相关；

（5）和“量天尺”土（度）圭有关，而土圭测影以求地中、敬授民时，也是创世/开国神话的核心要素。

这表明在世人的历史记忆里，“禹赐玄圭”不仅是大禹治水功成以告天下的瑞器，更是王权神授、王权更替和圣王开国神话的原型符号，是以玄圭圣物讲述大禹“创世”的神话历史。

然而，在一般研究视域里，大禹治水虽属洪水神话范畴，但其与人类再殖型洪水神话又有显著不同，或应将其视为“辟地大神”，[1]然而夏禹究竟是神还是人？是创世大神还是夏朝开国之君？大禹治水究竟是神话还是历史？与创世神话有何关联？学界依旧聚讼纷纭。有鉴于此，笔者尝试从“器物”入手，围绕创世神话的典范性和神话历史叙事的深层关联性，结合现代考古发现的遗迹、遗物，探赜索隐，以望别开新面，洞悉公元前2000年前后的华夏创世神话叙事。

何谓创世神话？创世神话往往被界定为遥远年代的人讲述的更为遥远时代的天地开辟、人类创生的神话故事。或将其扩展为人类思维发展到较高程度、社会发展到较高阶段之际形成的关于人类文明创造的神圣叙事，包括世界创造、人类创生、图腾信仰、器物发明以及制度、道德的创立等。[2]或者我们还可以有更多的描述性定义，不过需要追问的是：为什么无论是远古人还是当代人，无论是精英还是俗民，都热衷于讲述创世的故事？换言之，创世神话的当代意义是什么？

20世纪是神话复兴的时代，也是诸多精英学者以古往今来的世界眼光，深入追问和探索神话意义的时代。其中有两位影响卓著的学者埃利亚德和大卫·克里斯蒂安，就分别从比较宗教史和大历史研究视域精彩地回答了世人何以热衷于反复讲述创世神话的问题。

大历史研究的创始人克里斯蒂安旗帜鲜明地宣称其代表作《时间地图：大

[1] 丁山著：《中国古代宗教与神话考》，上海书店出版社，2011年，第221—223页。

[2] 田兆元：《创世神话的概念、类型与谱系》，《楚雄师范学院学报》，2019年第1期，第21—24+32页。

历史，130亿年前至今》讲述的是关于起源的“现代的创世神话”！[1]这看似譬喻的论断背后，却是作者的深思熟虑。一方面，作者是从130亿年前的宇宙初始开始讲述，将地球形成和人类纪元纳入宇宙历史，重新定位人类在宇宙演化进程中从“无”到“有”的历史坐标；另一方面，作者试图揭示被遮蔽在纷繁复杂的现代知识下的统一、连贯且深富感染力的“典范”：如同澳大利亚原住民所说的现代“梦幻”——有关我们如何被创造，又如何被纳入事物整体框架的一套连贯说法。这个深藏的连贯性就是任何人类社会都会追问：我是谁？我的归属何在？我所属的那个整体又是什么？而答案又常常体现为创世神话，通过讲述令人难忘而权威的关于万事万物如何起源的故事，创世神话提供了一个普遍坐标，通过这个坐标，人们就能够在一个更大的框架里想象自身的存在，并且扮演自己的角色，从而满足人类深层次的定位感和归属感。[2]简言之，作者认为，正是源于人类共同的归属感，创世神话成为不同地域、不同时代、不同族群世代传承和反复重述的共同话题。

与此宇宙自然史演进视角不同却颇为异曲同工的，是宗教史家耶律亚德（或译埃利亚德、伊利亚德）在其《宇宙与历史：永恒回归的神话》中的回答。作者通过考察世界各大文明的神话与仪式，探索古代人如何确认自己在宇宙中的地位，又是如何从历史的恐怖中脱身而出获得解救或自由，也即创世神话（天地开辟之初“天启”的典范）的意义究竟何在。作者认为古代人将创世神话视为遂古之初最神圣的“天启”事件，是一切存在的典范和意义的源头，即原型——根源性的模范、范本，类似于哲学上“最高存有”或“道”——自本自根，首出庶物。因此，虽然人生必死，苦难（邪恶、恐怖、灾难等）多多（俗世历史），但人只要按照创世典范行事，借着定时（如新年、春分、冬至、婚礼等）、定点（宗庙、寺庙、神坛、斋房等）仪式返回创世之初，就能泯除历史和苦难，重新与宇宙同在，与人类始源并生，汲取存在所需能量，更新此生此世。

[1]［美］大卫·克里斯蒂安著，晏可佳、段炼、房芸芳等译：《时间地图：大历史，130亿年前至今》，中信出版社，2017年，第2页。

[2] 同上书，第2—3页。

因此，人的历史即宇宙史，是一种可以无限重复（永恒回归）的神圣历史。[1]

二者异曲同工之妙在于，不同的材料和视角，却得出了同样的结论：创世神话以其超自然的神秘力量成为最具权威的历史开端，为人的行事和历史记忆或历史书写奠定了最早的范型。而值得特别提出的是，耶律亚德发现无论是俗民的历史叙事（神话、民间故事、歌谣等），还是精英的历史书写或历史解释，都会自觉不自觉地使用类比意味十足的诠释过程，将历史人物和事件植入创世神话典范中——宇宙战胜混沌=光明战胜黑暗=英雄战胜怪物，历史人物或事件本身不管记载多么翔实或如何重要，"如果不能趋近神话模型，其追忆也无法点燃诗的想象"。因为人的记忆结构相当特殊，它会自动修正以适应典范："事件化约为范畴，个体化约为原型。至今如此，民间记忆赋予现代历史人物的意义，仍是原型的模仿者、原型行动的再现者。"他们按照创世神话英雄的形象塑造历史人物，比如奇迹式诞生，怪异相貌，特异本领如变形、升天入地等。[2]甚至毫不介意"关公战秦琼"式历史重组，因为重要的不是个体或事件，而是原型的反复：

> 只要一项行为（或事物）重行某种典范事迹而获得实在性，而且也只能藉着它而获得实在性，那么它便暗中泯除了世俗时间，泯除了绵延，泯除了"历史"；学者一旦重新显现典范事迹，他即被移入该事迹发生的神话时代。[3]

从这个意义上说，神话就和历史一样，是一种用来认识过去或体现过去的记忆形式，可谓"神话历史"。[4]因此，"现代史学不仅要处理实际发生了什么的问题（即历史），处理人们对实际已发生事件的想象（即神话），更要论述影响历史意义的诞生与再生的过程（即神话历史）"。[5]

---

[1]［美］M.耶律亚德著，杨儒宾译：《宇宙与历史：永恒回归的神话》，联经出版事业公司，2000年。

[2] 同上书，第35—36页。

[3] 同上书，第29页。

[4]［美］唐纳德·R·凯利撰，陈恒、宋立宏译：《多面的历史：从希罗多德到赫尔德的历史探询》，生活·读书·新知三联书店，2003年，第25页。

[5] Joseph Mali. *Mythistory: the making of a modern historiography*. Chicago: The University of Chicago Press, 2003, p.27.

那么，中国的创世神话是如何形塑“大禹治水”及“禹赐玄圭”神话的呢？关于前者，早有学者给出了答案：《中国神话哲学》以鲧禹治水中的息壤—九州母题为中心，从已知的帝（创世神）、原始大水（混沌）和息壤（原始陆地）三个原型入手，参照世界潜水型创世神话，认为鲧禹治水实为中国潜水型创世神话的置换重演：

> 天帝从原始的混沌大水中得到一小块泥土，用吹气（风）的方式把生命之本——灵魂赋予这块泥土，使之变成具有神秘生命力的、能够自行生长的“息壤”（息土），息壤的长大构成了漂浮于原始大水之上的陆地世界——神州（九州）。[1]

也就是说鲧禹所治的大洪水其实就是原始混沌大水的置换，换言之，鲧禹治水其实是创世神话的重演。自西周铜器《遂公盨》始，大禹治水及其相关事迹就被视为开创华夏新纪元的大事件一书再书，袁珂先生曾将大禹治水所涉事件简约为“七件事”：

> 一曰会群神于会稽山，杀后至之防风氏；二曰逐共工并杀其臣相柳；三曰得羲皇（伏羲）、瑶姬之助以治水；四曰降伏水怪无支祁；五曰化熊通轘辕山。终乃大功告成，命太章与竖亥步量大地；又铸造九鼎，使民知神奸。[2]

袁先生所总括的七件大事，依照创世神话典范叙事又可约略为三：

其一受命治洪水，得天命之助（赐玄圭、玉简、化熊）平治水土——依照天启典范战胜混沌，重创世界；

其二除妖平乱（降无支祁、逐共工杀相柳、伐有扈氏、伐三苗）和禹会立威，成为天下共主——自动类比为创世英雄战胜怪物，重定世界。

其三听政即位，量天步地、主名山川、立旗铸鼎、建鼓于廷等——模仿创世之初，重建宇宙时空、开辟新时代。

因此，从这个意义上说，“禹赐玄圭”和“禹会诸侯，执玉帛者万国”不仅

[1] 叶舒宪著：《中国神话哲学》，陕西人民出版社，2005年，第383页。
[2] 袁珂编著：《中国神话传说词典》（修订版），北京联合出版公司，2013年，第235页。

是历史地宣告着夏朝或新纪元的开启，奠定了德功垂世的理想开国模式，而且也是创世神话典范的重演。这一点，即使是再换一被人遗忘或忽视的事件——禹赐玄圭中的“玄圭”，一样可以复现大禹治水神话背后的创世神话典范。

二、玄圭终古颂天王：改朝换代的显圣物与创世典范

在耶律亚德的《宇宙与历史》中，历史人物和历史事件往往自动嵌入创世典范，获得新生或记忆。在中国历代典籍中，“禹赐玄圭”作为夏禹开国神话或神话历史最核心的物化符号，在精英的历史叙事中，也隐藏着一条模仿典范的线索，即宣告治水成功的“玄圭”逐渐转变成始于天地开辟以来三皇五帝曾经的天命象征物，强调天命所归和革命的正当性与典范性：

> 昔者三苗大乱，天命殛之，……禹亲把天之瑞令，以征有苗。四电诱祇，有神人面鸟身，若瑾以侍……逮至乎商王纣，天不序其德，祀用失时，……赤乌衔珪，降周之岐社，曰：“天命周文王，伐殷有国。”泰颠来宾，河出绿图，地出乘黄。……王既已克殷……而天下莫不宾。[1]

> 汤乃东至于洛，观帝尧之坛，沉璧退立，黄鱼双踊，黑鸟随之，止于坛，化为黑玉，又有黑龟，并赤文成字，言夏桀无道，成汤遂当。代之。……（商纣）三十二年，五星聚于房。有赤乌集于周社。……其文要曰：“姬昌苍帝子，亡殷者纣王。”[2]

玄圭、玉简置换成了鸟神衔圭、黑鸟玉书/龟书、赤乌衔圭（或书），且暗寓着与天地开辟以来的人皇伏羲氏、黄帝轩辕氏、帝尧陶唐氏和帝舜有虞氏之《龙图》《龟书》的隐秘关联。[3]而且越是时代靠后的历史追忆，大禹的半人半神性质就越突出，比如其奇迹般的出生：从战国时期的鲧死三年不腐，剖以

[1]（清）孙诒让著：《墨子间诂》，上海书店，1986年，第92—95页。
[2] 王国维撰，黄永年校点：《古本竹书纪年辑校·今本竹书纪年疏证》，辽宁教育出版社，1997年，第62、75、78页；（梁）沈约：《宋书》，中华书局，1974年，第760—766页。
[3] 王国维撰，黄永年校点：《古本竹书纪年辑校·今本竹书纪年疏证》，辽宁教育出版社，1997年，第45页。

吴刀而生禹，到汉代禹母修己“见流星贯昴，梦接意感，既而吞神珠。修己背剖，而生禹于石纽”。[1]怪异的相貌与神奇的本领：耳三漏——大通之象与圣人大耳，可化为黄熊劈山导河，镇压无支祁（恶龙的化身）——兴利除害，除妖镇怪，疏河导江，主名山川，重定安居乐土。这不就是典型的宇宙开辟之际光明战胜黑暗、英雄战胜怪物的典型写法吗?

而且在承上启下之中，因夏禹平治水土之天功伟业，玄圭又成为其后历代改朝换代必然祭出的“天命”“帝德”的显圣物，俨然成为另一创世典范：

惟夏后氏建大功，定大位，立大政，勤劳万邦，和宁四极，威怀之道，仪刑后王。当乎洪流方割，灾被下土，自壶口而导百川，大功建焉。虞帝耄期，承顺天惓，自南河而受四海，大位定焉。万国既同，宣省风教，自涂山而会诸侯，大政立焉。功莫崇乎御大灾，乃赐玄圭，以承帝命；位莫尊乎执大象，乃辑五瑞，以建皇极；政莫大乎齐大统，乃朝玉帛，以混经制，是所以承唐、虞之后，垂子孙之丕业。立商、周之前，树帝王之洪范者也。（柳宗元《涂山铭并序》）[2]

可见，在精英追述的帝王洪范中，“禹赐玄圭”不仅仅是禹德和天命攸归的象征，还是不断追述和演绎的帝德原型:“钟鼎馨香河海晏，玄圭终古颂天王。”（清钱谦益《赴朝阳门望禁中》）与虞夏商周的革命正当性叙事功能稍有不同，在汉代以降的典籍中更常见于权臣“受禅”即位之际，核心在于德者、能者的应运受命，虽有谶纬神话的神秘色彩，然乱—治或打破—重建的创世典范依旧昭然若揭。从王莽、曹丕、南朝刘裕、萧道成等，到隋唐之际的程咬金、窦建德、李渊等打的都是玄圭之赐的瑞应牌。

西汉末年，外戚安汉公王莽“受禅”即位前三年间，各地嘉瑞频现，其中就有“水泉流通,四海会同则至”的玄圭,[3]而《汉书·王莽传》的叙事模式也

[1]（梁）沈约撰:《宋书》，中华书局，1974年，第759—763页。
[2]（唐）柳宗元著，易新鼎点校:《柳宗元集》，中国书店，2000年，第295—296页。
[3] 缪哲:《浪井和西王母——与王莽有关的四种画像石主题》,《民族艺术》，2007年第1期，第102—108页。

俨然是将即将登基为帝的王莽，类比为立不世之功的伯禹：

是以伯禹锡玄圭，周公受郊祀，盖以达天之使，不敢擅天之功也。揆公德行，为天下纪；观公功勋，为万世基。……是月，前辉光谢嚣奏武功长孟通浚井得白石，上圆下方，有丹书著石，文曰“告安汉公莽为皇帝”。[1]

同样的叙事模式，还出现在东汉末魏王曹丕“受禅”即位时劝进与谦让的政治剧中：

天下神器，禅代重事，故尧将禅舜，纳于大麓，舜之命禹，玄圭告功；烈风不迷，九州攸平，询事考言，然后乃命，而犹执谦让于德不嗣。况臣顽固，质非二圣，乃应天统，受终明诏；敢守微节，归志箕山，不胜大愿。(《三国志·魏书·文帝纪》)[2]

出现在南朝刘裕“受禅”代晋建宋之际：

朕闻先王之莅天下也，上则大宝以尊德，下则建侯以褒功。是以成勋告就，文命有玄圭之锡，四海来王……相国宋公，天纵睿圣，命世应期，诚贯三灵，大节宏发。……便宜敬行大礼，允副幽显之望。其进宋公爵为王……[3]

紧接着的齐梁亦如是，权臣齐王萧道成迫使宋顺帝刘准禅位，代宋建齐：

我大齐之握机创历，诞命建家……昭华之珍既徙，延喜之玉攸归。革宋受天，保生万国。[4]

很快齐和帝被迫禅位于梁王萧衍，建立梁朝，虽未直引“玄圭之锡”，然亦比附禹德和仿效唐虞、晋宋故事：

齐德沦微，危亡荐袭。……相国梁王，天诞睿哲，神纵灵武，德格玄祇，功均造物。止宗社之横流，反生民之涂炭。扶倾颓构之下，拯溺逝川之中。……今便敬禅于梁，即安姑孰，依唐虞、晋宋故事。

[1]（汉）班固撰，（唐）颜师古注：《汉书》，中华书局，1962年，第4060、4078—4079页。

[2]（西晋）陈寿撰：《三国志》，中华书局，1971年，第71—72页。

[3]（梁）沈约撰：《宋书》，中华书局，1974年，第42—43页。

[4]（清）严可均辑：《全上古三代秦汉三国六朝文（五）》，上海古籍出版社，2009年，第36页。

（《梁书·武帝本纪上》）[1]

公元557年，梁敬帝禅让于相国陈王，建立陈朝：

梁德湮微，祸难荐发……相国陈王，有纵自天，降神惟岳，天地合德，晷曜齐明。拯社稷之横流，提亿兆之涂炭。东诛叛逆，北歼獯丑，威加四海，仁渐万国。……虽大功在舜，盛绩维禹，巍巍荡荡，无得而称。……今便逊位别宫，敬禅于陈，一依唐虞、宋齐故事。（《梁书·敬帝本纪》）[2]

与南朝宋齐梁陈同时对峙的北朝北魏、东魏、西魏、北齐、北周一直到公元581年北周权臣杨坚受禅代周称帝，建立大隋，六朝政局变幻一如南朝，皆为权臣上位开立新朝，因此天命符瑞也是必不可少的旗号。如《隋书·音乐志》载《北齐元会大飨》"文舞辞"曰：

皇天有命。归我大齐。受兹华玉。爰锡玄珪。奄家环海。实子蒸黎。[3]

隋末逐鹿的群雄中，瓦岗寨的程咬金和乐寿的窦建德、太原的李渊也都是以天赐玄圭瑞令而称帝。其中《说唐》第27回"程咬金单身探地穴"，说书家的精彩演绎也是自嵌创世典范：程咬金手执大斧孤身入地穴，斧劈黑暗巨兽（混沌）别开洞天福地，且在地宫中发现了王者之服（一顶冲天翅的金琰璞头、一件杏黄龙袍、一条碧玉带、一双无忧履）和玄圭天书（上书：程咬金举义集兵，为三年混世魔王，扰乱天下），而重返地面（人间）的程咬金以能拜起帅旗（主将军权象征），终于得做皇帝。[4]显然，大斧—玄圭—帅旗皆是程咬金在隋末乱世群雄并起的"混沌无序"（黑暗巨兽）中得以暂领风骚确立新秩序的神器。其同时代的窦建德则是在瑞凤来翔、玄圭出献之后称帝于乐寿：

武德元年冬至日，于金城宫设会，有五大鸟降于乐寿，群鸟数万从之，经日而去，因改年为五凤。有宗城人献玄珪一枚，景城丞孔德

---

[1]（唐）姚思廉撰：《梁书》，中华书局，1973年，第25—26页。

[2] 同上书，第149—150页。

[3] 同上书，第329页。

[4]（清）如莲居士编次：《说唐》，华夏出版社，2017年，第103—104页。

绍曰："昔夏禹膺箓，天锡玄珪。今瑞与禹同，宜称夏国。"建德从之。（《旧唐书·窦建德传》）[1]

唐朝开国皇帝李渊和替代兄长成为大唐第二皇帝的李世民，也都借助"天赐玄圭"定鼎天下。[2]《宋史》中反复追述的政和二年（1112）宋徽宗获赐玄圭，[3]也可能是为"宣和内禅之祥"张本。[4]此等故事，无论是官修正史还是野史轶事，比比皆是。个中情结，不言自明。可见，在后世改朝换代创世记之际，玄圭的象征意义。

三、玄圭寻踪：东方析神、青圭礼东方与开天辟地斧

《玉圭如何"重述"中国："圭命"神话与中国礼制话语建构》[5]一文以出土实物、文字构型与文献记载间性互证，以禹赐玄圭、赤乌衔圭等"圭命"神话叙事与执圭以告等礼仪、仪容、仪态叙事为重点，将玄圭及其相关河图洛书的实物原型，向前追溯到5 300年前的凌家滩古国的手执斧钺与元龟衔符（八圭玉版），向后追溯到明清君臣所执玉圭与牙笏，粗线条地呈现了玉圭形制的源流以及礼制话语后背的王权神授信仰。

越来越多的考古学证据证明了大禹治水的真实性，如西周中期的《豳公盨》、春秋时期的《叔夷钟》等及其铭文，以及黄、淮、江等流域地质考古发现的洪水痕迹多集中于公元前2000年前后，安徽蚌埠禹会村遗址大型礼仪遗址的发现，都逐渐证明大禹治水以及禹在涂山盟会诸侯治水、伐有苗而执玉帛者万国以朝的真实性。[6]正是此大型治水工程的成功，成就了大禹的伟业和令德，而代表神意的圣物——玄圭、洞视玉版、玉简或丹玉之箓、上清宝文则被

[1]（后晋）刘昫等撰：《旧唐书》，中华书局，1975年，第2236页。

[2]（唐）李翱述：《卓异记》，中华书局，1985年，第2页。

[3]（元）脱脱等撰：《宋史》，中华书局，1977年，第390、2499、2749页。

[4]（元）马端临撰：《文献通考》，中华书局，1986年，第2372—2373页。

[5]唐启翠：《玉圭如何"重述"中国——"圭命"神话与中国礼制话语建构》，《上海交通大学学报（哲学社会科学版）》，2019年第1期，第104—114+125页。

[6]中国社会科学院古代文明研究中心等编著：《禹会村遗址研究：禹会村遗址与淮河流域文明研讨会论文集》，科学出版社，2014年。

不断演绎为其成功的关键和见证。虽然截至目前，大禹的玄圭究竟长什么样，学界依旧在争论中，但玄圭曾经在历史长河中尤其是虞夏商周的政治生活中发挥着特殊功能，却是毋庸置疑的。综合考察考古发现、玉矿资源和中国特有的神话历史叙事与仪式器物，虽不能完全确定玄圭的样子，但其“前世今生”的线索无疑是清晰的。

从形态而论，玄圭之命名包括颜色和形制两个维度。两者现在都可以通过系统梳理考古发现的实物证据获得解答。中国境内或东亚考古发现的玉文化至今9 000年，在这9 000年的用玉实践中，就颜色而论，主要有玄（黑、墨、灰、碧、青）、黄（浅绿）、赤、白四色，而玄黄二色玉曾经是新石器时代几千年的主导色系，直到商周时期，赤、白、青（绿）三色才成为替代玄黄的主玉色。而玄黄二色分别是天和地的象征色系，天玄地黄，宇宙洪荒，玄不仅代表着深色系的玉石，是赤、青、绿等色的母体，而且还潜藏着神秘、变化、天命等象征密码。[1]并非巧合的是，与东方沿海的红山、凌家滩、良渚等文化遗址的浅色系即黄玉为主导不同，中原与西部玉文化是以深色系玄玉为主导，而且延续长达1 300 ~ 1 500年之久，可谓之“玄玉时代”（距今5 300 ~ 4 000年之间）。[2]由此观之，古文献中追述的有关夏人尚黑、夏禹玄圭等叙事，就不再是向壁虚构的神话，而是玄玉时代文化传统的记忆。[3]

玄圭，顾名思义，就是一种深色系的会随光亮变化的玉圭。虽然，考古发现的实物中正式被冠以“玉圭”之名的玉器，多见于龙山文化时代，亦可追溯到5 300年前的凌家滩文化，但在文献追述的记忆里，玉圭第一次华丽登场就是“禹赐玄圭，告厥成功”。可以说，玄圭的出场，就是与宇宙秩序重建相关。

那么，如此重要的玄圭，长什么样呢？是现今可见的各地禹庙中禹王所秉持的深色尖首玉圭（上尖下方）？还是汉画像中禹王所秉持的耜形器（凹

[1] 叶舒宪：《玄黄赤白——古玉色价值谱系的大传统底蕴》，《民族艺术》，2017年第3期，第77—86页。
[2] 叶舒宪：《认识玄玉时代》，《中国社会科学报》，2017年5月25日，第7版。
[3] 叶舒宪：《夏商周与黑白赤的颜色礼俗：玉文化视角的新解说》，《百色学院学报》，2017年第1期，第1—11页。

首圭或曰牙璋）？[1]抑或另有其形？比如龙山时代晚期鹰纹玉圭或神徽纹柄形器？商晚期卜辞中出现的是用“白圭（）”还是用“玄圭（）”祭祀祖先？圭（）与戈（）、琡（）与戚（）同现，可以确认殷商晚期的玄圭之形为延续至明清的尖首圭。然此种尖首圭在相当于夏禹的时代，依旧凤毛麟角，且非出于堪称王的大墓。考古物证显示，龙山晚期至夏商周时代玉圭的形制尚未定型，依然游弋于祖型至标型之间，呈现出功能尚未完全分化定型时期的多元形态，在考古学者的命名中，几乎涵括、斧、钺、圭、璋、铲、锛、戈等多种器类。固然是考古学者受《周礼》等文献影响和先入为主之见，但也可反观出玉圭与斧钺之间的亲缘关系。龙山时代晚期至夏商之间的典型器——尖首圭和凹首圭（又称“牙璋”或“琰圭”）的早期形态都脱胎于玉石斧钺。如山西襄汾陶寺遗址（距今4 500 ~ 3 900年）M3032 ：2“玄圭”上端虽略呈三角形（稍残），属于陶寺遗址早期，虽曰圭却形似斧钺，与晚期M1700 ：3玉圭——上端呈等腰三角形的标准型尖首玉圭相较，保留着脱胎于斧钺之形的痕迹。[2]迄今世界考古所见最早见证人类创造力的人工打造石斧，是距今140 ~ 120万年前的奥杜威石斧，中国境内发现的百色手斧也有80万年，斧钺的物证史远远地超出了文献历史书写者的想象。

同时，返回文献所载和民间叙事中的创世神话与大禹治水神话叙事，不难发现考古物证与神话叙事中器物线索的高度契合性。在中国各族流传的创世神话中，天地开辟的利器多为斧凿类，最著名的就是倏、忽二帝为中央浑沌帝日凿一窍，七日七窍开而浑沌死（《庄子》），和盘古斧劈凿开混茫（混沌），天地乃分。[3]湖北神农架林区发现的《黑暗传》，详述了盘古开天辟地斧的神圣由来及其神奇功能：盘古开辟天地明，两手举斧安日月，开天辟地定乾坤。……

---

[1] 顾万发、张松林：《河南巩义市花地嘴遗址“新砦期”遗存》，《考古》，2005年第6期，第3—6页；孙庆伟：《礼失求诸野——试论“牙璋”的源流与名称》，载陈光祖主编：《金玉交辉——商周考古、艺术与文化论文集》，中央研究院历史语言研究所（台北），2013年，第467—508页。

[2] 中国社会科学院考古研究所、山西省临汾市文物局编著：《襄汾陶寺——1978~1985 年考古发掘报告》，文物出版社，2015 年，第667—669、1253页。

[3]（明）周游：《开辟衍绎通俗志传》第一回，详参袁珂编著：《中国神话传说词典》（修订版），北京联合出版公司，2013年，第295页。

西方金星来变化，变一石斧面前存。盘古连忙把斧拎，拎起斧子上昆仑。……手执开天斧一把，劈开天地上下分，高山挡路一扫平……混沌之中出盘古，鸿蒙之中出了世，盘古石斧化雷电，千秋万代镇天庭。[1]

尽管盘古开天辟地神话见诸文献记载迟至三国，斧劈凿开天地的情节甚至晚至明代，其始源性备受质疑。但若从考古物证和创世神话典范双重视角来重新审视“斧始初开”，不难走出细节的迷雾，发现人类历史开端的关键事件与斧凿等工具开辟鸿蒙的密切关系。斧钺作为新石器时代至明清时期的父权、军权和王权象征的意义源头，在于其曾经是创世神和人类祖先开辟鸿蒙的第一利器，斧始初开的不仅是人类居处——宇宙之源，也是人类生命繁衍生息之源（男根象征）。东方析神的原型取象即斤（小斧）辟木——宇宙初成与生民之始（高禖神）的象征，迎春仪式中的“青圭”，即东方析神自商周以降的形象代表之一或降临人间的凭依处，承载着斧始初开、沟通天地、天命符瑞、德威辨等、测影立中辨位等功能，而这一切的象征之源或神话原型皆在斧始开天的创世神话典范。是故，斧始初开和禹赐玄圭不仅是神话，也是一部可用实物见证的神话历史。[2]

无独有偶的是，大禹治水神话中，其治水的标志性利器在精英学者的笔下是畚耜：“禹既已受命……禹亲执畚耜，以陂明都之泽，决九河。”（《容成氏》）或耒臿：“禹之王天下也，身执耒臿，以为民先。”（《韩非子》）而治水得以成功的秘诀则是天赐的“玄圭玉简”。而在民间传承的口述神话中，大禹治水、开山导河的利器是一把开山斧，其威力如同盘古开天辟地斧。

四、结语

如何利用考古发现的新知识来探究、贯通潜藏于大小传统间的核心物质符号（礼器）、信仰观念（礼义）、行为方式（礼仪）孕育、因革关系，释疑解难

[1] 湖北神农架地区丧礼上由歌师唱给生死两界人听的孝歌。详参胡崇峻搜集整理：《黑暗传》，长江文艺出版社，2002年，第67、70—72页。

[2] 参见唐启翠：《从斧始初开到禹赐玄圭、青圭礼东方》，《中原文化》，2020年第1期，第38—46页。

和重建失落的文化信息链，是近十年来文学人类学研究关注的核心问题。器物特别是玉礼器讲述的中国历史，远远超出书写历史的范畴，是中国神话历史包括创世神话传承谱系重述的重要维度，而“玄圭”所见证和谱写的华夏神话历史尚隐没在历史的深处，尚需继续努力掘微发隐，且在纷繁复杂甚至错位重组的叙事中，探寻出初民—先贤历史叙事的内在统一性机制。大禹治水—禹赐玄圭神话，虽然在正史叙事中类比为创世典范，以天命符瑞的显见形式为王权更替的合法性张本，然在更深层里却是对德能具备的圣王治世——黄金时代的认同与期待，以及中国治水型创世神话特有的“不认命”抗争精神。

人是什么
——中华创世神话的原初智慧与心性结构

胡建升[1]

（1，上海交通大学，上海，200240）

摘要：发掘初人原型，可以为我们认知“人是什么”提供本土文化智慧。在中华创世神话中，初人原型生自原初大道（0–0）、太极混沌（0–1）、天地阴阳（0–2），传承了宇宙原初的神圣力量。初人原型与万物同源而异质，但万物为天地浊气所生，而人类乃天地精气所成，故人为万物之灵。在人之初，人与人之间，本没有什么力量差异，但是随着人在世心性力量的耗散，人就出现了神圣空间的文化分离，出现了心性结构齐全的真人、圣人，以及丧失神圣力量的俗人、小人。为了避免原型生命的人为衰亡，圣人以重返创世神话之初的原初智慧与文化药方来拯救人类在世的颓废状态。

关键词：中华创世神话；人与天地；人与万物；人的在世分化；圣人拯救

人是什么？当代人如何认识自己？人类对人的迷茫与困惑，已经成为工业文明时代人类知识迷失的重大现实问题。科技兴盛时代，人类更为关注外在之物，重视利用科学技术手段不断推进对物的理性发现与知识研究，但是人对物的理性认识与人为计算，也无时无刻不在膨胀人的名利物欲与自身危机，名利物欲的膨胀，又加深了对人内在精神与自然天性的全面遮蔽，人在自己的理性文化逻辑中，逐渐失去了曾有的神圣之力，也丢失了自己对自己的人文反思与天然警惕。

对人的追问，西方人从未中断。古希腊以“人是万物的尺度”“人是万物之主”来界定人，亚里士多德以“社会动物”“政治动物”“会说话的动物”“理性的动物”等来定义人，笛卡尔以“我思故我在”来给人做理性判断。21世纪以来，德里达提出了“人是动物”的新论断。法国学者利奥塔在《非人——漫谈时间》一书中以“非人”来概述现代社会各式各样的人文主义思想给人自身带来的文化误解与人文悖论，其云：“从人文主义意义上说，一方面人是不是正在被迫成为非人？另一方面人的‘本意’是不是指心中萦回着非人的人？这样就可能产生两种非人。必须将它们区分开。（尤其）以发展的名义正在巩固其体系的非人，不应该与极为秘密的、其灵魂被当作抵押的非人相混淆。”[1]福柯在《言论与写作集》中，揭示了19世纪人文学科的知识特征与主体价值，其云：“人们在19 世纪发明了人文科学。发明人文科学，在表面上是使人成为人文科学这样一门可能的知识的对象。当时人们这样做是希望并幻想为自己制造一种救世的神话，以为这类关于人的知识可以使人透过从其异化现象的解放而获得自由，也可以从他所不能控制的领域中获得解放，以至于可以使人史无前例地成为他自身的主人。这也就是说，人们把人变成为知识的对象，是为了使他能够变成为他自身的自由和存在的主体。”[2]当现代人文学科将人当

---

[1] [法] 让-弗朗索瓦·利奥塔著，罗国祥译：《非人——漫谈时间》，商务印书馆，2000年，第2页。

[2] Foucault，M. *Dits et ecrits.I*. Paris：Gallimard，1994，p.663.中文转引自高宣扬：《论21世纪新人文》，《社会科学家》，2011年第9期，第7—13页。

成是理性知识的研究对象时，人就被各种知识所支离与异化。

后现代学者对现代性文化中的“人”提出了质疑与解构，使我们认识到工业文明时代“人本中心主义”思想知识的理性缺陷与人文危机，但是后现代者依旧未能找到解决人类自身文化危机的新维度与新模式。

中华优秀传统文化中包含着西方人本中心主义以外——即非人本中心主义的思想元素与华夏智慧，这种历久弥鲜、传承不息的文化优势可以帮助当代中国人跳出西方工业文明时代与人本中心主义的人为逻辑与知识价值，重新审视、认知、体验人作为人的本质特征与自然属性。中华创世神话是中华优秀传统文化的文化渊源与人文肇元，也是我们重新认知、阐释中华文化价值的重要源头与神话维度。今天，重新发现与阐释中华创世神话，可以为全世界人类重新认识人自身的曾在、现在、未来提供一种东方原初视野的新可能。中华创世神话是史前口传文化渗透在书写文化中的宝贵遗产，代表了华夏早期文化的原初编码与神话原型，承载了早期圣人对世界与人与物的原初经验与神话想象。在这种人类原初的创世神话想象中，我们可以探究到人与自然世界、社会世界的原初秩序与文化本性，有利于我们重新认识人是什么的问题。

一、人与天地：人在中华创世神话中的齐全生成

现代性知识强调人对万物的认识，甚至将人也当成知识认知的理性对象，着重从人的社会关系、自然生理、物质生活、生平事迹中来认识人，这就忽略了人作为存在者所独有的神话生命与神话思维。中华创世神话立足于神话维度，从原初文化传统的发生时刻与神话思维中，发现人对人的原初想象与生命起源，发现早期人对人的神话原型与价值智慧。

早期创世神话从何而来？阳子居曾云：“太古之事灭矣，孰志之哉？”[1] 屈原《天问》云：“遂古之初，谁传道之？”他们都表达了对远古创世事迹的人文困惑。20世纪以来，中西方学术界发现了在人类发明书写文化以前，就曾经存在

[1] 杨伯峻撰：《列子集释》，中华书局，1979年，第234页。

一个极为久远的口传文化传统。中国文学人类学将早期口传文化所形成的文化传统称为大传统，将文字出现以后的书写文化传统称为小传统。这种以口传、书写传媒手段为大小传统的划分方法，可以启迪当今学术界，重新审视华夏文化的文明起源问题。而中华创世神话起源于文化大传统，今天我们在传世文献与出土文献中所看到的中华创世神话，不过是早期口传创世神话在文字书写时代的文化遗迹而已。

现代研究中华创世神话存在三种文化倾向：一是神话母题类型研究，重点对创世神话进行分类，强调了创世神话的叙事知识差异；[1]二是世界起源与人类起源研究，重点探讨创世神话从无序到有序的自然演变过程；[2]三是关注创世神话表述的权力意图，揭示创世神话的表述政治与话语策略。[3]前两种研究与现代性知识观念是一致的，后一种研究与后现代性的话语权力观点是一致的。我们在此跳出以上三种模式，提倡立足于人的存在维度与神话思维，揭示出中华创世神话的文化价值与人文心性。

为了更好地展示中华创世神话是如何思考"人是什么"的问题，我们从传世文献与出土文献中选取一些典型的例子，根据创世神话的生成结构关系，制定了中华创世神话的生成图式表（表1），以便揭示出"人"在创世神话中的结构图式与心性特征。

从中华创世神话的生成图式表中，我们可以清晰地看到，从《周易》到"盘古神话"，中华创世神话含有大致相同的文化结构与思维模式，尤其在从"混沌""太极""太一"到"天地生成"这个阶段，其文化结构几乎是一致的，这至少表明，在创世神话的传播过程中，原初的《周易》太极传统几乎没有发生多少新变化，可以说"人文之元，肇自太极"这个古老的文化传统一直是中华创世神话的原初文化模式。

---

[1] 可参阅张开焱：《中国创世神话类型研究述评》，《湖北民族学院学报（哲学社会科学版）》，2014年第3期，第1—6页；陈建宪著：《神祇与英雄：中国古代神话的母题》，生活·读书·新知三联书店，1994年，第10—15页。

[2] 陶阳、钟秀著：《中国创世神话》，上海人民出版社，1989年，第2页。

[3] 韩国学者林炳僖在《韩国神话历史》一书中，专设了"神话与创造"一章，讨论创世神话的"秩序与范式"，其中涉及中华创世神话的"社会秩序"问题。参见［韩］林炳僖著：《韩国神话历史》，南方日报出版社，2012年，第33页。

表1 中华创世神话的生成图式表[1]

周易[2]	老子[3]	列子[4]	淮南子[5]	郭店楚简[6]	楚帛书[7]	乾凿度[8]	帝王世纪[9]	白虎通义[10] 广雅[11]	盘古神话[12]	无能子[13]	化书[14]	古三坟[15]
易	道	易 初 始 素	太昭 虚 道			太易 太初 太始 太素	太易 太初 太始 虚无 太素	太初 太始 太素			道 虚 神 气	

[1] 作者根据传世文献与出土文献整理绘制。

[2]（三国）王弼注，（唐）孔颖达疏：《周易正义》，北京大学出版社，1999年，第289页。

[3]（三国）王弼注，楼宇烈校释：《老子道德经注校释》，中华书局，2008年，第117页。

[4] 杨伯峻撰：《列子集释》，中华书局，1979年，第5—8页。

[5] 何宁撰：《淮南子集释》，中华书局，1998年，第165—166、503—504页。

[6]《郭店楚简·太一生水》：太一生水，水反辅太一，是以成天；天反辅太一，是以成地。天地复相辅也，是以成神明。神明复相辅也，是以成阴阳。阴阳复相辅也，是以成四时。四时复相辅也，是以成寒热。寒热复相辅也，是以成湿燥。湿燥复相辅也，成岁而止。故岁者，湿燥之所生也。湿燥者，寒热之所生也。寒热者，四时之所生也。四时者，阴阳之所生也。阴阳者，神明之所生也。神明者，天地之所生也。天地者，大一之所生也。是故大一藏于水，行于时，周而又（始，以己为）万物母。一缺一盈，以己为万物经。此天之所不能杀，地之所不能埋，阴阳之所不能成。（李零著：《郭店楚简校读记》，北京大学出版社，2002年，第32页。）

[7]《楚帛书甲篇》：曰故（古）大熊包戏（伏羲），出自□霆（震），居于睢□。厥□偤偤，□□□女。梦梦墨墨，亡章弼弼。□每（晦）水□，风雨是於。乃取（娶）□□子之子，曰女玼（娲），是生子四。□是襄而戋，是各（格）参化法逴（度）。为禹为契，以司域襄，咎而步廷。乃上下朕（腾）传（转），山陵丕疏。乃命山川四海，熏（熏、阳）气百（魄、阴）气，以为其疏，以涉山陵、泷、汩、益、厉。未有日月，四神相弋（代），乃步以为岁，是惟四时：长曰青干，二曰朱四单，三曰白大檖，四曰囗墨干。千有百岁，日月夋生，九州丕塝（平），山陵备岆（侐）。四神乃作，至于覆（天盖），天旁动，扞蔽之青木、赤木、黄木、白木、墨木之精。炎帝乃命祝融，以四神降，奠三天，囗思敦（保），奠四极，曰非九天则大岆（侐），则毋敢蔑天灵。帝夋乃为日月之行。共攻（工）□步十日四时，□神则闰，四口毋思，百神风雨，辰祎乱作，乃□日月，以传相□思。又霄又朝，又昼又夕。（董楚平：《中国上古创世神话钩沉——楚帛书甲篇解读兼谈中国神话的若干问题》，《中国社会科学》，2002年第5期，第151—163+206—207。）

[8][日]安居香山、[日]中村璋八辑：《纬书集成》（上），河北人民出版社，1994年，第11页。

[9] 徐宗元辑：《帝王世纪辑存》，中华书局，1964年，第1—2页。

[10]（清）陈立撰，吴则虞点校：《白虎通疏证》，中华书局，1994年，第421页。

[11]（清）王念孙著：《广雅疏证》，中华书局，1983年，第280页。

[12]（唐）欧阳询撰，汪绍楹校：《艺文类聚》，上海古籍出版社，1982年，第2页。

[13] 王明校注：《无能子校注》，中华书局，1981年，第1页。

[14]（五代）谭峭撰，丁祯彦、李似珍点校：《化书》，中华书局，1996年，第1页。

[15]（明）程荣纂辑：《汉魏丛书》，吉林大学出版社，1992年，第20页。

（续 表）

周易	老子	列子	淮南子	郭店楚简	楚帛书	乾凿度	帝王世纪	白虎通义广雅	盘古神话	无能子	化书	古三坟
太极	一	沦		太一水	水	浑沦	太极天一	混沌天一	混沌盘古天气	混沌	形太一	混沌太始太极
两仪阴阳天地四象八卦	二	地	二神天地阴阳	天地神明阴阳	伏羲女娲四神天地日月四时		天地	天地	天地	天地		天地太易阴阳太初
圣人	三	气和者为人	万物精气为人烦气为虫					人万物	三皇人	人裸虫鳞虫毛虫羽虫甲虫		太素男女三才
万物	万物	万物		万物					万物		万物	万物太古

在“太极传统”之前，中华创世神话还深入探究了“无极”“道”“太易”“太初”“太始”“太素”等诸多难以言说的深层文化基因，这个深层编码的文化特征就是“虚无”状态，是由“无”逐渐转变为“有气”“有形”“有质”的生成阶段，只是“有体”还没有生成，还无法用数字来标示，为了能够更好地理解这种神话深层次的文化结构，我们用0–0结构表示，即无无。那么，我们可以将“太极”“混沌”“一”“太一”“天一”的神话层次结构表示为0–1结构，即无有。从“无极”到“太极”，“道”到“一”的神话结构具有相同之处，即神无的神性结构（0），不同之处在于由“无形”（0–0）转变为“有形”（0–1）。

太极混沌的世界还没有出现分化，但是随着“太一”“天一”“水”文化的出现，“开天辟地”的世界诞生就是文化发展的必然结果。天地生成的结构模式是在易道结构（0-0结构）与太极结构（0-1结构）基础上的进一步分化，因此，中华创世神话的天地结构可以表示为0-2结构，天地是极大之物，但天地之心却是与易道之心、太极混沌相通相承的。也就是说，从易道（0-0）、太极（0-1）至天地（0-2），其基本的虚无价值或神无之心是没有变的，而只是形体由道无之形（0）演变为太极形体（1），再演变为天地阴阳二物（2）。

在中华创世神话中，人是在天地生成之后，由天地精气而生成的。人在创世神话中的生成出现，充分体现了华夏初民对“人是什么”的神话认知。这种神话认知的文化模式，充分展示了人与天地、太极、易道之间神圣力量的传递关系。《周易·系辞上》曰：“是故法象莫大乎天地；变通莫大乎四时；县象著明莫大乎日月；崇高莫大乎富贵；备物致用，立成器以为天下利，莫大乎圣人。探赜索隐，钩深致远，以定天下之吉凶，成天下之亹亹者，莫大乎著龟。是故天生神物，圣人则之。天地变化，圣人效之。天垂象，见吉凶，圣人象之。河出图，洛出书，圣人则之。易有四象，所以示也。系辞焉，所以告也。定之以吉凶，所以断也。”“圣人之心”能够探究到极深的文化基因，以致通达“天地之心”，“圣人”由“天地之心”进一步把握天地阴阳四时的变化，掌握太极之心与易道之心，可见，圣人的心性结构与天地（0-2结构）、太极（0-1结构）、易道（0-0结构）是相通相应的关系。《礼记·礼运篇》云：“故人者，其天地之德，阴阳之交，鬼神之会，五行之秀气也。……故人者，天地之心也，五行之端也，食味、别声、被色而生者也。”[1] 刘勰《文心雕龙·原道》云：“仰观吐曜，俯察含章，高卑定位，故两仪既生矣。惟人参之，性灵所钟，是谓三才。为五行之秀，实天地之心，心生而言立，言立而文明，自然之道也。”天地与人并称为“三才”。人生于天地，而又能够与天地并立的文化原因，就在于发自神道的神性力量（原初性灵），能够在人的身体之中发挥作用，人立身于天地之间，却能够与五行阴阳之气相互感应，相互调节，人心能够通达“天地之心”。也就是说，原初圣人的人心结构与天地之心在心性结构上

[1]（汉）郑玄注，（唐）孔颖达疏，龚抗云整理：《礼记正义》，北京大学出版社，1999年，第690—698页。

具有神性力量的相同之处，它们都是发自原初的易道结构（0–0）与太极结构（0–1）。

在中华创世神话中，易道力量（0–0）是创世洪荒之力的原初编码，太极混沌（0–1）是一级编码，天地阴阳（0–2）是二级编码，人（0–3）为神性力量的三级编码，洪荒之力从原初编码到太极、天地与人，始终都是齐全的传递延绵。作为第三级编码的人的存在，其本质并不在作为物质自身的有形身体，而在于人心所通达的天地之心与神道力量上。要认识人是什么，就要善于探究人心的原初结构与力量模式，发现天地阴阳才是人生的决定性文化基础与神性力量，天地之心作为人心结构的原初结构模式，决定了人在世界存在的其他一切文化结构。从这个文化力量与原初基因的深层结构来，中华创世神话是在述说人是什么的神话叙事，是想通过神性叙事的文化方式，展现人的原初本质与原型特征，“天地之心”“太极之心”“道心”成为人心的心性结构与力量之源。

二、人与物：中华创世神话中人与万物同源异质

现代人过分倚重外物，常常将外物（如名利、名誉、金钱等）放置在人的自然生命之上，这就颠倒了人与物之间的原初秩序与文化关系。中华创世神话可以纠偏现代人的物质至上主义、拜金主义、拜物主义、物质奢靡主义等诸多不良社会风气，有利于重新摆正人与万物之间的自然关系。

在中华创世神话中，天地是人与万物的共同生命源头。万物与人同源，万物生命也是来源于天地。《周易·系辞下》曰：“天地絪缊，万物化醇，男女构精，万物化生。”《周易·序卦》曰：“有天地，然后万物生焉。盈天地之间者唯万物。”《论语·阳货篇》曰：“天何言哉？四时行焉，百物生焉，天何言哉？”《礼统》曰：“天地者，元气之所生，万物之所自焉。”[1]《庄子·达生》曰：“天地者，万物之父母也，合则成体，散则成始。”《列子·天瑞篇》曰：“清轻者上为天，浊重者下为地，冲和气者为人；故天地含精，万物化生。”《春秋繁露·观德》曰：“天地者，万物之本，先祖之所出也。”《淮南子·天文训》曰：“天地之

[1]（宋）李昉编纂，夏剑钦、王巽斋校点：《太平御览》，河北教育出版社，1994年，第1页。

袭精为阴阳，阴阳之专精为四时，四时之散精为万物。”中华创世神话立足于易道的本源力量（0-0）、太极混沌的一级编码（0-1）与天地的四时阴阳基因（0-2），来理解人与万物之间的秩序关系，认为人与万物的本源都在于天地阴阳的心性结构，万物同源同力的神话观念可以驱逐现代人对万物的迷恋情结。

在中华创世神话中，人与万物都是天地阴阳之气的运化自生，都具有相通相同的天地结构与文化意义，因此，人与万物天生就没有多少差异。王充曰：

> 天地合气，万物自生，犹夫妇合气，子自生矣。万物之生，含血之类，知饥知寒。见五谷可食，取而食之；见丝麻可衣，取而衣之。或说以为天生五谷以食人，生丝麻以衣人，此谓天为人作农夫桑女之徒也，不合自然，故其义疑，未可从也。试依道家论之。天者，普施气万物之中，谷愈饥而丝麻救寒，故人食谷、衣丝麻也。夫天之不故生五谷丝麻以衣食人，由其有灾变不欲以谴告人也。物自生，而人衣食之；气自变，而人畏惧之。以若说论之，厌于人心矣。如天瑞为故，自然焉在？无为何居？何以〔知〕天之自然也？以天无口目也。案有为者，口目之类也。口欲食而目欲视，有嗜欲于内，发之于外，口目求之，得以为利，欲之为也。今无口目之欲，于物无所求索，夫何为乎？何以知天无口目也？以地知之。地以土为体，土本无口目。天地，夫妇也，地体无口目，亦知天无口目也。使天体乎？宜与地同。使天气乎，气若云烟。云烟之属，安得口目？[1]

有人认为，天地造化万物是有目的的，天地是用万物来滋养人类，比如天生五谷，是为了解决人类的食物问题，天生丝麻，是解决人类的衣物问题。王充反对这种天地生物目的论，他认为，天地生养万物，都是按照易道（0-0）或太极（0-1）的天地之心所为，是无心而为的。如果说天地是为了人类而生万物，那么，天地就是有欲有心而为，这与易道的自然神无价值是不合的。人间各种形式的有为有欲，都是由人类的口目器官欲望造成的，天地无口目，怎么会改变天地的易道之心而变为有为有欲的人心呢？可见，天地之心成为人与

[1] 黄晖撰：《论衡校释》，中华书局，1990年，第775—776页。

万物的自然价值源头，不能因为人心有为，而遮蔽原初的万物价值，万物的原初价值来自天地自然造化，其价值结构与人是一致的。

《无能子·圣过第一》曰：

> 天地未分，混沌一炁。一炁充溢，分为二仪。有清浊焉，有轻重焉。轻清者上，为阳为天；重浊者下，为阴为地矣。天则刚健而动，地则柔顺而静，炁之自然也。天地既位，阴阳炁交，于是裸虫、鳞虫、毛虫、羽虫、甲虫生焉。人者，裸虫也，与夫鳞毛羽甲虫俱焉，同生天地，交炁而已，无所异也。或谓有所异者，岂非乎人自谓异于鳞羽毛甲诸虫者，岂非乎能用智虑耶？言语耶？夫自鸟兽迨乎蠢蠕，皆好生避死，营其巢穴，谋其饮啄，生育乳养其类而护之，与人之好生避死，营其宫室，谋其衣食，生育乳养其男女而私之，无所异也。何可谓之无智虑耶？夫自鸟兽迨乎蠢蠕者，号鸣啅噪，皆有其音，安知其族类之中非语言耶？人以不喻其音，而谓其不能言，又安知乎鸟兽不喻人言，亦谓人不能语言耶？则其号鸣啅噪之音必语言尔，又何可谓之不能语言耶？智虑语言，人与虫一也，所以异者形质尔。夫鳞毛羽甲中，形质亦有不同者，岂特止与人不同耶？人之中，形质亦有同而异者，异而同者，岂特止与四虫之形质异也？嗟乎！天与地，阴阳气中之巨物尔。裸鳞羽毛甲五灵，因巨物合和之炁，又物于巨物之内，亦犹江海之含鱼鳖，山陵之包草木尔。[1]

无能子认为，既然天地阴阳交合产生了万物，那么，作为裸虫的人与裸虫、鳞虫、毛虫、羽虫、甲虫生等万物之间，就有着相同的生命源头，“混沌一炁”“天地阴阳”就是万物之同。但是人类却更喜欢彰显人与万物之间的差异，强调人与万物之间存在着语言、智虑、形质等方面的差异。无能子站在创世神话之初的文化立场认为，“混沌一炁”涵盖天地，天地是阴阳之气中的巨物，裸、鳞、羽、毛、甲五灵生于天地阴阳之气，又存在于阴阳之中，天地阴阳之气成为人与万物的巨同，而这些细微的差异在巨同面前，是可以忽略的。

---

[1] 王明校注：《无能子校注》，中华书局，1981年，第1—2页。

尽管人与万物是生命同源的，都是由天地阴阳之气形成的，但是人所禀受的是天地之精气和气，属于天地性灵所钟，因此，人又自然成为万物之灵。《尚书·泰誓》曰："惟天地万物父母，惟人万物之灵。"孔安国传："生之谓父母。灵，神也。天地所生，惟人为贵。"《文子》曰："人者，天地之心，五行之端，是以禀天地五行之气而生，为万物之主，配二仪以为三才。"《春秋繁露·阴阳义第四十九》曰："天亦喜怒之气，哀乐之心，与人相副。以类合之，天人一也。"《春秋繁露·人副天数第五十六》曰："天地之精所以生物者，莫贵于人。人受命乎天也，故超然有以倚。物疢疾莫能为仁义，唯人独能为仁义；物疢疾莫能偶天地，唯人独能偶天地。"《鬻子·汤政》曰："天地辟万物生，万物生而人为政焉。……人化而为善，禽兽化而为恶，人而不善者，谓之兽。"《淮南子·精神训》曰："万物乃形，烦气为虫，精气为人。"《黄帝内经·素问·宝命全形论篇第二十五》曰："夫人生于地，悬命于天，天地合气，命之曰人。人能应四时者，天地为之父母，知万物者，谓之天子。"《黄帝内经·素问·至真要大论篇第七十四》曰："天地之大纪，人神之通应也。"《黄帝内经·灵枢·刺书真邪第七十五》曰："请言解论，与天地相应，与四时相副，人参天地，故可为解。下有渐洳，上生苇蒲，此所以知形气之多少也。"张介宾《类经图翼》曰："人禀三才之中气，为万物之最灵，目能收万物之色，耳能收万物之声，鼻能收万物之气，口能收万物之味。"《医学原始·天人合一论》曰："人受天命之性，禀阴阳媾和以成形，肢体百骸，知觉运动，无不与天地相合，故曰人乃一小天地也。"《释名》曰："人，仁也，生物也。"人承受天地阴阳的齐全精气，与天地同运同行，与天地并称为"三才"，被誉为"天子"。相对而言，万物多得天地之"烦气""粗气"，万物之气是偏极一端的，难以与天地并称。同时，人还善于"知万物"，即根据万物的空间方位，就能懂得万物得气多少与方位特征，从而可以惠及万物。

一方面人与万物是生命同源的，另一方面人又为万物之灵，这是不是矛盾的呢？在中华创世神话中，这种人与物的同异关系，不是人为的生成关系，而是天地之心的自然所为。人与万物同出于天地之气，具有同一个生命源头。但是人所得的是天地四时精气，是齐全的天地力量，而万物所得的多为一时一方之气，是偏颇不全之气，未能与天地的齐全状态相配相称，故天地之间，人为万物之灵，钟灵毓秀，与天地相匹配。

三、人在世界中的分化：人的原初力量逐渐残损

在创世神话时期，人是易道（0-0）或太极混沌（0-1）的齐全之心、性灵所钟，没有丝毫的残损。明程荣《汉魏丛书》辑《古三坟》云："三才者，天地之备也。游神动而灵，故飞、走、潜、化、动、植、虫、鱼之类，必备于天地之间，谓之太古。太古者，生民之始也。""太古时代"，生民初始，人心是天地之心的齐全状态。

"太古时代"，人依旧保持了原初的人心状态，与易道、太极具有相同的神圣力量。《黄帝内经·素问·上古天真论篇第一》曰："上古之人，其知道者，法于阴阳，和于术数，食饮有节，起居有常，不妄作劳，故能形与神俱，而尽终其天年，度百岁乃去。"《黄帝内经·素问·上古天真论篇第一》曰："余闻上古有真人者，提挈天地，把握阴阳，呼吸精气，独立守神，肌肉若一，故能寿敝天地，无有终时，此其道生。""真人"是保存了中华创世神话之初的"神道"齐全状态，因此，人的神道力量是没有受损的，"上古真人"是与天地同寿的。

时序变迁，发展到"中古时期"，"真人"神话力量开始有所残损。人因为神圣力量的逐渐沉沦，出现了一定层次的空间分化。《黄帝内经·素问·上古天真论篇第一》曰："中古之时，有至人者，淳德全道，和于阴阳，调于四时，去世离俗，积精全神，游行天地之间，视听八达之外，此盖益其寿命而强者也，亦归于真人。其次有圣人者，处天地之和，从八风之理，适嗜欲于世俗之间。无恚嗔之心，行不欲离于世，被服章，举不欲观于俗，外不劳形于事，内无思想之患，以恬愉为务，以自得为功，形体不敝，精神不散，亦可以百数。其次有贤人者，法则天地，象似日月，辨列星辰，逆从阴阳，分别四时，将从上古合同于道，亦可使益寿而有极时。""真人"与"至人"的差异在于：真人身上所具有的创世神话力量未有任何残损，是与天地之心等同的。至人生活在世界之中，其神圣力量有所残损，但是他们最终能够"去世离俗"、重新回归

到原初精神的齐全状态，所以还是修复了真人的原初状态。真人是创世神话的齐全心性结构，至人是通过后天修复回归了齐全的心性结构。相对于真人、至人的心性齐全状态，圣人是在世界生活之中，能够接近创世神话原初力量的人，他生活于世界之中，却能保持平淡无为之心，令自身精神不随物而发散，接近于神道的神圣力量。贤人效法天地日月，顺从阴阳，也是在世界之中遵循神道的运行法则，获得心性上的神道结构。

在《庄子》中，庄子展示了远古时期人因为与创世神话时期的神道关系，而出现了真人、至人、神人、圣人等社会空间的分化现象。《庄子·大宗师》曰：

> 且有真人而后有真知。何谓真人？古之真人，不逆寡，不雄成，不谟士。若然者，过而弗悔，当而不自得也。若然者，登高不慄，入水不濡，入火不热。是知之能登假于道者也若此。古之真人，其寝不梦，其觉无忧，其食不甘，其息深深。真人之息以踵，众人之息以喉。屈服者，其嗌言若哇。其耆欲深者，其天机浅。古之真人，不知说生，不知恶死；其出不䜣，其入不距；翛然而往，翛然而来而已矣。不忘其所始，不求其所终；受而喜之，忘而复之，是之谓不以心捐道，不以人助天。是之谓真人。……故其好之也一，其弗好之也一。其一也一，其不一也一。其一与天为徒，其不一与人为徒，天与人不相胜也，是之谓真人。[1]

《庄子·徐无鬼》曰："故无所甚亲，无所甚疏，抱德炀和，以顺天下，此谓真人。……古之真人！以天待人，不以人入天。"《庄子·逍遥游》曰："至人无己，神人无功，圣人无名。"庄子关于人在世界中的空间分化，都是以创世神话之时的"天"作为原初人的齐全状态，真人是"以天待人"，天性齐全成为真人的文化标志。"至人""神人""圣人"尽管生活在世俗世界之中，但他们能够做到"无己""无功""无名"，也能相对齐全地保持自身的文化心性，而不使之受损。

[1] 郭庆藩辑：《庄子集释》，中华书局，1961年，第226—235页。

随着创世神话的易道传统与齐全心性的残损与丢失，人开始在世界之中逐渐沉沦，人的心性结构出现遮蔽，在社会文化空间中，出现了越来越大的空间分化与人文裂变。如士人出现了社会分化，有上士、中士、下士。《老子·第四十一章》曰："上士闻之，勤而行之；中士闻道，若存若忘；下士闻道，大笑之一。不笑不足以为道。"上士对创世神话的神道力量持一种相信并践行的态度，中士持不太重视的态度，下士持讥笑的态度。当世俗之中的人放弃了创世神话的神道价值与神无心性时，人身上的各种欲望恶性就会放纵，人心的邪气恶性也会显现、张扬，这就意味着创世神话之初的天地之心开始消退、隐遁。《礼记·礼运》曰："饮食男女，人之大欲存焉。死亡贫苦，人之大恶存焉。故欲恶者，心之大端也。人藏其心，不可测度也。美恶皆在其心，不见其色也。欲一以穷之，舍礼何以哉?"依据人在世界中所持有的创世神话神圣力量的多少，世人就形成了圣贤、小人的文化差异与秉性分化。这种人在世界空间的空间差异，不是来自社会空间与物质财富，而是来自创世神话的天地心性与精神持存。《文子·微明》曰：

> 昔者中黄子云，天有五行，地有五岳，声有五音，物有五味，色有五章，人有五位，故天地之间，二十有五人。上五有神人、真人、道人、至人、圣人。次五有德人、贤人、善人、中人、辨人。中五有仁人、礼人、信人、义人、智人。次五有仕人、庶人、农人、商人、工人。下五有众人、小人、驽人、愚人、完人、上五之与下五，犹人之与牛马也。[1]

《家语》曰："人有五仪：有庸人，有士人，有君子，有贤人，有圣人。审此五者则理道毕矣。"《淮南子·缪称训》曰："言无常是，行无常宜者，小人也；察于一事，通于技者，中人也；若覆而并有之，技能而裁使之者，圣人也。"张介宾《类经图翼》曰："得气之清而正者，为圣为贤。得气之偏而浊者，为愚为不肖。"在世俗世界中，人随着创世神话力量的衰退，出现了各种人为的空间分化。

---

[1]（隋）萧吉：《五行大义》，载李零主编：《中国方术概观式法卷》，人民中国出版社，1993年，第142页。

四、人与疾病：中华创世神话神圣力量的丢失与诊治

工业文明时代的人，由于长期沉迷于世界的物质存在之中，就忘记并迷失了人在诞生之初所具有的创世神话力量，以致身体机能败坏，体质衰退，疾病丛生。德勒兹与加塔利在《资本主义与精神分裂（卷2）：千高原》中认为，无论怎样，你都在形成着一个无器官的身体，要是不形成一个，你就不能有欲望——它等着你，这是一种不可避免的训练和实验，它在你着手进行的时候就已经完成了，一旦你停下来，它就无法被完成。这并非是万无一失的，因为你有可能搞砸。或者，它会是可怕的，将你引向死亡。它是非欲望，但同样也是欲望。[1] 德勒兹认为，工业文明时代的人所拥有的是一个无器官的身体。这种无器官的身体属于沉迷于世界之物的身体，是身体外在化、沉沦化、物质化的病症状态。无器官的身体形象鲜明地揭示出生命萎靡、空洞虚妄的人的当代状态。

在创世神话中，人在创世之初是心性齐全（0-3）的，与原初之道（0-0）、太极混沌（0-1）、天地之心（0-2）是具有同等神圣力量的，因此，创世神话中的初人，如真人、神人、至人、圣人、道人，通常能够守护自身的原初神圣力量，使自身心性结构齐全地保持着。但是人只要活在现实世界之中，就或多或少地受损，而且过分沉迷于世界物质的人，就会逐渐失去人从创世之初所具有的神圣力量。《黄帝内经·素问·上古天真论篇第一》曰："今时之人不然也，以酒为浆，以妄为常，醉以入房，以欲竭其精，以耗散其真，不知持满，不时御神，务快其心，逆于生乐，起居无节，故半百而衰也。"《吕氏春秋·本生》云："人之性寿，物者抇之，故不得寿。物也者，所以养性也，非所以性养也。今世之人，惑者多以性养物，则不知轻重也。不知轻重，则重者为轻，轻者为重矣。若此，则每动无不败。"《慎斋遗书·阴阳脏腑》曰："医道比明天地之道者，盖人生天地间，无处不与天地合也。即人之有病，犹天之阴阳不得其宜也。故人因饮食、思虑、劳碌、淫逸而生病者，人中之天自为病也。"世界

---

[1] [法] 德勒兹、[法] 加塔利撰，姜宇辉译：《资本主义与精神分裂（卷2）：千高原》，上海书店出版社，2010年，第206页。

之物，原本只是用来滋养身体，滋养齐全之天性的，但是由于世人过分沉沦在世界物质享乐之中，就会导致自身原初的“精气”受损，耗散自身的“真气”，又不善于随时调理、滋养自身的精神，一味满足外在的感官快欲，违背人与天地之间的顺应关系与时节变化。养性养身是本，外在物质是末，当世人颠倒了本末之间的原初关系时，人就逐渐疏离自身原初所具有的神圣力量，就会出现提早衰老、身患重病甚至死亡的社会现象。

当世人在世界中，逐渐丢失自身原初力量的时候，圣人就会以文化自救的方式，教育世人，让他们重新获得人在创世神话中所具有的原初力量，来救治自己。《老子·第二十五章》曰：“人法地，地法天，天法道，道法自然。”《老子·第七十一章》曰：“知不知，上；不知知，病。圣人不病，以其病病。夫惟病病，是以不病。”老子告诫世人，人需要效法天地（0–2）、易道（0–0）、自然（0），这种回归自然方式，与创世神话中，人从自然之道（0–0）、太极（0–1）、天地（0–2）的生成过程恰好是相反的。也就是说，圣人是用回归创世神话之初的方法来拯救世人。圣人是懂得世人不知的神圣力量，所以是心性齐全的。世人以不懂为懂，是以会生病。圣人之所以不会生病，是因为圣人是以真病为病，他不像世人，世人是以无病为病。老子的真病，是指人在世界中，因为丢失自身的原初力量（0–3）而导致原初力量消散之病，并非指人的躯体之病。五代谭峭《化书·道化》云：“是以古圣人穷通塞之端，得造化之源，忘形以养气，忘气以养神，忘神以养虚。虚实相通，是谓大同。故藏之为元精，用之为万灵，含之为太一，放之为太清。是以坎离消长于一身，风云发泄于七窍，真气熏蒸而时无寒暑，纯阳流注而民无死生，是谓神化之道者也。”圣人成为治疗世人杂病的医生。

圣人以创世神话的神道力量来治疗世人，其实质在于，救治沉迷世界的人心，让人重新捡回自己丢失的神道力量，从而解决自身精神与有形身体的不齐全问题或病理问题。子曰：“《诗》三百，一言以蔽之，曰：‘思无邪。’”圣人以诗歌的方式，将人心的邪气状态调至无邪状态。《黄帝内经·素问·阴阳应象大论篇第五》曰：“阴阳者，天地之道也，万物之纲纪，变化之父母，生杀之本始，神明之府也，治病必求于本。”要救治世人之病，必须追究天地阴阳，这才是救治人疾病的根本所在。《淮南子·诠言训》曰:“君子行正气，小人行邪气。内便于性，外合于义。循理而动，不系于物者，正气也。重于滋味，淫于声色，发于喜怒，不顾后患者，邪气也。邪与正相伤，欲与性相害，不可两立，一置一废，故圣人损欲而从事于性。”人心有了邪气，邪气就会伤害人的正气，人心欲望膨胀，就会遮蔽人的天性。而圣人、君子要善于大行正气，提倡天性，抵制人的邪恶欲望。

五、结语

创世神话是开启真正理解华夏民族优秀传统文化原初编码的金钥匙。在创世神话中，人的齐全状态成为人的神话原型与力量源泉，创世神话初人的心性结构（0–3）与天地之心（0–2）、太极混沌（0–1）、易道（0–0），尽管在有形身体方面存在不同，但在心性结构方面却是同源同构的，是齐全的天地之心、神道力量在人类命运中的齐全生成。

在中华创世神话中，人与万物具有同一个生命源头，但是存在一定的文化差异。初人秉承了天地的齐全心性，是天地精气所为，而万物为天地烦气所为，在神圣力量的传承方面，初人远远超过万物，成为万物之灵。

随着时间的推移，人类身上从创世神话中所获得的神圣力量出现了分化，真人、至人、神人、圣人善于保全、持养自身的原初力量，使之不消散。而世人、小人由于过分沉迷于世界物质的享乐，损害了自身的原初力量。因此，依据创世神话的原初力量，世界之中的人就出现了文化空间的差异。

失去原初神圣力量的世人，由于过分消耗自身的精神与身体，出现了身体提早衰老、疾病缠身等问题。为了教育世人，圣人提出回归自然大道的文化策略，用重新获得创世神话的神圣力量，来治疗世人的扭曲心性与有病身体。圣人在早期文化中，无不是以神道力量的心性结构来教育与救治世人的。

工业文明时代，人心被市场物质所困，人心不古，容易得病。中华创世神话中人的原初之力与齐全心性，以及与早期圣人回归创世神话的心性拯救方式，依旧可以为现代人提供一种新的心性补救可能。

创世神话的概念、类型与谱系

田兆元[1]

（1，华东师范大学，上海，200062）

摘要：创世神话研究在上海的兴起，是城市定位、神话学传统、知识者与市民的共同选择。将创世神话从简单的创造世界与创生人类拓展开去，把器物创造、制度创造和道德创造纳入创世神话的范围，便成为真正的中国人的创世记。创世神话是人类思维发展到较高程度、社会发展到较高阶段，形成的对文明发展具有承先启后意义的关于文明创造的神圣叙事。创造是创世神话的主题词，神圣讲述是创世神话的表述形式。把创世神分为天地日月自然创世神，龙凤虎龟图腾创世神，道德英雄祖先创世神三大类，则是创世神话形态的分类。中国创世神话的谱系从地域性、族群性上升为民族性、国家性，体现的是多元一体的文化格局。而面对构建人类共同体的任务，中华创世神话传播与研究将做出突出贡献。

关键词：创世神话；类型；谱系；多元一体

一、缘起

近年来，上海启动了“开天辟地——中华创世神话文艺创作与文化传播工程”。创世神话被国家视为培根固元、提升民族文化自信的大事。2016年国庆期间，上海图书馆推出中国创世神话系列讲座，委托我组织专家，制定具体讲座细目。中国创世神话系列讲座共六次，拟请三位专家。于是，神话学专家叶舒宪先生、社会史专家钱杭先生，加上我一起担当讲座讲师。在上海图书馆的讲座，由上海媒体推波助澜，掀起了一个创世神话的小高潮。当时的效果之好，是出乎意外的。于是，上海图书馆决定将这些讲稿结集成书，通过上海图书馆讲座的负责人与上海交通大学出版社编辑的辛勤劳动，图书付梓出版了！

图书虽然只是关于创世神话的六讲知识，却是我们三位学者多年思考的结晶式呈现，如叶舒宪先生的神话历史、四重证据、熊与龙、玉成中国等。我们对天地日月的思考、创世神话当下的思考、神话民俗学路径的思考、神话叙事三种构成的思考等，不仅在理论上有新的收获，在具体神话的解读上也很有心得。所以这本书很快入选2018年度国家新闻出版署“经典中国国际传播工程”，2018年一共有101本书（包括理工科书籍）获得支持，《中华创世神话六讲》能够入选非常不容易。这是创世神话在国内出版获得反响，进而转向海外传播的一个案例。这是创世神话向海外传播的开始，创世神话的海外传播必须与我们丰富的创世神话资源对等，必须与我们的努力研究对等。中国神话学的理论单方面照搬外来理论的时代应该改变，即中国神话学的研究者要有向世界奉献思想的理想和能力。

中国出版传媒网推荐2018年第三季影响力图书，共计20部文学图书，《中华创世神话六讲》入选，排在第5位。其推荐语是这样的：

《中华创世神话六讲》田兆元、叶舒宪、钱杭著，上海图书馆编/上海交通大学出版社2018年7月版/68.00元

推荐理由：该书从中华神话谱系精选流传最广的符号元素，从自然、图腾、祖先等多个切口讲述中华创世神话的发展演变，解读世代

传承的文化基因。[1]

在其他文本都是文艺创作的书目中，有这样一本关于创世神话的学术性图书，充分体现出社会对神话的高度关注。这似乎可以列为2018年中国神话学的一个事件，因此也就值得一说。

2019年7月，浙江良渚文化王城入选世界文化遗产名录，江南地区的传统文化形貌得到了重新评估。同时，良渚神话再次得到关注。叶舒宪先生的创世鸟与良渚神徽论，[2]使得东南创世神话原生区文化被提出来。而对于福泉山良渚文化时期的龙纹，笔者强调上海是龙文化的重要故乡，认为是在上海开始了由凤的文化世界向龙凤交流的文化世界转变，龙与凤在上海及东南地区走向融合。[3]上海创世神话研究，开始把目光聚焦到自己身上，这是前所未有的事情。随着上海“开天辟地——中华创世神话文艺创作与文化传播工程”的展开，创世神话的相关理论问题便浮出水面。

“开天辟地——中华创世神话文艺创作与文化传播工程”，为什么会选择在上海这样一个貌似没有多少创世神话遗存的现代化城市展开？为什么在上海会出现对创世神话研究与讨论的激情呢？

首先，大背景还是上海社会经济发展带来的对文化的渴求。上海已经迈进了发达经济体的门槛，对于文化的消费需求大幅增加。上海的管理者与民众也不满足于仅仅欣赏舶来品。在市民的文化需求中，对于本土文化的需求有显著提升。举一个例子，十多年前上海民族乐器厂可谓惨淡经营，那时学乐器就是学钢琴、小提琴，很少有学习民族乐器的。近年来琵琶、古筝等民族乐器销量大增，上海民族乐器厂效益好了，传统乐器的制作水平也不断提高。经济发展、文化发展带来了文化自信，那些简单的初级文化形式已经不能满足市民日益增长的文化需求。创世神话这一文化内涵丰富、理解又颇有难度且陌生的文

[1]《2018年度影响力图书推展·第三季》，http://www.cbbr.com.cn/article/124676.html，2018年10月10日。

[2] 叶舒宪：《创世鸟神话“激活”良渚神徽与帝鸿——兼论萨满幻象对四重证据法的作用》，《民族艺术》，2019年第2期，第62—73页。

[3] 田兆元：《为何说上海是中国龙文化的重要故乡——田兆元教授在华东师范大学书香年华讲座上的演讲》，《解放日报》，2017年3月21日。

化形式，自然成为文化消费的选择。

其次，上海需要自我文化品格，它不再愿意被说成是一个小渔村，或是殖民文化的大本营。事实上，上海有六千年的文明积淀，崧泽文化、福泉山文化、广富林文化、马桥文化次第发掘出来，发现上海的古代世界是一片灿烂的天空。这样一小片土地，这样多的古代文明，实在是傲人。所以上海有资本宣称“上海是龙文化的重要故乡”“上海是孔子唯一的南方弟子言偃（子游）为政治理的地方”“上海是佛教传入的桥头堡”。我们都是龙的传人，我们都是炎黄子孙，为什么我们这些子孙不能把祖先的事业发扬光大呢？只有立足中国大地的文化才有强大的生命力，只有傻瓜才会鹦鹉学舌般跟在别人后面！在弘扬创世神话、为民族文化培根固元的同时，建立上海的文化长城，何乐而不为？

第三，上海是中国现代神话学发祥地之一。中国神话学经典著作《神话学ABC》（1928年）为大夏大学谢六逸先生所撰，在上海出版；茅盾先生的《中国神话研究ABC》（1929年）也是在上海撰写、在上海出版；吕思勉先生的论著、杨宽先生在光华大学的著作《中国上古史导论》（1937年）为神话研究作出了很大贡献；大夏大学吴泽先生的《中国原始社会史》（1943年）明确提出以神话传说和出土文物建构古史传统，开以神话建构古史进程的传统。既然已有这样的神话学传统的积淀，为什么不能绍前贤之德以弘扩之？

上海形成创世神话研究的氛围有其天时地利人和之便，因此也就出现了学界重视创世神话研究、政府支持创世神话研究、民众热爱创世神话故事的局面。

当然，上海“开天辟地——中华创世神话”文艺创作与文化传播工程还有担当国家使命的背景。上海要建立成全球卓越城市，而卓越城市的最核心标志就是文化创新的能力。如果连自己的创世神话都没有发言权，连民族的根本话语都得不到研究，那还是什么卓越城市？神话是民族之根、文化之本，一个卓越的城市，是不是应该在创世神话传承和研究方面有所作为？

2017年，上海又启动了“中华创世神话学术研究工程”。这是因为没有研究，创作也是很难上台阶的。是不是上海图书馆的学术讲座推进了创世神话的学术研究进程呢？虽然这项工作在学术研究工程之前就开始了，但我们觉得学术讲座是一个序曲。没有公众的欢迎，没有学者的努力，就没有“中华创世神话学术研究”工程的构建。在此基础上，我们对创世神话有进一步的探索。

二、何谓创世神话

什么是创世神话呢？学者们几乎是众口一词：关于宇宙世界的创造、关于人的创造的神话是创世神话。也就是说，创世神话包含世界是怎么来的、人是怎么来的两大基本内容。

是的，这两大类肯定是创世神话。但创世神话要是只有这么点东西还是有所不足的。我们过去对于创世神话的理解是片面的。为什么这样说呢？世界创造出来了，人创造出来了，假如他们不具备创造物质世界、精神世界和制度世界的能力，那与禽兽有什么区别？那些发明了取火，发明了衣服，发明了房屋，发明了陶瓷，发明了车船等等的神人故事，同样是创世神话。那些发明了嫁娶制度、礼乐制度、九州制度的神人故事，同样是创世神话。那些发明了音乐文化、孝道文化、信仰文化的神人故事，更是创世神话。没有天地开辟，生灵无所附丽；没有人的诞生，就没有一切；没有器物的发明，人类不会进步；没有制度的创立，社会只是一盘散沙；没有文化精神的培养，就没有灵魂。所以笔者认为创世神话应该包含以下五大类型：

天地开辟的神话（天地开辟、天地拯救等）

人类创生的神话（造人生人、人类的再生等）

器物发明的神话（衣、食、住、行、乐、用等）

制度创立的神话（婚嫁制度、九州制度、礼仪、市场、刑法等）

精神建构的神话（孝、悌、忠、信、仁、爱）

因此，创世神话是人类思维发展到较高程度、社会发展到较高阶段，形成的对文明发展具有承先启后意义的关于文明创造的神圣叙事。创世神话体现民族文化的统一性、社会的整合性、思维的系统性、伦理的规范性。创世神话具有文明奠基的意义，是民族自我认同的核心文化符号。同时，创世神话具有文明传播力量，是各种文化交流、文化竞争的核心场域。创造、发明是创世神话的主题语，神圣讲述是创世神话的特点。

对于这样的表述，有学者有不同的看法，认为创世神话太宽泛了。但是，我们觉得这是应该坚持的正确选择，不仅在今天不是宽泛的，就是在古代，人们也是非常重视创造的叙事的。比如《世本》，这本秦汉或者是秦汉以前的典籍，就有《作篇》，书中这样记载：

伏羲制俪皮嫁娶之礼。

伏羲作琴。

神农作瑟。

女娲作笙簧。

黄帝作冕。

第一项“制”，就是制度创作。而器物制作，都是创世神话的赫赫帝王所为。其他如“夔作乐”“伯夷作刑”“后益作占岁之法”“祝融作市”，都是关于社会制度的创造。所以，我们不能把创世神话理解得那么狭隘。

就是写作《中国创世神话》（上海人民出版社）的陶阳先生和牟钟秀先生也没有把创世神话理解得那么狭隘。陶阳先生和牟钟秀先生将创世神话定为五类：天地开辟的神话，人类诞生的神话，族源神话，天象来历的神话，各种文化现象起源的神话。前两类是通用的关于创世神话的分类；三、四两类，只是对前两者的补充；而“各种文化现象起源的神话”，则具有更宽泛的涵盖面。他们认为农耕、饲养、天文和医疗等，都是创世神话。笔者很佩服他们对于创世神话的深刻理解。笔者有责任在他们基础上进一步拓展创世神话的空间。

明白了以上的创世神话类型，再来看看创世神的构成。笔者认为，天地日月的创世神话是根本的创世神话。天地生万物，万物本于天，“天地之大德曰生”。当我们回归常识，就会发现离开了天、地，万物与人类无以为生。日月作为与生殖相关的神，其创生人类之功极为重要。在古人的叙事中，关于人的由来、万物的由来，有丰富的表述。其中，由上天发展出来的上帝之神，从上古到晚清，一直活跃在祭坛上。就像将元旦赠送给西历一样，中国的上帝基本被外来上帝覆盖。上帝是我们需要研究传承的、极为重要的中国文化遗产。天地日月的神话，是盘古开天辟地神话的延伸，因为天地日月被视为盘古身体所化。“天地大德曰生”这些《周易》里的表述，不是直接讲道理的哲学，而是创世神话，然后派生出哲学意味来。中国人关于天地的观念，首先是来自神话的。天人合一观，是具有浓厚神话意味的宇宙观与世界观。

动物植物之类的图腾神是第二类创世大神，青龙、白虎、朱雀、玄武等都是诞育人类的创世神。我们今天还在强调的“我们是龙的传人”，是神话的对我们身份的表述，是图腾神话不可磨灭的印痕。中国人的文化认同，首先是回到神话叙事上来建构。文化认同是历史与现实的统一，先是历史的阐述，后是现代的认同，也是关于历史的传承与重构。所以中国图腾神话十分重要。

第三类是为民奉献的祖先英雄大神，如伏羲女娲、炎帝黄帝、尧舜、鲧禹等。他们的身份是帝王与创世神的统一、祖先与创世神的统一、英雄与创世神的统一。他们的最基本属性是有功烈于民、为民奉献，然后就是无尽的创造活力，而最突出的是都是我们的祖先。

所以创世神就有这样三个大类：

天地日月的自然创世神

动物植物的图腾创世神

道德英雄的祖先创世神

三者之间有交集，但又各自具有鲜明的特点。对创世神话与创世神进行分类，是为了表述更加清晰，也体现我们的思考。

三、创世神话的谱系

创世神话是一种神圣叙事，同样离不开语言文字、仪式行为和景观图像这样三种叙事形式。中国创世神话是活态的，很大程度上是依赖民俗传统传承到今天，不像有的神话仅仅剩下一堆文字。中国创世神话往往有巍巍神宫、亿万朝圣之众，有相关节庆，神奇、庄严、神圣，世世代代形成了博大的民俗传统。这时笔者想起了谢六逸先生之论：“神话学就是民俗学，民俗学就是神话学。”因此，创世神话研究必定离不开语言文字的训诂之法，离不开对民俗行为的田野调查之法，离不开对器物的考古分析之法等。当然，在数字化时代，创世神话研究离不开对多媒体的关注、对文化创意产业的研究。今天的学术研究，需要传统功力，更需要现代眼光。神话的语言文字叙事、仪式行为叙事与景观图像叙事，以及数字叙事，是创世神话的形式谱系。

创世神话的叙事层次、空间构成、时间构成、族群构成，从区域性、族群性创世神话叙事到民族性、国家性创世神话叙事，体现多元一体的中华民族文化格局，这是把握中华创世神话谱系的基本原则。今天，在创建人类命运共同体的时代，依照传统的说法，就是创造人类大同世界，中华创世神话将成为人类命运共同体的精神资源，奉献自己给世界。让民族的文化成为世界共享的文化，这是新时代中华创世神话研究与传播的使命。

构建人类命运共同体，在今天的世界分外重要。希望更多的有识之士一起来研究中华创世神话，弘扬中华创世神话。希望通过努力，让中华创世神话为广大民众所接受，为世界各国人民所喜爱。所以，中华创世神话传承的目标，既是构建中华民族伟大复兴的文化根基，也是与世界分享这份珍贵遗产，让世界共享这份文化珍品。

作为文化的谱系，从民族的走向世界的，是人类发展的必由之路。大同世界，必定有其大同的文化。研究、弘扬、传播中华创世神话，将是人类命运共同体文化基本建设的使命。

发展的、互动的与共享的文化，是人类文化交流的目标。多元性是大同文化的谱系构成，统一性是谱系存在的基础。创世神话统一性与多元性的和谐表达，是在为美好未来谱写华彩乐章。

中国创世神话母题的类型与体系

——以《中国创世神话母题（W1）数据目录》为例

王宪昭[1]

（1，中国社会科学院，北京，100732）

摘要:《中国创世神话母题（W1）数据目录》是在《中国神话母题W编目》基础上形成的母题数据类型目录。主要目的是通过对中国各民族创世神话母题的提取、采集与梳理，初步建构出中国创世神话母题的类型与体系，以推进该类神话的全方位、系统性研究。所涉及的创世神话为一般意义上所说的以“世界起源”“自然物起源”为核心内容的神话。本书包括“母题编目图表”，包括中国创世神话母题的“W编码”“母题描述”和“关联项”三个方面。目录具有包容性，有利于神话研究者和爱好者各取所需。本书在母题编码过程中以开放式为前提，为今后母题的增加保留了空间。其应用价值主要表现在可以根据母题体系的引导进行神话比较研究，有利于神话系统性建构与预测性研究；有利于创世神话的类型学层级性分析；有利于深入解析神话叙事结构；有利于中国各民族神话数据库建设。其建设的有关问题，包括创世神话母题目录的资料来源、创世神话母题的提取方法、创世神话目录的生成方法、创世神话母题目录的编排、创世神话母题目录与汤普森母题索引比较、创世神话母题目录的局限。

关键词：中国创世神话；母题；类型；体系；《中国创世神话母题（W1）数据目录》

《中国创世神话母题（W1）数据目录》[1]是在《中国神话母题W编目》[2]基础上形成的母题数据类型目录。该目录对应的是《中国神话母题W编目》中的“W1世界与自然物”，由原来的3级母题细化为5级母题，数量由原来的4 607个扩展为12 583个。主要目的是通过对中国各民族创世神话母题的提取、采集与梳理，初步建构出中国创世神话母题的类型与体系，以推进该类神话的全方位、系统性研究。

一、创世神话母题目录的主要构成

神话具有认知与解释“世界”的重要功能。神话是人类漫长的发展历程中积淀出的不可再生的文化遗产，也是人类历史文化信息的重要载体，其中创世神话在各种神话类型中地位突出。

《中国创世神话母题（W1）数据目录》所涉及的创世神话为一般意义上所说的以“世界起源”“自然物起源”为核心内容的神话。“世界”作为一个神话术语含义非常复杂。从目前的研究结果看，研究者对创世的“世”也说法不一。如典籍中说的“古往今来曰世，上下四方曰界”，后来的“世界”是全部时间与空间的总称。“世界”有时又称之为“宇宙”，虽然“世界”与“宇宙”这两个概念在学科界定方面存在区别，但在神话叙事中，由于人类认知的限制，对这两个概念并没有严格区分，此类母题在编目中可以统称为“世界”，也是“创世神话”的主体或核心。“自然物”也可以称之为“万物”。世界中的自然物林林总总，许许多多自然物会出现在内容丰富的神话叙事中。考虑到神话母题编目的实用性与适用性，我们并不能把每一个自然物都提取为相应的母题，只选择具有代表性或能体现规则性的母题作为母题编目线索，为读者的神话学或母题学研究提供必要的素材。与创世神话相关的其他以“人类起源”“动植物起源”“文化起源”等为主体的神话，则归列到另外专项母题类型

[1] 王宪昭著：《中国创世神话母题（W1）数据目录》，中国社会科学出版社，2017年。

[2] 王宪昭著：《中国神话母题W编目》，中国社会科学出版社，2013年。

集中表述。

中国创世神话母题目录包括“母题编目图表”，包括中国创世神话母题的“W编码”“母题描述”和“关联项”三个方面。其中“母题描述”的5个层级采用小数点标示的方法，“关联项”包括与“W母题”相对应的“汤普森母题编码”、母题实例的民族归属、“W母题”其他类型中与之相联系的母题编码及描述。

本书将创世神话母题分为9大类型，这些类型为① 世界（宇宙）起源概说；② 天地的产生与特征；③ 万物的产生与特征；④ 日月的产生与特征；⑤ 星辰的产生与特征；⑥ 天上其他诸物的产生与特征；⑦ 山石的产生与特征；⑧ 江河湖海（水）的产生与特征；⑨ 其他物质与生物。

上述类型也可以看作是创世神话文本的二级类型。

二、创世神话母题目录的应用价值

从创世神话的设计原理上看，目录具有包容性，无论是母题编码还是表述均讲求最大限度的包容性，以有利于神话研究者和爱好者各取所需。同时，母题目录具有开放性，5个层级的母题构成一个开放性的母题体系。《中国创世神话母题（W1）数据目录》在母题编码过程中以开放式为前提，为今后母题的增加保留了空间。每一个神话研究者可以根据自己的经验或判断将新发现的母题增加到合适的位置，以便使中国神话母题变得更为丰富和合理。因此，通过《中国创世神话母题（W1）数据目录》可以对这一类型进行深入细致的研究。其应用价值主要表现在如下几个方面。

可以根据母题体系的引导进行神话比较研究。“母题”作为神话的分析元素，一方面有其自身所具有的典型含义，另一方面也具有结构功能的相对稳定性。在研究过程中把“母题”作为神话的基本分析单位，即从作品基本元素或叙事单元入手进行梳理识别，不仅具有较为成熟的理论基础，而且会使各民族神话的比较更为直接便利。

有利于神话系统性建构与预测性研究。《中国创世神话母题（W1）数据目录》对进一步梳理创世神话的内容与体系具有重要作用。通过目录中预设的创世神话母题，可以从不同角度建构出神话叙事体系，进而寻找创世神话叙事的逻辑规则。

有利于创世神话的类型学层级性分析。针对类型学方面分析而言，母题的提取与表述看似带有随意性，但实际上能体现出神话包括叙事文学内在的类型结构。通过《中国创世神话母题（W1）数据目录》的总体体例设计，阅读者可以进一步探讨该神话类型的组合规律，同时对进一步了解和批评AT民间故事分类、艾伯华中国民间故事类型、丁乃通中国民间故事类型乃至ATU民间故事分类起到重要的作用。

有利于深入解析神话叙事结构。《中国创世神话母题（W1）数据目录》表明，众多母题可以组合成不同的神话叙事类型，即具有普遍性分析意义的“神话叙事结构模型”，依据这些模型，理论上可以对任何一篇神话进行量化分析、定性分析或比较研究。如① 链条式叙事结构；② 发散式叙事结构；③ 嵌入式叙事结构；④ 平行式叙事结构；⑤ 复合式叙事结构；⑥ 其他形式叙事结构模型等。

有利于中国各民族神话数据库建设。目前，信息传媒与网络新技术的迅猛发展导致社会科学研究方法的根本性变革，在神话数据的梳理与神话数据的检索方面，系统的母题目录可以作为最直接的学术与方法支持。

三、创世神话母题目录建设的有关问题

关于创世神话母题目录的资料来源。创世神话母题析出的文本并不完全局限于它是不是一个真正的“神话文本”。《中国创世神话母题（W1）数据目录》涉及的神话资料包括中国56个民族的神话，其主要来源如下：① 公开出版的民间文学类丛书。如中国民间文学集成全国编辑委员会编《中国民间故事集成》（中国ISBN中心出版，各省卷本）；② 神话作品结集或集成类出版物。如陶阳、钟秀编《中国神话》（商务印书馆2008年版）；③ 与神话有关的工具书。如吕大吉、何耀华主编《中国各民族原始宗教资料集成》(中国社会科学出版社，分民族卷本)；④ 与神话有关的学术著作。如马昌仪编《中国神话学文论选萃》（中国广播电视台出版社1994年版）；⑤ 中国少数民族文学

史。如马学良、梁庭望、张公瑾主编《中国少数民族文学史》(中央民族大学出版社2001年版);⑥ 未公开出版地方性出版物。如各省(市、州、县、区)三套集成办公室或领导小组收集整理的《中国民间故事集成》(县、市、区卷本);⑦ 学术期刊、报纸。如《民族文学研究》《山茶》;⑧ 个人田野调研搜集的神话材料。包括本人20世纪80年代末开始在民族地区采集的各类神话故事;⑨ 网络资料。如中国知网、中国少数民族文学网;⑩ 其他介质中的神话母题素材;等等。这些数据资源保证了创世神话母题目录来源的全面性和客观性。

创世神话母题提取方法。在母题选择、提取与生成中,主要运用直观—演绎法。母题提取过程中的"直观"不是感性经验意义上的直观而是理性直观,是从神话文本的复杂现象中通过知识经验抽取出具有符号性的叙事元素,同时还可以通过设定的目标进一步推论演绎出其他一系列母题。

创世神话目录生成方法。先从复杂神话文本中分析出最简单母题项,然后对若干母题进行类型归纳,进而确立各类型母题项间的逻辑关系。神话母题的演绎推论中涉及的母题顺序是先验的,这种"先验"会努力考虑到各类型母题特别是同一类型母题间的环环相扣和因果关系。当母题达到一定数量之后,在寻求目录呈现形式时,通过设置计算机模块检索改进母题类型编排与表述,注重母题呈现的规范性、系统性、直观性和科学性。

创世神话母题目录的编排。在创世神话(世界与自然物的产生)这个类型中,母题目录的排列注重叙事内在的逻辑关系。如,关于"造物"类,其所包含的母题一般可以依次表述为:① 造物的原因;② 造物的时间;③ 造物者;④ 造物的材料;⑤ 造物的方法;⑥ 造物的结果;⑦与造物有关的其他母题。上述表述程式对于形成母题目录的体系规范具有重要作用。

创世神话母题目录与汤普森母题索引比较。《中国创世神话母题(W1)的数据目录》全部母题,与目前国际通行的汤普森"民间文学母题索引"中的神话母题和相关非神话母题做出一一对照,并在目录表中对应列出,使用者据此可以进行中外创世神话母题的比较。并对汤普森母题索引做出相应的改进。主要做法是:① 增加神话母题数量。根据中国各民族神话母题的实际情况,增加了大量的符合中国神话特点的母题，并做出相对概括的母题描述和数字代码，《中国创世神话母题（W1）数据目录》提取的创世神话母题的数量为汤普森该类母题总数的12倍；② 合理界定神话母题范围。根据神话叙事与母题分析的需要，将汤普森索引中一些非神话母题调整为神话母题，将汤普森索引中神话母题中的一些非神话母题剔除；③ 调整神话母题排序。通过对“母题”识别、类型结构的系统建构建立新的排序，进一步增强了中国神话母题间的时空逻辑性和形式逻辑性。

创世神话母题目录的局限。① 本母题体系在采集过程中，涉及的文本复杂。由于我国民族成分自身的多样性，一个民族之中可能流传一些截然不同的观念或母题，或者由于神话传说作品搜集时间、采录背景、翻译等方面的原因，有些母题可能不会准确地反映一个民族的神话传说母题传承的客观情况。② 中国各民族创世神话情形非常复杂。《中国创世神话母题（W1）数据目录》建立在作者个人的神话资料积累基础上，在母题提取、表述及结构编排方面主要依赖于个人主观理解，难免有其他不完善之处。③《中国创世神话母题（W1）数据目录》尽管容纳了数以万计的母题，但有些层级母题的列举只是有选择的例证，难以完全归纳。对此本编目设定了相应的开放式表述结构，读者可以据此进行必要的修订或增补。

【附】《中国创世神话母题（W1）数据目录》简目

1.1 世界（宇宙）起源概说（W1000 ～ W1099）

1.1.1 世界的产生（W1000 ～ W1009）

1.1.2 世界的创造与创世者（W1010 ～ W1034）

1.1.3 世界最早的情形（W1035 ～ W1059）

1.1.4 世界的特征（W1060 ～ W1069）

1.1.5 三界及相关母题（W1070 ～ W1089）

1.1.6 与世界有关的其他母题（W1090 ～ W1099）

1.2 天地（W1100 ～ W1499）

1.2.1 天地的产生与特征（W1100 ～ W1129）

1.2.2 天的产生与特征（W1130 ～ W1169）

1.2.3 地的产生与特征（W1170 ～ W1269）

1.2.4 天地的合离与支撑（W1270 ～ W1359）

1.2.5 天地的修整（W1360 ～ W1399）

1.2.6 天地通（W1400 ～ W1424）

1.2.7 天梯与其他上天工具（W1425 ～ W1489）

1.2.8 与天地有关的其他母题（W1490 ～ W1499）

1.3 万物（W1500 ～ W1539）

1.3.1 万物的产生（W1500 ～ W1529）

1.3.2 万物的特征（W1530 ～ W1534）

1.3.3 与万物有关的母题（W1535 ～ W1539）

1.4 日月（W1540 ～ W1699）

1.4.1 日月的产生（W1540 ～ W1599）

1.4.2 日月的特征（W1600 ～ W1629）

1.4.3 日月的数量（W1630 ～ W1669）

1.4.4 日月的关系（W1670 ～ W1689）

1.4.5 与日月有关的其他母题（W1690 ～ W1699）

1.5 星辰（W1700 ～ W1779）

1.5.1 星星的产生（W1700 ～ W1729）

1.5.2 特定星星的产生（W1730 ～ W1754）

1.5.3 星星的特征（W1755 ～ W1769）

1.5.4 与星星有关的其他母题（W1770 ～ W1779）

1.6 天上其他诸物（W1780 ～ W1799）

1.6.1 天河（银河）（W1780 ～ W1789）

1.6.2 天宫与天堂（W1790 ～ W1794）

1.6.3 天上其他诸物（W1795 ～ W1799）

1.7 山石（W1800 ～ W1869）

1.7.1 山的产生（W1800 ～ W1824）

1.7.2　山的特征（W1825～W1834）

1.7.3　与山有关的其他母题（W1835～W1854）

1.7.4　石头（岩石）（W1855～W1869）

1.8　江河湖海（水）（W1870～W1979）

1.8.1　水的概说（W1870～W1899）

1.8.2　江河湖海（W1900～W1964）

1.8.3　其他一些常见的水体（W1965～W1979）

1.9　其他物质与生物（W1980～W1999）

1.9.1　金属（W1980～W1984）

1.9.2　矿物（W1985～W1989）

1.9.3　生命（生物）（W1990～W1999）

创世神话是对远古时期的文化记忆

徐华龙[1]

（1，上海文艺出版社，上海，200020）

摘要：创世神话是活态的文化，至今依然活跃在人们的脑海，流传在人们的口头，而且已经被公认为是中国历史、文学的最早起源。创世神话表现的中华民族创造人类文明的进程非常形象、具体，再现了人类开始之初的大无畏精神。创世神话是一种远古文化的记忆，过去我们往往会重视其文学价值，而忽略其在人类社会发展史上的意义，特别是在中华民族文明史上的价值：创世神话的研究可以弥补中华民族早期历史的空缺与不足；研究创世神话，有助于中华各民族之间的团结与认同。创世神话是祖先对远古社会、地理、自然追述的结果，是一种真实的历史与文化的展现。研究创世神话，可以大大地提升中华民族的自信心、自豪感及认同感。

关键词：创世神话；远古；文化记忆；文化认同

创世神话是一座未被真正认识、急待开发的宝藏。人们至今仍在不断探寻着其存在的矿藏和形成原因，试图分析出对当今社会有价值的矿物质，寻找出矿藏的脉络，以及各种物质图谱和互相之间的关联等等，这成为今天神话学工作者的一个重要任务。

一、创世神话表现的是真实历史

我们的祖先由于没有文字，只有依靠口碑历史来记载过去数万年的文化。如今这些口碑流传下来，才有了现在的盘古、伏羲、女娲等神话人物，及神话故事。在一些无文字民族里，这些创世神话里的人物就是他们的祖先，他们把这些创世神话中的人物当作自己民族的神灵崇拜、祭祀，这都说明创世神话在这些民族中的的确确是一种真实的历史。在汉族里所谓的炎黄子孙，就是深刻记载在血液里的真实历史的印证。

创世神话是活态的文化，至今依然活跃在人们的脑海，流传在人们的口头，而且已经被公认为是中国历史、文学的最早起源。这些创世神话并没有因为时代久远而被忘却。在西南少数民族口头文学里，就可以发现创世神话非常顽强地存在着，成为民族文化的重要组成部分。

创世神话的真实，不仅表现在盘古、伏羲、女娲这些创世人物，也表现在远古时期的动物方面。《山海经》里的鸟、兽、鱼或许是真实的史前世界图景。如《西次四经》："英鞮之山……涴水出焉，而北流注于陵羊之泽。是多冉遗之鱼。鱼身蛇首六足，其目如马耳，食之使人不眯，可以御凶。"这里，虽然将鱼、蛇、马等汇聚在一起，最后还是鱼的形象。这种把多种动物形象汇聚成为一种动物的现象，在《山海经》里比比皆是，究其原因是当时人们还无法解释这种现实中的奇异现象，或是出于幻觉中的幻象，将其描画下来。

祖先为我们展现的《山海经》的鸟、兽、鱼包括人在内，几乎与现实生活中的完全不同，或许是畸形或许是人类观察的误判，但毕竟是人们对现实生活里鸟、兽、鱼、人的一种描述。这种描述真实地再现了远古时期的自然物与它们的外形与生存状况。

二、创世神话表现了创造人类文明的进程

创世神话表现的中华民族创造人类文明的进程非常形象、具体，再现了人类开始之初的大无畏精神。首先表现的是开天辟地，盘古就是一位创世记的大神。由于他的出现，才有了人类生存的空间。

开天辟地之后，没有人，也不是一个社会，所以必须要造人。伏羲、女娲来造人，这种观念就非常了不起，知道男女结合才能够生儿育女。后来，才演变为兄妹婚、对偶婚、多偶婚等婚姻形式，都属于人与人之间的繁衍，显然比伏羲、女娲交尾的动物状态晚了很多。

有了人之后，还需要创造出各种各样的适合人类生存的方法，于是有了发明火的燧人氏、造房子的有巢氏、创造文字的仓颉、发明谷种的稷神与创造蚕业的嫘祖等。

早期人类生存状况十分艰苦，这是不争的事实，需要人与自然进行残酷的博弈、争斗。这些都在创世神话里得以充分表现。后羿射日，反映的是旱灾，大地荒漠之后人类要战胜太阳的决心与毅力。精卫填海，则反映了在海水泛滥、民不聊生的状况之下，即便是微不足道的小鸟也可以用微小的力量来与大海抗争。女娲补天，说的是大雨瓢泼，人类生存产生危机，于是有了女神来弥补天的缺漏。

这些创世神话，至今看来好像是文艺创作，太有想象力，太精彩了，其实，这不仅仅是艺术的创造，更是真实展现了那个时代的场景与希望。场景是人类生存的状况十分严峻，希望有一个能够战胜天地的大神，来战胜自然灾害，挽救人类。

远古时代的自然条件与气候状况，随时随地会发生巨变，在这种恶劣的自然条件下，人类抗争就不可避免会出现，在人们的记忆里，所谓的女娲补天、后羿射日、精卫填海都是在这种自然条件下产生的真实的人类历史活动。

三、创世神话研究的价值

创世神话是一种远古文化的记忆，研究之后就会体会到其价值的不可估

量，以后还会逐步显现出来。过去我们往往会重视其文学价值，而忽略其在人类社会发展史上的意义，特别是在中华民族文明史上的价值。

创世神话的研究可以弥补中华民族早期历史的空缺与不足。

过去所说的中华民族文明史，其有文字记载为三千年，近些年来夏代文明被考订、证实之后，一般认定为五千年。而五千年之前，中华民族的历史在哪里？回答不尽相同。其实，就在创世神话所描述的历史之中，反映的是五千年前乃至更早的远古时期历史，而这些历史以往都是无文字的，大多数保存在人们口碑中。正是这种无形的文化，在不知不觉中用口耳相传的方法，保存了这漫长的珍贵历史。虽说这种历史尚处于文明发轫阶段，却是真实的，毫无虚幻成分，其真实的根据，就在于长期存在于人们的头脑里丝毫不予怀疑，虔诚地传承的文化。

研究创世神话，有助于中华各民族之间的团结与认同。

创世神话流传在中国许多民族中间，成为他们文化的一部分。这些创世神话的故事人们耳熟能详，同时有非常多的神话人物、行为与事迹，成为民族的象征与骄傲，大大地丰富了民族的文化、历史。由于创世神话真实地展示了远古时期的社会、历史、文化，在各个民族之间互相影响，相互流变，因而形成了不同的民族色彩与文化特色，特别是少数民族的创世神话由于其社会发展进程不同而更加丰富多彩，呈现了更古老的文化记忆，从而展现了中华民族创世神话的不同特征与多元脉络。

综上所述，一个基本观点，创世神话是祖先对远古社会、地理、自然追述的结果，虽然这种记忆是不完整，带有魔幻色彩，但是崇高的，是一种真实的历史与文化的展现；研究创世神话，可以大大地提升中华民族的自信心、自豪感及文化认同感，这也是不争的事实。

四重证据法重释仰韶文化鱼纹的神话内涵
——兼评“创世鱼女神”观念

柴克东[1]

（1，上海交通大学，上海，200240）

摘要：在文字诞生以前的大传统时代，纹饰是先民们表达神灵崇拜的主要方式。本文利用文学人类学派倡导的四重证据法，通过对仰韶文化彩陶鱼纹的神话内涵的解读，推断出新石器时代晚期中国大地上曾经兴起过鱼女神崇拜的现象。比较神话学和民族志资料显示，鱼女神因其体内蕴含的重生力量而被视为创世女神。《山海经》等古籍中记载的鱼妇、鲧、禹形象的原型源自大传统时代的鱼女神，在他们身上依然保留着创世鱼女神的内涵。

关键词：仰韶文化鱼纹；创世鱼女神；四重证据法；大、小传统

一、引论：研究背景及方法论问题

1989年，美国考古学家马丽加·金芭塔丝出版其神话考古学专著《女神的语言》，通过对欧洲新石器时代村落遗址中2 000多件器物的整理研究，为前文字时代的神话研究提供了至关重要的母题索引，并且重新确立一种被遗忘的女神崇拜宗教。20世纪80年代初，我国考古工作者在辽宁牛河梁红山文化遗址发现一座“女神庙”，[1]证明公元前4500 ~前3000年的中国东部大地上也曾有过女神崇拜现象。这一时期正是张光直提出的“中国相互作用圈”形成时期。[2]考古材料证明，与红山文化同时或略早的仰韶文化在东部地区的延伸已经对红山文化产生影响，二者的相互作用直观地体现在彩陶形制及纹饰的相似性上。牛河梁女神庙和积石冢发现的“塔形器”、彩陶、积石冢上成行排列的陶筒形器，以及红山文化魏家窝棚聚落遗址中出现的陶钵、釜、罐等器物，都表现出鲜明的仰韶文化特色。[3]积石冢和女神庙中供奉的器物都是用于祭祀女神的礼器，因此这些同类型的器物可能在仰韶文化中也发挥着类似的功能。那么，这是否意味着仰韶文化中也曾盛行过女神崇拜现象呢?

仰韶文化遗址未发现像牛河梁女神庙一样完整的礼仪性场所，本文选择以仰韶文化彩陶上的鱼纹为突破口，对新石器时代女神崇拜信仰在中国是否具有普遍性这一问题进行研究。仰韶文化属于前文字时代的大传统文化，对文字诞生以后的小传统文化具有原型意义，因此，本文将采用由文学人类学派所倡导的四重证据法方法论，通过证据之间的“间性”来立体地呈现鱼纹背后的神话内涵，并对此内涵在推动中华文明形成过程中具有的重大意义给出一得之见。

二、第一重证据：鲧、禹的“鱼女神”原型

在中国古代，鱼因其鲜美的肉质和活泼灵动的生命力而被视为一种神圣的

---

[1] 方殿春、魏凡：《辽宁牛河梁红山文化“女神庙”与积石冢群发掘简报》，《文物》，1986年第8期，第1页。

[2] [美]张光直著：《中国考古学论文集》，生活·读书·新知三联书店，1999年，第152页。

[3] 郭大顺：《仰韶文化与红山文化关系再观察》，《郑州大学学报（哲学社会科学版）》，2017年第4期，第103—107页。

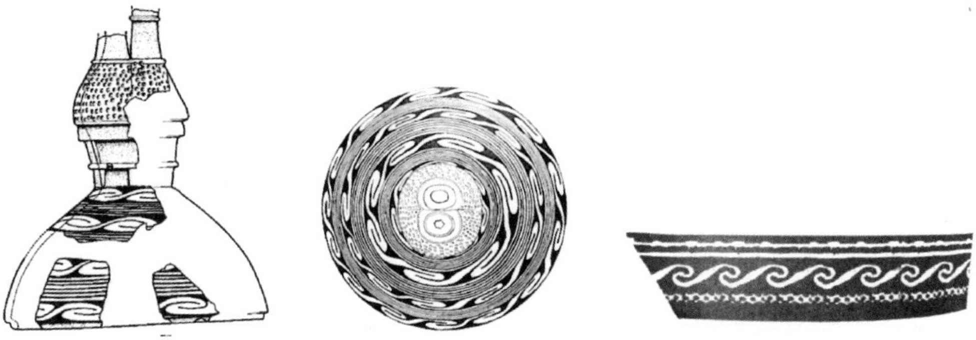

(a) (b) (c)

图1 牛河梁“塔形器”与陕县庙底沟彩陶的双螺旋纹饰

(a)为塔形器的正视图；(b)为其复原后俯视图（引自辽宁省文物考古研究所编著：《牛河梁红山文化遗址发掘报告（1983—2003年度）上》，北京：文物出版社，2012年，第130页）；(c)为陕县庙底沟彩陶纹饰（引自王仁湘著：《史前中国的艺术浪潮——庙底沟文化彩陶研究》，北京：文物出版社，2011年，第398页）

动物。《诗经》中有24首诗歌写到“鱼”的意象，周人或用鱼占卜圆梦、祭祀先祖、礼赞婚恋，或用之装饰车辆箭囊，命名奇异良马，赋予其吉祥、美好、高贵的品格。[1]鱼还被视为一种具有预言能力的神性动物。《史记·陈涉世家》记载陈胜和吴广在起义前夕将写有“陈胜王”的帛书放入鱼腹中，“卒买鱼烹食，得鱼腹中书，固以怪之矣”。这一看似荒诞的行为其实是陈胜借鱼的神性为起义正名。《山海经》中有关鱼的描写更是达到巨细无遗的地步，仅《山经》中五篇描写的鱼种类就多达50余种，[2]而且无一例外都充满浓厚的神话色彩。

古人有“述而不作”的传统，因此文献所记鱼的各种神性绝非向壁虚构，而必有其古老的渊源可寻。日本学者白川静最先注意到西安半坡彩陶上的“人面鱼纹”与鲧禹治水之间可能存在关联。白川静指出，《山海经·大荒西经》中“有鱼偏枯”之“鱼”就是禹之神像，而彩陶上的“人面鱼纹”正是“禹偏枯”的生动写照。人面鱼纹旁边的鱼可能就是禹的父亲鲧，他象征一位失败者形象。[3]“鱼”和“禹”同在古音“鱼部”，故可以通假。《庄子·盗跖》篇有“尧不慈，舜不孝，

[1] 黄金辉：《〈诗经〉中的鱼文化》，《咸宁师专学报》，1993年第3期，第76—77页。

[2] 刘火：《鱼，华夏文明最早的符码之一——〈山海经〉里的鱼与怪鱼》，《中华读书报》，2017年8月9日，第15版。

[3] [日] 白川静原著，[日] 加地伸行、范月娇合译，黄锦鋐博士校订：《中国古代文化》，文津出版社，1983年，第32—34页。

禹偏枯”的记载，与“有鱼偏枯”的句法相同，正好印证“禹”和“鱼”同声通假的现象。甲骨文中有“鱼”无“禹”，证明禹确实为后起字。但即便如此，将人面鱼纹与大禹直接对应起来，将鲧与围绕着人面鱼纹的鱼对应起来的说法还是显得证据不足。要在“禹”和“鱼”之间建立关联，还需要建构其他的证据链。

(a)　(b)

图2　半坡遗址“人面鱼纹”彩陶盆

（a）摄于中国国家博物馆；（b）摄于半坡博物馆

众所周知，结构主义神话学的理论基石是神话结构的二元对立模式。这一模式避免了针对神话本质进行的争论，而将神话视为由相互对立的各种元素组成的关系群。正如列维-斯特劳斯所言："如果神话中能够发现一种意义，这种意义不可能存在于进入神话构成的独立成分，而只能存在于这些成分的组合方式中。"[1]换句话说，神话中有一些恒定不变的元素，这些元素的意义不是自明的，只有在与其他元素的对立中才能显现出来。所以在面对意义难解的神话时，首先要找到深藏其中的恒定元素，再看与之形成对立关系的元素。

《山海经·大荒西经》中“有鱼偏枯”的原文是：

有鱼偏枯，名曰鱼妇。颛顼死即复苏。风道北来，天乃大水泉。

[1]［法］列维-斯特劳斯：《神话的结构研究》，载叶舒宪编选：《结构主义神话学》（增订版），陕西师范大学出版总社有限公司，2011年，第15页。

蛇乃化为鱼，是为鱼妇。[1]

这则神话中的独立元素有鱼妇、颛顼、风、水、蛇、鱼、死亡、复活，他们之间形成的二元对立模式有颛顼—鱼妇、风—水、蛇—鱼、死亡—复活。此外，在这些模式之中还存在着一种前者向后者转化的关系，即鱼妇由颛顼转化而来，水由风转化而来，鱼由蛇转化而来，复活由死亡转化而来。这样一来，我们在神话结构的二元对立模式之外又观察到一种对立转化模式。将上述对立转化模式组合在一起，就可以得出以下信息：颛顼以蛇的形式死去之后会以鱼的形式复活，鱼妇是颛顼复活之后的名字，风转化为水是复活的外部环境。

事实上，《山海经》中的对立转化模式俯拾皆是，以下两则神话尤与本文主旨相关：

又东三百里，曰柢山，多水，无草木。有鱼焉，其状如牛，陵居，蛇尾有翼，其羽在魼下，其音如留牛，其名曰鯥，冬死而复生，食之无肿疾。[2]（《南山经》）

洪水滔天，鲧窃帝之息壤以堙洪水，不待帝命。帝令祝融杀鲧于羽郊，鲧复生禹，帝乃命禹卒布土以定九州。[3]（《海内经》）

《南山经》的这则神话中包含的恒定元素有水、鱼、蛇、牛、鸟（翼）、死、生，构成的对立转化模式有鱼—蛇、鱼—牛、鱼—鸟、死—生，这些模式组合在一起即构成鯥的神话内涵：鯥同时兼有蛇、鸟和牛的特征，并具有复活的神力。《海内经》的这则神话最为人所熟知，对于它的解读也往往会涉及神话与历史之间复杂的纠葛。但从神话结构的对立转化模式来看，它也同样体现复活的主旨。试看其中的恒定因素有：洪水、鲧、帝、祝融、息壤、禹、治水，构成的对立转化模式有洪水—治水、帝—鲧、鲧—祝融、鲧—禹、死—生。如前文所述，从“禹偏枯”和“有鱼偏枯”以及禹为后起字可知，禹就是鱼妇。又“鲧”字从鱼，《说文解字》“鲧，鱼也”，《尔雅》“鲧，大鱼也”，所

[1] 袁珂校译：《山海经校译》，上海古籍出版社，1985年，第273页。
[2] 同上书，第2页。
[3] 同上书，第301页。

以“鲧复生禹”与颛顼化为鱼妇一样表现的都是复活的主旨。《史记·夏本纪》曰“夏禹，名曰文命。禹之父曰鲧，鲧之父曰帝颛顼，颛顼之父曰昌意，昌意之父曰黄帝。禹者，黄帝之玄孙而帝颛顼之孙也”，[1]这里将颛顼、鲧、禹视为祖孙三代，进一步暗示了颛顼与鲧之间存在转化的可能性。

综上所述，如果将三则神话中共有的恒定因素提取出来，则可以得到水、鱼、死、生四个恒定因素，一个共有的对立转化模式是死—生。如果将三则神话中所有的恒定因素都罗列出来，则这些恒定因素都可以和鱼形成二元对立模式。由此可见，传世文献中存在着一个以鱼为主角的神话，这条鱼最为突出的特点是可以复活，同时兼有蛇、牛、飞鸟等多种动物形态。从禹又称鱼妇以及颛顼死后化为鱼妇、鲧复生禹的对立转化模式来看，鲧、禹都明显具有女神的特点，因此我们得出的第一条证据链就是：颛顼、鲧、禹的原型是复活鱼女神。

三、第四重证据：“人面鱼纹”的二元对立模式

自20世纪60年代以来，考古学界关于仰韶文化的社会发展阶段提出三种意见，分别是“母系说”“父系说”和“母系向父系转化说”。[2]三种意见的论争已经持续近半个世纪，至今也远没有达成统一。但不能否认的是，仰韶文化半坡时期确实存在母系氏族社会的表征，这不仅体现在半坡遗址中将母子、兄弟、姊妹埋葬在一起的墓葬制度，更鲜明地体现在半坡遗址M152的特殊性上。据介绍，这座墓埋葬的是一个三四岁的女童，其股部被涂为暗红色，周围有大大小小79件随葬品。除陶器、石珠、石球等常见器物外，还有仰韶文化中罕见的玉石耳坠。无论是从陪葬品数目还是种类来看，都是半坡遗址其他墓葬无法比拟的。同时，这座墓葬采取的是与成人墓相同的仰身直肢葬形式，而不是埋葬儿童的瓮棺葬，[3]这进一步证明半坡先民对于女性有一种特别的尊崇。因此，半坡时期的母系氏族因素为仰韶文化中的女神崇拜提供了现实基础。

---

[1]（汉）司马迁撰：《史记》，北京：中华书局，1959年，第49页。

[2] 中国社会科学院考古研究所编著：《中国考古学·新石器时代卷》，中国社会科学出版社，2010年，第265页。

[3] 中国科学院考古研究所、陕西省西安半坡博物馆编：《西安半坡》，文物出版社，1963年，第215页。

正如一个神话单元的意义只有在与另一个神话单元组成二元对立模式时才能显现一样，彩陶纹饰也只有在形成组合纹饰时才能确定其象征意义。在仰韶彩陶的组合纹饰中，最为人所津津乐道的莫过于“人面鱼纹”，但对于其内涵的解读却远没有达成共识。[1]因此，要了解仰韶文化鱼纹的神话内涵，就必须先分析人面鱼纹的神话内涵。

迄今为止发现的16例人面鱼纹图案全部出自半坡时期的儿童瓮棺葬墓中。其中7例发现于半坡遗址，[2]3例发现于姜寨遗址。[3]从图案造型来看，人面作圆形或椭圆形，眼及耳梢以上作黑彩，眉或作空白的弯曲线状或涂黑。鼻作倒“丁”字形或垂三角形。绝大多数眼睛用两条直线段表示，为闭眼状，只有姜寨的一例和西乡何家湾的一例用圆圈表示，作睁眼状。姜寨一例中表示眼睛的圆圈中间还有一黑点，作为瞳孔。人面的两耳或呈弯曲构形，或两边各加一条小鱼。两嘴角或呈交叉性，或各衔一条小鱼。

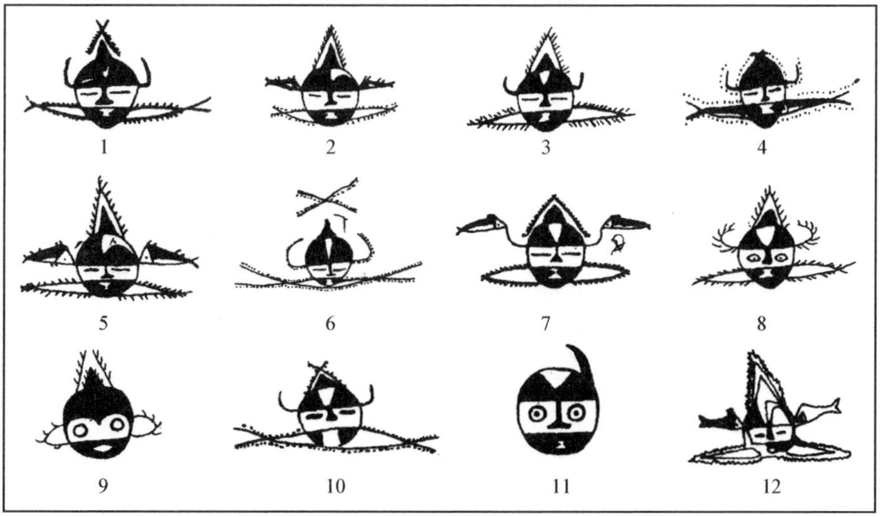

图3　半坡时期“人面鱼纹”图案

1～5：半坡遗址彩陶上的人面鱼纹；6～10：姜寨遗址彩陶上的人面鱼纹；11：西乡何家湾彩陶上的人面鱼纹；12：宝鸡北首岭彩陶上的人面鱼纹

[1] 刘云辉：《仰韶文化“鱼纹”“人面鱼纹”内含二十说述评——兼论“人面鱼纹”为巫师面具形象说》，《文博》，1990年第4期，第64—75页。90年代初至今关于“人面鱼纹”内涵的解读依旧热情不减，但归其旨要，仍以图腾说和生殖崇拜说为主。

[2] 中国科学院考古研究所、陕西省西安半坡博物馆编：《西安半坡》，文物出版社，1963年，第163—164页。

[3] 西安半坡博物馆、陕西省考古研究所、临潼县博物馆：《姜寨——新石器时代遗址发掘报告》，文物出版社，1988年，第138—139页。

人口数量是部族可持续发展的重要因素，仰韶部族儿童死亡率的居高不下是他们面临的一个重要威胁。以姜寨遗址和半坡遗址的统计数据为例，前者的儿童死亡率在40%以上，后者则高达50%。[1]儿童瓮棺葬墓中发现的人面鱼纹就可能与儿童早夭有关。我们将人面鱼纹图案看成神话结构的二元对立组合。首先，从第一条证据链可知鲧、禹的原型是复活鱼女神，这提示我们人面鱼纹中的鱼可能就是复活鱼女神的原型，而人面是与之形成对立的被复活对象。其次，绘有人面鱼纹的陶盆被用作儿童瓮棺的棺盖，说明人面所象征的是死去的儿童——或儿童的灵魂。最后，瓮棺形成的封闭空间很容易使人联想到鱼的卵或女神的子宫，将儿童置于这样的环境中，希望他们能够在鱼女神的卵（子宫）中重新发育、复活。[2]综上所述，人面鱼纹的神话内涵是希望早夭的儿童在女神的佑助下复活。姜寨和西乡何家湾中的人面作睁眼状，象征已经复活的儿童。龙岗寺遗址发现的一件敞口尖底罐共描绘有12个人面，人面整齐地排列成上下两层，其中睁眼人面和闭眼人面交叉分布，也是死亡与复活相互转化的重要证据。至此，我们得出的第二条证据链是：仰韶文化中的鱼纹象征女神的形象，人面象征夭折的儿童形象，由鱼纹拆分重组形成的纹饰也理应被视为是女神的象征。

图4 龙岗寺遗址敞口尖底罐彩陶上的“睁眼”和“闭眼”人面纹饰

（引自中国社会科学院考古研究所编著：《中国考古学 · 新石器时代卷》，北京：中国社会科学出版社，2010年，第240页）

[1] 中国社会科学院考古研究所编著：《中国考古学·新石器时代卷》，中国社会科学出版社，2010年，第261页。

[2] 关于容器所象征的子宫意象，详见叶舒宪著：《高唐神女与维纳斯：中西文化中的爱与美主题》，中国社会科学出版社，1997年，第95—104页。

四、第三重证据：比较神话学和民族志视域下的"创世鱼女神"

金芭塔丝指出，在古欧洲的女神象征系统中，鱼纹、网格纹、三角纹、菱形纹等纹饰往往以组合方式出现在陶器、岩画或石雕艺术中。鱼纹等同于女神的子宫，[1]网纹与"水生说"、生命之源以及人类、动植物的诞生存在紧密关联，[2]三角纹与菱形纹则是女神再生力量的象征。[3]当这些纹饰同时出现时，会形成鱼—子宫—水的象征系统，其深层神话内涵则指向鱼女神的创世功能。[4]在仰韶文化彩陶纹饰中，网格纹、三角形、菱形等纹饰也非常普遍。半坡遗址发掘的一件人面鱼纹彩陶盆在本来是鱼纹的位置绘制了两个网纹，说明鱼纹和网纹具有相同的内涵。因此，我们有理由相信，在仰韶先民的神话思维当中，鱼女神是体内蕴藏着重生力量的创世女神。这种信仰一直延续至文字诞生以后的小传统时代。上引《海内经》的鲧禹治水神话，就被许多学者解读为潜水型创世神话，[5]而本文所考证的鲧、禹的鱼女神原型则进一步支持了这一观点。

值得注意的是，把鱼当作创世女神的显圣物以及部族图腾或祖先的现象在民族志材料中仍然十分普遍。我国的布依族、侗族、水族、傈僳族、白族等少数民族至今还保留着鱼图腾的传统，这些鱼图腾往往与本部族的女性始祖关联起来。在布依族神话史诗《安王与祖王》中，始祖神安王的母亲就是一条鲶鱼，说明布依族人认为自己与鱼有血缘关系。他们将鱼雕刻在墓碑上，表示鱼与祖先灵魂同具有保护神作用。在枕头、被面、童帽、鞋面等刺绣作品上经常能看到鱼的身影。[6]对侗族人有着特别神圣意味的鼓楼是模仿"鱼窝"的形式建造而成。侗族史诗《侗族祖先哪里来》中有一句"鱼团结在鱼窝里，侗家团

[1]［美］马丽加·金芭塔丝著，苏永前、吴亚娟译，祖晓伟校：《女神的语言：西方文明早期象征符号解读》，社会科学文献出版社，2016年，第312页。

[2] 同上书，第82页。

[3] 同上书，第288页。

[4] 同上书，第315页。

[5]［日］大林太良著，林相泰、贾福水译：《神话学入门》，中国民间文艺出版社，1988年，第52页；叶舒宪著：《中国神话哲学》，中国社会科学出版社，1992年，第337页；李道合：《昆仑：鲧禹所造之大地》，《民间文学论坛》，1990年第4期；胡万川：《捞泥造陆——鲧、禹神话新探》，载朱晓海主编：《新古典主义》，台湾学生书局，2001年，第63页。

[6] 黄义仁著：《布依族宗教信仰与文化》，中央民族大学出版社，2002年，第24页。

(a)　(b)

图5　中国国家博物馆藏仰韶文化彩陶

(a)为船形彩陶壶；(b)为交错三角纹彩陶壶，两器均于1958年出土于陕西省宝鸡北首岭遗址

结在鼓楼里”，把鼓楼与鱼窝对举，含有鱼作为同类的意思。侗族信仰中的始祖母名叫“萨岁”，“萨”的发音与侗族语中“鱼”的发音相同。[1]在水族歌曲《鱼姑娘》《鲤鱼歌》《端午歌》中，有关鱼作为祖先神的记载非常丰富。水族各家的房梁中间都镶嵌有对称的鱼形银制图像。[2]白族是近水民族，对于鱼有非常特殊的感情。鱼被认为可以消灾弥难，如《南诏图传·文字卷》说："《西耳河记》云：'西耳河者，西河如耳，即大海之耳也。主风声，扶桑影照其中，以种瑞木，遵行五常，乃压耳声也。二者河神有金螺、金鱼也。金鱼白头，额上有轮。蒙毒蛇绕之，居之左右，分为二耳也，而祭奠之，谓息灾也。'"[3]

以上比较神话学与民族志材料中的鱼崇拜现象为仰韶时期的创世鱼女神崇拜提供了参考。笔者认为，鱼之所以被世界各地的先民神圣化，归根结底在于鱼超强的生殖能力以及在水中生活的习性符合人们对于创世女神功能的认知。

五、第二重证据：女神崇拜的升格与转化

新石器时代晚期，随着社会等级分化，一些地区开始出现由聚落组织向国

[1] 吕大吉、何耀华总主编：《中国各民族原始宗教资料集成·侗族卷》，中国社会科学出版社，2012年，第338页。
[2] 何积全主编：《水族民俗探幽》，四川民族出版社，1992年，第232—236页。
[3] 李霖灿：《南诏大理国新资料的综合研究》，“中央研究院”民族学研究所，1967年，第149—150页。

家组织演变的趋势。男性贵族阶层以操控礼仪的方式巩固并不断强化自己的政治地位，而女性地位则在这场复杂的社会变动中逐渐式微。与此同时，女神崇拜也出现两种明显的变化趋势：一种是将女神升格到祖先神的行列，一种则是将原本专属于女神的功能转移到男神身上。商周时期的甲骨文和金文显示这两种趋势同时并存。

日本泉屋博物馆藏有一件商末时期的夔神鼓，上面所绘是一位长着角的女性神灵形象。女神两臂上举，两腿屈伸，两脚旁边各有一条游动的鱼，说明商末时期鱼的形象仍与女神紧密关联。郭沫若认为甲骨文的“妣”字是女性生殖器的象征。[1]卜辞中一些关于妇女妊娠的记载，祈求的对象只限定于先妣，绝不见有向先祖或自然神灵祷告的现象。[2]这说明商人将女神崇拜中最为神圣的生殖崇拜赋予了先妣。同时，商人只向自然神和先公举行祈年、祈雨的祭祀，从未见有向先妣举行祭祀的现象。[3]这是女神崇拜已经出现转移的鲜明标志，因为在母系氏族社会，丰产和繁殖是女神最为核心的职能。

(a)　　(b)

图6　夔神鼓

（a）2015年夏摄于日本泉屋博物馆；（b）鼓身先妣神像及鱼纹（引自叶舒宪著：《千面女神》，上海：上海社会科学院出版社，2004年，第146页）

[1] 郭沫若著：《释祖妣》，《郭沫若全集·考古编》（第一卷），科学出版社，1982年，第40页。

[2]［日］伊藤道治著，江蓝生译：《中国古代王朝的形成——以出土资料为主的殷周史研究》，中华书局，2002年，第74页。

[3] 同上。

仰韶文化墓葬中出现的鱼纹还透露出女神崇拜的另一特征，即女神同时也会带来死亡。金芭塔丝指出，赐予生命与降临死亡两种功能相互影响，这是女神特别突出的特征。[1]但卜辞和金文显示，女神掌控的生死大权被分配到了先妣和先祖身上。先祖和先妣的亡灵同被视为可怕之物。首先，殷王的疾病被认为是由祖先亡灵作祟所致，辞例如下：

贞：王疾身，唯妣己害。（《合》：822）

贞：疾人，唯父甲害。（《合》：2123）

贞：疾齿，不唯父乙害。（《合》：13650）

贞：疾舌，求于妣庚。（《合》：13635）

这几例卜辞显示先祖和先妣的亡灵在带给殷王病痛这一方面是均等的。伊藤道治指出，前期的卜辞中并没有出现希望用祭祀来到得到祖先佑助的态度，也就是说殷人视祖先亡灵为绝对不可揣测之物。而到了第三、第四期卜辞中，则确立了祖先能给予子孙佑助、保护的观念。[2]这种观念在周人那里被发挥到了极致，西周金文中出现的“子子孙孙永宝”之类的嘏辞就是继承了殷人的祖先崇拜观念。《作册嗌卣》中作册嗌将儿子的早夭视为是先祖先母的作祟，于是作彝器以虔诚祷告，其铭曰：

乍（作）册嗌乍（作）父辛尊。厥名义（宜），曰：子子孙宝。不彔（禄）嗌子。子延先□死。亡子。子引有孙。不敢□忧□铸彝。用乍大御于厥且匕父母。多申。毋念□。弋勿刂嗌鳏寡。遗祐石宗不剃。（《集成》：5427）

这篇铭为祈佑文，即对祖先神灵有所希冀，希望先祖先母能够给家族带来佑助。但细审此铭文气，又充满极哀怜之意。作册嗌老来失子，悲痛之心溢于言表，于是向祖先祷告，希望能佑助家族人丁兴旺，无再使子孙夭亡。铸造此尊，有向祖先神灵弥补过失之意。

[1][美]马丽加·金芭塔丝著，苏永前、吴亚娟译，祖晓伟校：《女神的语言：西方文明早期象征符号解读》，社会科学文献出版社，2016年，第12页。

[2][日]伊藤道治著，江蓝生译：《中国古代王朝的形成——以出土资料为主的殷周史研究》，中华书局，2002年，第30页。

甲骨文和金文显示，仰韶文化鱼崇拜族群的后代在殷周时期仍然活跃在渭水流域。据伊藤道治对贞人集团族属问题的研究，一些为商王服务的贞人来自被商王所征服的其他部族，这些贞人以本部族所祭祀神灵的名义与商王结为同盟，因此贞人的名称就是部族神灵的名称。[1] 在第一重证据中，我们求证鲧、禹的原型是仰韶文化中广为流传的鱼女神。第四重证据证明渭河流域的仰韶先民十分尊崇鱼女神，因此，渭河流域的部族中有以“鱼”命名的部族。《新编甲骨文》中从“鱼”的字共有8个，检索《甲骨文合集》，只有“鲧”字表示地名，卜辞显示商王会不定期地出现在此地：

贞：众有灾，九月。在鲧。（《合》48）

辛卯卜，贞：今夕无忧。十月。在鲧。（《合》8106）

庚寅卜，争贞：彡，惠甲寅酒。十二月。才鲧。（《合》15455）

壬辰卜，出贞：今夕无忧。十月。在鲧。（《合》24382）

乙酉贞：王其令彗……比鲧白（伯）……荐叶王史。（《南明》472）

鲧地从武丁时期到乙辛时期一直是商的属地。鲧地的首领被称为“伯”，据《礼记·王制》“千里之外设方伯”之方伯，则鲧地是远离殷都的一个方国，卜辞显示殷王也只是偶尔到此地狩猎或举行祭祀。《逸周书·世俘》中有“崇禹生开”的乐名，此处的“崇禹”与文献中的“有崇伯鲧”之崇显然有关联。所以崇伯就是鲧伯，崇地就是鲧地。上引卜辞中“无涉狩”一句反映出鲧地临近河流，鲧禹治水的神话也透漏出鲧部族的地望临近河流。综合以上信息，“鲧”地应位于渭河流域，在仰韶文化范围内。

六、余论

正如欧洲人类学家冒昧地解读巴西原始部落的岩画时会被当地人嘲笑一

[1]［日］伊藤道治著，江蓝生译：《中国古代王朝的形成——以出土资料为主的殷周史研究》，中华书局，2002年，第55—56页。

样，[1]现代人用所谓艺术的眼光去解读仰韶文化彩陶纹饰时，也会陷入以今度古的误区。耶律亚德（又译埃利亚德）曾指出，古代社会没有世俗的行为，人间的艺术活动都是对神灵行为的一种模仿。[2]因此，那些被精心绘制的彩陶纹饰都是仰韶先民对于神灵的礼赞，而绝非世俗的消遣。要正确地解读彩陶纹饰的内涵，这是首先要明确的一点。

遗憾的是，这些纹饰所象征的神话内涵在中华文明形成过程中所起到的重要作用远没有得到足够重视。事实证明，公元前3000年之前的大传统时代黄河流域确曾流行过女神崇拜现象。而此后的一千年内随着父权社会等级制度的确立，女神崇拜也就相应地发生变化。一个值得注意的现象是，在旧石器时代晚期和整个新石器时代，蛇作为女神的象征符号在欧洲非常普遍，而仰韶文化迄今为止还没有出现一件真正意义上的蛇纹彩陶。黄河流域出现的蛇纹要迟至新石器时代晚期。陶寺遗址出土5件蛇纹盘，蛇纹刻画气势非凡，颇具“王者之气”，苏秉琦先生认为是受红山文化影响的产物。[3]这一观察非常重要，红山文化彩陶曾受到仰韶文化的影响，又反过来影响了陶寺文化。所以从仰韶文化到红山文化再到陶寺文化存在一脉相承的关系。陶寺遗址已是典型的父权制社会，其年代与传说中“五帝”之一的颛顼时代大致相仿，而本文所引颛顼以蛇的形式化为鱼妇的传说中就包含有男神崇拜和女神崇拜并存的现象。所以，鲧、禹作为女神形象向男神形象的过渡就发生在红山文化向陶寺文化过渡的时期。如果说夏朝确实存在，那么建立这一政权的必定是从仰韶文化中存续下来的一支鱼崇拜部族，这一部族的首领就是神话传说中大禹的父亲鲧。鲧禹治水的传说可能有着真实的历史原型。

---

[1] [法] 列维-布留尔著，丁由译：《原始思维》，商务印书馆，2009年，第127页注释1。

[2] [美] M.耶律亚德著，杨儒宾译：《宇宙与历史：永恒回归的神话》，联经出版事业公司，2000年，第22—23页。

[3] 苏秉琦著：《中国文明起源新探》，生活·读书·新知三联书店，1999年，第123页。

晚周秦汉之际宇宙生成论中的神话话语

雷欣翰[1]
（1，上海交通大学，上海，200240）

摘要：西方古典学对神话与哲学之关系的研究，对研究中国古典学中的相关问题，有重要的参照意义。作为哲学传统诞生初期的一种建构性话语，在晚周秦汉之际宇宙生成论中出现的一系列重要概念——道、水、气、天地和阴阳，等等——都与神话传统密切相关。两种传统在晚周秦汉之际这一交替期的相互作用，主要呈现出哲学对神话之"继绝"与神话对哲学之"重新介入"。以"一"和"气"为核心的哲学概念在相关文本中的意义变化情况，是内容方面的例证；大传统视域下用韵、图像材料和话语结构的比较研究，则分别以《鹖冠子》文本、长沙子弹库缯书、马王堆帛画和线性时间序列的话语结构为例，从话语形式方面对前者进行补充和深化。

关键词：宇宙生成论；哲学话语；神话话语；大传统

引言

关于中国哲学，尤其是古典时期中国哲学与神话之关系，是相关学科领域持续关注却至今尚未取得基本共识的一个问题。这一问题意识起源于对西学的译介——包括西方古典学中神话问题的研究成果，以及维柯、谢林、列维-斯特劳斯和卡西尔等具有代表性的近现代学者的理论成果。在此之前，受到法国社会学派和庸俗进化论的影响，国人普遍认为神话不过是理性诞生之前原始思维的产物。随着西方古典学家对古希腊神话与经典作品之关联的深入研究，以及近代神话学对神话之普遍意义的阐述，这一观点自然而然地退出了历史舞台。但关于中国古典时期哲学与神话之关系的讨论，还远远没有达到古希腊学的深度。这一话题不但关乎中国古代经典形成期的性格问题，而且与大一统初期的天人叙事和政治神学关联甚为密切。

柏拉图将诗（包括神话）说成哲学之敌，并强烈建议将诗人逐出城邦。这一主张强调神话与哲学的对立，以及哲学在这一对立中的优越性，在相当长的时间里，影响了人们对神话与哲学之关系的认识。不过，这种认识显然是以经典文本为本位，其背后是对作为哲学家作者的苏格拉底或柏拉图的一种不假思索的信任。随着社会科学的发展，西方古典学越来越倾向于从历史的角度看待前苏格拉底以来的哲学传统。这种倾向的一个阶段性的、比较保守的结论，即认为神话在哲学及其话语形成的过程中，至少有三重身位：其一，神话传统是哲学重构话语权威时无法回避的“假想敌”；其二，神话话语是哲学建构其话语体系时必须采用的话语资源；其三，神话思维并非理性诞生前的原始状态，而是支撑哲学思维的一种基础。这三重身位看似矛盾，实则层层深入，内藏着神话与哲学密切、复杂的联系。

20世纪以来的西方古典神话学，都认同神话传统才是整个古希腊时期的公共记忆和伦理依据。对这一时期神话与哲学之关系的描述，也大都以哲学家和诗人对话语权力的争夺为起点。这种争夺的学理化呈现，即逻各斯与秘索思之争。当今学界描述哲学理性与神话思维之关系，已经认识到二者间张力的存在。这一共识虽然是在西方古典研究的基础上达成的，但对于讨论中国古典时期神话与哲学之关系，亦有重要的参照价值。

关于神话与哲学之关系的讨论，无论如何也离不开读写传统兴起的问题。晚周秦汉之际是传世神话传说的第一个书写高峰期，也是古典思想第一次大发展的时期。这至少说明古中国与古希腊一样，没有在读写传统出现伊始落下神话这位“老朋友”“老祖宗”。不同的是，西方古典学界对文本化的《荷马史诗》等神话传说材料有比较一致的认识，即基本承认它对口头传统的“荷马史诗”，没有太多自觉的改写，而主要是在理性的意识形态下扬弃传统的内容。[1] 柯克认为，古希腊作者对神话传统进行有意识的改写，主要是在哲学家、悲剧诗人及其之后时代，他称之为“文学中的希腊神话”。[2] 摩尔根在此基础上集中讨论哲学家的情况，证明了哲学家对神话的改写始于对抗而终于接纳。[3] 这一成果无疑对我们研究中国古典哲学与神话，有更直接的启迪。

国人对本国早期神话书写的认识方式有不同的类型，与西方的情况有同有异，大致可分为以下两类。

第一类，基本认可早期神话传说文本比较忠实地继承了口头传统，至多是在继承中出现误解、疏漏而已。除了宋代以来的部分激进疑古派，古人普遍持此认识。“古史辨派”作为疑古派在当代的同道，充分论证了早期文本形成过程的不稳定性。而多版本、多义性的特征，则更多地强调了早期文本的口头传统性质。

第二类，从“春秋笔法”“微言大义”到今文经学，强调孔子以降经典文本中书写者理性的在场。此类认识充分肯定作者个人对文本的掌控力，并因此在对一些早期文本的解读上与第一类认识有着不可调和的分歧。在当代，虽然科学技术持续发展，但对意识形态化的科学主义、自由主义的反思亦日渐壮大。反映在学术上，则表现为政治哲学路径的第二类认识对实证史学路径的第一类认识不断发起挑战。

---

[1] 这里所说的是个人作者的自觉，以及作为读写传统意识形态的理性化底色。

[2] 参见［英］柯克著，刘宗迪译：《希腊神话的性质》，华东师范大学出版社，2017年，第89—106页。

[3] 参见Kathryn A. Morgan. *Myth & Philosophy: From the Presocratics to Plato*. Cambridge: Cambridge University Press, 2004, pp.1-14.

不过，就像两汉时期的今古文之争一样，两类认识更显著的分歧在于意识形态的对抗，而本文的目的则是要在明晰上述文化背景的前提下，有助于新的学术话语的建构——在中国早期神话、传说、哲学文本的书写活动中，作者或书写者（的理性）究竟在多大程度上在场、又如何在场？中国古代思想性文本中的逻各斯与秘索思，呈现出怎样的关系？

本文试图讨论晚周秦汉之际宇宙生成论中的神话话语，研究对象以道家子书和简帛文献为主，希望作为系统探讨古典时期哲学与神话之关系的一个尝试。首先，本文所涉及的材料大都公认以思想性为主，在作者的自觉程度问题上争议较少；其次，从内容上看，宇宙生成的哲学讨论无疑主要作为理性思辨的一部分存在；再次，这一话题起源于带有鲜明口头特质的《老子》，并且，“宇宙生成”的讨论方式，又显然是对神话有意或无意的模仿或继承。虽然古典时期未必存在神话传统与哲学传统的鲜明分期或对立，但为了便于论述，本文暂且先将神话与哲学作为一组对立的命题，在具体论述的过程中，再适时检讨关于二者关系的其他可能性。

一、哲学话语——早期宇宙生成论的发展脉络

根据目前所见的材料，哲学文本中最早的生成论话语，见于《老子》。《老子》中有几条将“道”视为万物本原的文字，其中最引人注目的是第42章：

道生一，一生二，二生三，三生万物。万物负阴而抱阳，冲气以为和。

此章不但说“道”是万物的源头，还抛出了“气”的概念。虽然学界关于此章是否晚出尚有争议，但“道与气”既是晚周秦汉之际宇宙生成论的两大核心，又是与神话传统有直接关系的重要概念，因此必须引起重视。

众所周知，道在《老子》中有两种用法：一是作为自然规律，二是作为万物本原。叶舒宪先生在关于中国神话哲学的讨论中，从多神→一神→自然神→哲学（概念）的一般思想发展趋向出发，认为道的自然规律义项是从其本原意义引申、转化而得，因为后者的抽象化程度显然低于前者。[1]这是从思维发展

[1] 参见叶舒宪著：《中国神话哲学》，中国社会科学出版社，1992年，第117页。

的角度进行解读，代表的是一种重要的观点和视角。本文认为，《老子》中的“道”以自然规律为其首要义项；在早期哲学的发展线索上，“道”的本原义项和主体性质其实并未得到充分的强调，战国之后又被有意识地剥离，分派给“一、气”等概念。不过，《老子》对作为本原的“道”的描述，仍有不少材料可供讨论。如第4章道：

> 道冲而用之，或，不盈。渊兮似万物之宗。挫其锐，解其纷，和其光，同其尘。湛兮似或存。吾不知谁之子，象帝之先。[1]

这里，对“道”作为最初本原的论述，多用“似”“或”“象”之类语词，似乎只是一种比喻，“似万物之宗”“象帝之先”，并非确实之语。相反，对于“道”似有似无、深藏不露而难以窥测的特征，则以“冲”“渊”“湛”等一系列指向集中的形容词描述之。所谓“道可道，非常道”，李炳海先生指出这里的“常”是隐蔽的意思，极具启发性。[2]隐藏、隐蔽，是“道”最重要的特性之一。又第25章道：

> 有物混成，先天地生。寂兮寥兮，独立不改，周行而不殆，可以为天下母。吾不知其名，字之曰道，强为之名曰大。大曰逝，逝曰远，远曰反。故道大，天大，地大，王亦大。域中有四大，而王居其一焉。人法地，地法天，天法道，道法自然。[3]

这段文字中的“道”主要是作为生成主体（天下母），处于时间维度的最先端（先天地生）。但是，这样一个生成主体的形态或性质，却是“周行而不殆”“逝”“远”“反”。这些描述接近古人对大自然循环规律的认识，但与神话中的主神形象相去甚远，甚至与第4章对“道”深藏不露的描述亦有些疏离。不过，联系第40章“反者道之动”的说法就能知道，第25章对“道”作为初始、母体的描述，亦附属于其自然法则的性质。

可见，作为哲学文本的《老子》，是将“道”的生成功能作为一种修辞，

[1] 高明撰：《帛书老子校注》，中华书局，1996年，第239页。断句有改动。

[2] 参见李炳海：《一个长期被遮蔽的语义场和意象群——先秦文献中的“常”字举要发微》，《江海学刊》，2011年第1期，第177—189页。

[3] 同[1]书，第348—353页。断句有改动。

来强调“道”作为自然规律的重要性。按照陈鼓应先生的说法，《老子》中具有主体性的“道”，是对某种难以言说的哲学话语对象的预设和描述。[1]不过，为何通过赋予生成功能，就能强调自然规律的重要意义？这一话题势必又将回到对“道”的神话起源的讨论，留待下节处理。

《老子》中的生成论话语，直接决定了战国生成论的书写进路。其中最值得讨论的文本，是郭店楚墓出土的竹简《太一生水》、上海博物馆藏战国楚竹书《恒先》和传世的子书《鹖冠子》。

根据现代科学的测定，郭店楚简和上博简的年代大致相同。不过，由于来历不明，学界对上博简作为早期材料的认可度，似乎要低于郭店简。从文本内容来看，《恒先》与《太一生水》的生成论，在文本形态上非常接近，思想内容上的关系则似乎有先后之别。前者接近时代更晚的《鹖冠子》，后者虽然亦有诸多可与《鹖冠子》《管子》等文献对读之处，但因为“太一”和“水”这两个神秘概念的存在，甚至被认为早于《老子》。

本文根据《太一生水》《恒先》与《老子》的关联强弱，来决定先讨论哪一个。《太一生水》不但在出土时与简本《老子》前后编联，且其生成论的架构几乎就是《老子》第25章的翻版，《恒先》亦对《老子》有所继承，但其体现的生成思想，看上去更为复杂。

《太一生水》中的“太一”与《老子》中的道不同，其实在性没有受到类似“冲”“或，不盈”“似或存”这样的质疑，而是明确地处于生成链条的开端。但是，有悖于生成论和神话传说中创世论的线性模式，《太一生水》在描述“太一”生成完整的宇宙秩序（“成岁”）之后，又有“太一藏于水，行于时，周而又始，以己为万物母。一缺一盈，以己为万物经”的说法。这一说法有将生成论的时间序列空间化的意味，并同时赋以“太一”永恒的自然规律义项——后者在《老子》中是终极概念“道”的核心义项。

通过太一的“藏”“周行”以及作为“万物母”“万物经”等特征，可以看出《太一生水》在相当程度上用“太一”置换了《老子》中的“道”，扬弃了

[1] 参见陈鼓应：《老子哲学系统的形成》，载陈鼓应著：《老子注释及评介》，中华书局，1984年。

后者的一些特征，并且以第25章为基础构建了它的生成论。

不过，《太一生水》更引人注目的，或许并不是对“太一”概念的重视，而是对水的强调。正如利用生成功能凸显自然规律之道的修辞方式，《老子》也将水作为描述“不可道”之道的一个重要哲学意象，用来解释道的各种特性。比如第8章说“上善若水”，用水来比喻道不争、处下的特征；第78章说“天下莫柔弱于水，而攻坚强者莫之能胜”，则是用水说明柔弱胜刚强；此外，还有多处出现川谷江海之喻。不过，这些特征都与生成论关系不大。讨论《老子》生成论中的水，最重要的材料是上引第4章用“冲”“渊”“湛”等字形，用与水相关的语词来形容道的说法。其中，“渊”“湛”都指深水或水的深处，描述道隐蔽、深藏的特征，对“冲”的解释，则有回环、空虚等几种。水在生成论之外的早期思想中，还常被视为物之流形的基质，引申为创生万物的元素而与火、气相关联，这一观念可以在古希腊早期思想家泰勒斯、赫拉克利特那里找到共鸣。同时，在《山海经》《禹贡》《管子·水地》篇等早期文献中，又能看到将水作为空间秩序象征的叙事。

《老子》借用自然界中水的一部分特征来描述道的哲学内涵，体现的不是所谓“水崇拜”，而是一种高度理性化的言说方式。《山海经》将水视为造物塑形机制，或战国文献在“山—水”格局下将水作为空间秩序象征的做法，才是赋予了水更多的神圣意味。相比《老子》，后二者对水意象的运用，更多的是从水对地形和万物的孕育和塑造作用、水作为自然界循环规律的象征出发，其对于自然界的水的某些特征的分析，并没有脱离对作为自然物的水本身的认识，与上古水崇拜的发生机制如出一辙。《太一生水》中的水，在生成序列中仅次于“太一”，在关于秩序的描述中则是太一的处所，凭借其周行循环的特性实现“太一”的无所不在。《太一生水》对水意象的运用，显然同时借鉴了《老子》中作为道之表象或道之处所的水，以及作为基质和空间秩序象征无所不在的水这两个方面。

在晚周秦汉之际的宇宙生成论中，“气”与“天地”的组合是一组重要概念。气论出现之后，“天地”在绝大多数情况下，都是作为生成过程的分界或万物生成的空间场域。从《老子》用生成论来修饰规律的修辞传统开始，生成论话语就与道家的形而上学密不可分。道家的形而上学并不认为形而上世界和形而下世界存在界限，而是强调“大制不割”(《老子》第28章)。但在具体的叙述过程中，又不可避免地要对道的世界与物的世界进行二元区分、划定边界。从生成论的时间序列来看，晚周秦汉之际宇宙生成论中的“天地”，往往就是抽象世界演化与具体生成过程的分界。这一传统很可能源自《老子》第25章“有物混成，先天地生”和“道大，天大，地大，王亦大”对天、地位置的安排。

战国时期，随着阴阳观念和气论进入宇宙论，“清气生天”“浊气生地”这类惯常的叙述模式随处可见，但刻意强调天、地之区别的叙述，似乎仅见于《太一生水》。在《太一生水》中，天（而非天地）才是两个生成阶段的界限，且能同时胜任“反辅”和“相辅”这两种不同的生成方式。阴阳之气理论支配下的天地观念，更多地倾向于“天覆地载”而非“天演地承”。《太一生水》虽然也剥夺了天的创生主体地位，但在其生成论说中保留了天“高高在上”的特征，加之作者有意识地并列“太一”作为“万物母”和“万物经”的身份，天也就随之保留了形而上的意味。[1]

《太一生水》中尚无哲学化的气论，但有阴阳。如果阴阳学说与气论的融合确实是天地观念发生改变的原因，那么《太一生水》就是这一融合和改变的先声。阴阳观念与气论的融合，可能是气论进入生成论的关键所在。

《恒先》生成论的核心概念是“恒”“或”与“气”。据笔者的考察，“恒”与“或”可能都是对某种秩序性的表述。作者将“气”置于秩序（“恒”“或”）与实在的出现（“有”）之间，强调“气”的出现虽然在时间序列上晚于秩序，但却是“自生”而非为秩序所生，并将“气”作为天地万物生成的主体。[2]这种说法不像《太一生水》那样把将生成主体和自然规律统一并着重叙述前者，而是有意分离作为生成主体的“气”和作为自然规律起源的“恒”“或”，这种思维方式体现出作为哲学话语的生成论对神话思维的进一步背离。

[1] 天地的这种位格区别还与神明、内外的概念有关，但这一问题与生成论无涉，限于篇幅，本文不加赘述。

[2] 参见马承源主编：《上海博物馆藏战国楚竹书（三）》，上海古籍出版社，2003年，第288—293页。

虽然无论“太一”“恒”“气”还是“水”，都基于对《老子》之“道”的演绎，但在像《恒先》这样重视气论的生成话语中，普遍存在将生成主体与自然规律进行分离的倾向。《太一生水》不言“道”而言“太一”，并且将“道”的周行解释为生成主体依托水的周行，已经开此先声。经过《恒先》与庄子学派的发展，到《鹖冠子》，已经清晰地确立了“一”“气”与“法”分别作为本原、主体和规律的三位一体格局。[1]生成论的这一发展，是晚周秦汉之际哲学传统大发展的一个侧面。不过，哲学的发展，并不简单地意味着神话被取代。相关话题将在下节中展开。

二、神话话语——“继绝传统”与“重新介入”

神话话语是否影响又如何影响作为哲学话语的生成论叙事？显而易见，前文讨论的“道”“水”“气”“太一”等概念，都有其神话渊源，但它们的内涵亦都在哲学话语中发生了变化。它们究竟在多大程度上保留了神话话语的性质？又如何在哲学话语中发挥作用？要回答这两个问题，就要分别从以下两个层面入手分析。

其一，作为哲学话语的生成论，在其话语体系的建构过程中，继承、借鉴了大量神话话语资源。哲学对神话的背离经历了漫长的过程，这一过程与古希腊的情况相似，都涉及话语权威的争夺。神话话语对古代知识和自然知识的解释传统源远流长，早期中国哲学话语的初步形成，也像前苏格拉底时代一样，需要借助神话话语资源。反映在生成论上，最明显的就是一系列哲学意象的运用。这些哲学意象都是重要的神话话语资源，哲学家首先需要唤醒读者的神话记忆，才有可能通过哲学化的论述更新这些意象的内涵。这一层面是站在新传统的立场，强调其对神话话语的接纳和继承。哲学话语并非另起炉灶，而是在神话传统的基础上重新展开。那么，其展开方式甚至内容的性质，即便在整体上与神话传统异趣，亦必有天然的联系。这一层面，可以称之为哲学传统对神

[1] 参见雷欣翰：《“神明”与“道法”——以〈鹖冠子〉为中心的考察》，《江西社会科学》，2017年第10期，第50—58页。

话传统的“继绝”。

其二，神话话语在哲学话语中的身位，并不总是受动的。如果从前者的立场出发，与其说后者对前者的借鉴是为了哲学化论述的便利，不如说后者在相当程度上依赖前者的有效性和权威性。古希腊哲学家即便已经意识到神话思维（而非只是作为话语资源的神话话语）之于哲学的重要性，也不能改变二者之间的紧张关系。西方古典学界关于逻各斯与秘索思的讨论延续至今，足以说明这一问题的复杂性。国人用与西人相似的方式来认识中国古典时期理性的兴起，不过是在百年以前。如今，越来越多的学者发现，讨论两周以来理性思潮对古代思想的延续，与强调其革新的意义至少是同等重要的。甚至有学者认为：“如果说西方哲学的思维模式是在扬弃了神话思维模式之后发展起来的，那么可以说中国哲学的思维模式是直接承袭神话思维模式发展起来的。”[1]要充分讨论这一问题，最切实的工作，无疑要先以相对固定的哲学文本为主体，充分参照可资讨论的神话遗产，对哲学模式“新变”的情况进行具体、细致的描述。[2]神话话语如何影响哲学话语的发生？又如何影响其内容和模式的形成？这一层面，可以称之为神话话语对新的话语模式的重新介入。

《老子》对作为宇宙本原、万物之母的道的描述，是生成论哲学话语框架的初步建构。这一建构的动机，也是其面临的主要问题，就是“道”具有不可认知与不可描述的性质。这一特性，保证了对“道”进行神话原型批评的有效性。在西方，不可认知与不可描述的特性，更常被赋予一神教的神格。可以说，这一特性总是与绝对权威、永恒性和神圣性相依相随。一种观点认为，对神的信仰起源于人类对大自然的未知，以及随之而来的畏惧。随着智力的发展和抽象化，对自然物和自然规律的普遍信仰，会“蒸馏”成为一神信仰。这一过程的背后，是知识积累和抽象能力的不断提升。[3]因此，象征自然权威的

[1] 叶舒宪著：《中国神话哲学》，中国社会科学出版社，1992年，第2—3页。

[2] 如何辨识、利用可资讨论的神话遗产，已有成熟的方法论依据，参见杨骊、叶舒宪编著：《四重证据法研究》，复旦大学出版社，2019年。

[3] 参见中共中央马克思、恩格斯、列宁、斯大林著作编译局编：《马克思恩格斯选集》（第四卷），人民出版社，1972年，第219页。

神，会被赋予神圣立法者的身份。泛而言之，从对自然法则的认识到自然神论、自然法观念的出现及其与人事、伦理的结合，都是知识储备与认知能力不断提升的过程，也是神话思维走向理性思维的表现。[1] 这一进程最终导致知识人对人格化的神圣立法者的摒弃，并开启神圣的“道”或逻各斯的时代。赫拉克利特作为逻各斯的早期言说者，亦对逻各斯的永恒性、不可知性、创生功能和立法能力大加鼓吹。[2] 对“道”与逻各斯的建构，企图重新定义支配人类的自然法则，但作为早期言说者，老子与赫拉克利特都选择了保留它们那些核心的、属神的性质。这样看来，老子将赋予生成功能作为修饰“道”的一种方式，实在是顺理成章，对“道”进行形而上学和生成论区分的哲学家们，才是离题万里。

与赫拉克利特相比，老子更强调这些属神的性质是“道之所以为道，名之所以为名”最重要的区别特征。不过，这一说辞未必能佐证“道”比逻各斯更具神话色彩。因为至真与至善（道、德）的隐蔽、深邃和内敛，已经在《老子》的哲学话语中得到了充分的言说。对这些观点的强调显然更多地基于对自然的某种认识，而不是对某种神话观念的简单挪用。因此，关于“道”的生成功能的判断，还是将其作为通过唤醒神话记忆而加强自然规律的权威性的一种修辞手法，更为妥当。

综上所述，本文的观点与主流看法不同：《老子》中的生成论话语是修辞性的，那么，生成主体这一身份的重要性，自然不可与“道”的自然规律义项等量齐观。第25章说名为“大”、字为“道”的这个“混成”之“物”，是“独立”“周行”的“天下母”。这种拟人化的描述，亦与神话和宗教信仰中的人格神叙事机制有共通之处。此章的后半部分进而提到王与人，后世关于执道者之合法性与帝王神圣性的讨论，是战国秦汉政治神学的先声和重要组成部分，或即以此为滥觞。

生成论的身位在《太一生水》《恒先》等文献中发生了质变，其作为哲学

[1] 这一描述仅仅是复述一种成见。

[2] 参见北京大学哲学系、外国哲学史教研室编译：《古希腊罗马哲学》，商务印书馆，1961年，第17—18页。

话语的特质，愈发突出。根据目前所见的材料，战国时期涌现出一系列采用“生成论+政治哲学”结构的哲学文本。这些文本中的生成论，显然不再是处于从属地位的修辞，而是人事讨论的哲学依据。《太一生水》的生成论，有学者认为带有鲜明的术数色彩，因为其生成序列的终点是时、岁而非万物。[1]“四时之大顺”是司马谈对阴阳家学说的总结，那么，以四时为代表的秩序而非形而下之物的生成，才是此类作品论述的重点。这样看来，《太一生水》可以说是创造性地重构了《老子》中自然规律与生成主体的关系。在这一重构中，“主体性”或许是因为其于神话记忆中的核心地位，才被作者重新强调。

《太一生水》强调生成主体才是“太一”的第一性，并将其置于作为“万物经”的规律之前（同时也就有了置于其上的意味）。《太一生水》的作者用两个具有神圣意味的语素组成的复合词来命名作为主体、规律统一体的“太一”，这种做法与《老子》之道对神话传统的继承大不相同，体现的是神话传统对哲学话语的重新介入。[2]《老子》为了避免其对规律的描述陷入神话叙事的窠臼，刻意回避对“道”的命名。这种审慎的态度显示出一种高度自觉，是哲学传统的一种优良品质，并为《恒先》《庄子》等许多后世著作所继承。这些文本倾向于使用“大”“同”等形容词来描述“道”，而非武断地命名或者定义，其好处在于既能避免哲学概念的“神话化”，又能发挥神话话语的修辞作用。同类文本中的“一”，也是作为与“同”类似的描述性语词。在《老子》中，“一”主要用来描述或指代一种混同和至简的状态。

“太一”则不同。虽然《庄子·天下》篇记载“太一”是关尹、老聃学派的主张。但《老子》中非但没有“太一”，甚至没有作为主体的“一”的概念。《老子》中主体性最强的一个“一”，是第42章中的“道生一”。且不说关于这一章的内涵更接近形而上学还是生成论，以数字为主要内容的生成序列，原本就与本文所讨论的生成论有很大的区别。[3]正因为此，当代学者讨论“太一”，

[1] 参见李锐：《“气是自生”：〈恒先〉独特的宇宙论》，《中国哲学史》，2004年第3期，第93—99页。

[2] 这一变化是否对此后的道家哲学产生了影响，或有更早的案例，囿于材料和研究基础的不足，暂时无法展开。

[3] 第42章虽然是最早见诸文字的生成论，但它对于本文所讨论的生成论而言，更大的意义在于由道至万物的基本结构，及其关于万物、阴、阳和气的说法。

总会更容易联想到作为北辰之神的“太一”和楚人信仰中的东皇太一，而非作为哲学话语的“一”。[1] 保守地说，《太一生水》为秩序本原命名，并将秩序的生成与天地、阴阳等概念混同，本身就体现出自然规律与未知权威混同的神话思维（及其话语模式）对哲学话语的重新介入。虽然这一传统似乎并未成为此后哲学话语建构的主流模式，但其与上述《老子》的修辞方式一道，很可能对关于黄帝的叙事和战国秦汉政治神学体系的建构产生过影响。

如果说《太一生水》是用生成论话语的文本形态混同了“道”的生成论和自然规律意味，《恒先》中由“气”至万物的生成过程，则占据了更多的份额。《恒先》有意识地区分秩序与实在物的生成，前文已述，这一变化与气论的发展密不可分。《恒先》中的“恒”或“恒先”最接近“道”，作者将“道”的生成功能更多地赋予“气”，是其创新所在，其对“道”之基本性质的把握，则体现在对“复”的论述上。

把“气而非道”作为生成主体的学说，在战国中期以后大量出现。由于《老子》第42章中的“气”已经与阴阳相关，因此常常被怀疑为晚出窜入的文字。从生成论的角度来看，以“气”为主的生成论无疑更注重实在（物）的创生而非自然规律的演绎。这意味着时间架构的生成论，正在向空间架构的宇宙论靠拢。上博简《凡物流形》和《庄子》一些篇目中的“气”和“水”，更多地作为万物的基质而非始祖。这类论述大大弱化时间的线性、矢量性质在宇宙论中的重要性，就是明证。

“气”在《恒先》《鹖冠子》《吕氏春秋》和《淮南子》的生成论话语中，都占据非常重要的地位。“气”概念的由来，与“生命力”的理念密不可分。篆文有“气”“氣”和“饩”，都与此相关。《说文解字·气部》:“气，云气也。象形。”段玉裁注:“象云起之貌。”[2]“气”的本义不但泛称“云气”，且应具体到云起的样子。关于“气”与“氣”“饩”的关系，段玉裁亦有论述：

[1] 参见冯时著:《中国天文考古学》，中国社会科学出版社，2017年，第527—530页。李零著:《中国方术续考》，东方出版社，2000年，第207—238页。

[2]（汉）许慎撰，（清）段玉裁注:《说文解字注》，上海古籍出版社，1988年，第20页。

"'气''氣'古今字。自以'氣'为'云氣'字，乃又作'饩'为'廪气'字矣。"同书《米部》道："氣，馈客之刍米也。从米，气声。"段玉裁注："今字假为云气字，而'餼饩'乃无作'气'者。"[1]本义为云的"气"，后世通用为"氣"，"氣"的本义是馈赠客人的刍米，但这一本义由于"氣"多假为云气之义而不再通行，一般由"饩"代替。"气"和"氣"都以"气"为声符，因此可以相通。

前川捷三先生在论述甲骨文、金文中所见之"气"时，考察了早期的"气"概念，除了分析该字的用例，还结合后代学说中可与早期文字用例相契的材料。至于后代学说中可能与早期气字内涵相关者，他综合平冈祯吉先生和赤冢忠先生的研究，提出了一些看法。前川捷三先生认为，后来作为抽象概念的"气"的原型，与云，亦与雨、风、土等自然现象有关。平冈祯吉先生认为"风是气的异名"，对各处的"地气"也有论述。赤冢忠先生认为"风和季节变化的关系，产生出了气的概念"。总之，诸如"云气"这样用自然现象解释"气"的说法，可能都与先民生育谷物维持生计的生产生活有关。[2]

根据以上说法，云、雨、风、土等自然事象都可能与"气"漫长的哲学化过程有关。值得注意的是，作为自然事象之神的"太一"，实际上也在战国完成了它的哲学化。[3]只是因为文献的缺乏，今人更熟悉它作为北辰之神的身份。不过，"太一"不光是北辰之神，还是主气之神，这一点经常被忽略。从神话话语中的"太一主气"到生成论中的"一与气"，正是神话话语重新介入哲学论说的又一经典案例。下面就通过分析《鹖冠子·环流》篇的生成论，来说明这一点。

"太一"与"气"的关系，是解读《鹖冠子·环流》篇生成论的重要依据之一。《环流》篇道：

---

[1]（汉）许慎撰，（清）段玉裁注：《说文解字注》，上海古籍出版社，1988年，第333页。

[2] 参见[日]小野泽精一、[日]福光永司、[日]山井涌编，李庆译：《气的思想：中国自然观与人的观念的发展》，上海人民出版社，2014年，第12—27页。

[3] 除《太一生水》和《天下》篇等道家作品以外，在关于礼、乐的论述中也多可见哲学化的太一（或称大一），如《荀子·礼论》《礼记·礼运》《吕氏春秋·大乐》等。

> 有一而有气，有气而有意，有意而有图，有图而有名，有名而有形，有形而有事，有事而有约。约决而时生，时立而物生……莫不发于气，通于道，约于事，正于时，离于名，成于法者也。……惟圣人究道之情，唯道之法，公政以明。斗柄东指，天下皆春；斗柄南指，天下皆夏；斗柄西指，天下皆秋；斗柄北指，天下皆冬。斗柄运于上，事立于下。斗柄指一方，四塞俱成。此道之用法也。故日月不足以言明，四时不足以言功。一为之法，以成其业，故莫不道。[1]

这段文字属于典型的“生成论+政治哲学”结构。在这里，作者将秩序生成的话语传统与气论为主的生物学说统合了起来，得出了物成于法的结论。笔者曾经详细论述过道法哲学在此类论述中是如何成立的，但是，有关政治哲学部分对“法”的展开与生成论部分论“一”“道”“气”的关系，此前的讨论都只注意到“法”在《鹖冠子》中的核心地位，而将生成论部分仅仅看成对“法”的引出，忽略了此段论法文字与生成论在内涵上的高度统一。[2]在这段文字中，原本混同于“道”的主体身位、生成功能和自然规律这三大义项，分别被赋予“一、气和法”;“道”在这里的功能是“通于道”，“通于道”的说法似乎回归了“道”的本义“道路”，实则是进一步抽象化的结果。所谓“道之法”，在这里被落实为对四时的创立，其工具和方法则是“斗柄”及其指向，也就是古人观象授时所依据的北斗七星的方位。北辰在上古时代曾长期被视为极星，是天文观测活动中最重要的坐标。那么，在这里操纵“斗柄”的“一”，无疑就是《太一生水》中最终实现“成岁”的“太一”。“一”或者“太一”，都是直接与秩序生成而非万物生成相关的生成主体——这或许就是《太一生水》中没有“气”的原因，因为后者往往与实在和万物的生成关联在一起。《环流》篇融合了以秩序生成为主的太一学说和以万物生成为主的气论之后，终于将“气”与以四时为代表的自然秩序生成序列联系了起来。

---

[1] 黄怀信撰:《鹖冠子校注》，中华书局，2014年，第65—71页。

[2] 关于《鹖冠子》对道法思想的哲学化论述，参见雷欣翰:《“神明”与“道法”——以〈鹖冠子〉为中心的考察》，《江西社会科学》，2017年第10期，第50—58页。

《鹖冠子》对太一学说与气论的融合，关键在于点破了“时立而物生”这一点，借此将生成万物的德性赋予了自然秩序。《老子》对“道”的论述，本来意在将对秩序的言说抽离出神话话语。但经过《太一生水》对“道”的再次主体化、《鹖冠子》对主体生成与秩序生成的再次融合，《环流》篇中“一”的概念，似乎是《老子》中的“道”在经过一次“螺旋上升”后成为具备理性甚至德性的“概念”之“神”。在这个过程中，主体没有被再次神话化的一个重要保障，就是决定其生成主体身份的“气”概念，其早期内涵是与朴素的“生命力”相关的风、云等自然事象的非神性方面的品格。

通过研究甲骨文材料，可以确定至迟在殷商，人们已经将四方与四风联系起来。[1] 在自甲骨文至秦汉文献的文字传统中，四方风都有比较固定的名称。殷人根据四时及分、至的物候现象对四方风进行命名，并由此构成一套独特的标准时体系。[2] 晚周时期形成了一套将音律与八个分、至进行对应，甚至通过神秘的器乐手段测度时节——“律管吹灰”——的候气法。[3] 实际上，“候气法”“节气”的名称，已经提示我们古人关于时节的认识，都与气有关。无论是殷人用四时物候来定四方风名，还是周人通过律管测定风向、判定时节，先民对四时变化的认识，都与风之方向、性质的变化有直接关系。而如上文所述，风及其最易被人观察到的一种表现——云及其变化——正是气在自然界的对应形象。据冯时先生的考证，卜辞中的四方神，实即掌控分、至之神，也就是四时之神。[4] 这一传统一直延续到子弹库缯书中的创世神话，在后者的叙述中，四时之神是始祖神包戏与女填所生的四兄弟。[5] 由此可见，除了作为万物之母或流形基质的、哲学话语的“气”之外，还有一个从四时分至引申而来的、作为神话话语的“气”。

---

[1] 参见胡厚宣撰：《甲骨文四方风名考证》，《甲骨学商史论丛初集》（第二册），齐鲁大学国学研究所，1944年。胡厚宣：《释殷代求年于四方和四方风的祭祀》，《复旦学报（社会科学版）》，1956年第1期，第49—86页。

[2] 参见冯时著：《中国天文考古学》，中国社会科学出版社，2017年，第232页。

[3]“律管吹灰”通过不同时节的风向来测度时节，参见冯时著：《星汉流年：中国天文考古录》，四川教育出版社，1996年，第72—75页。

[4] 参见冯时著：《中国天文考古学》，中国社会科学出版社，2017年，第240—255页。

[5] 见于帛书《四时》，释文参见李零著：《子弹库帛书（下）》，文物出版社，2017年，第58页。

“气”的神话身位，在现代人的思想史或哲学史叙述中，常常被当作对其哲学身位的某种附会，或认为二者没有直接关联。但是，以四时之神为包戏、女填之四子的楚缯书的书写年代，大致与《环流》篇相仿，将四方、四风或八方、八风与“气”相联系的说法，亦起源甚早。可见，至少在生成论、创世说得到长足发展的战国时期，“气”的两种身位都没有被遗忘。在帛书的叙述中，四时之神的诞生，是在宇宙创生的初级阶段。[1]而在《环流》篇中，“时立”是“物生”前的最后一个阶段——作者在“一与时、气与物”之间，还融合、掺杂了战国以来的意图、形名等学说。毫无疑问，在《环流》篇首出现的“气”，绝非神话话语。但是，《环流》篇随后就将北斗与四时作为其政治哲学部分论述的主要内容，这种布局恐怕不只是巧合。战国哲学文本中的“气”，主要是以哲学话语的方式出现——其作为哲学话语的内涵和类型，也远比神话话语丰富。但愈如此，《环流》篇的设计就愈令人觉得值得玩味。在生成序列中，“气”后于“一”而先于“时”的身位，可能就是我们理解哲学家勾连太一学说与气论的关键。冯时先生认为：

> 按照中国古代的传统思维，凡阴阳律历皆来源于《易》，气为物之先导，故物无以验则验之气，气无以验则验之风。《释名·释天》：“风，氾也。其气博氾而动物也。”[2]

在晚周以来的文献中，可以看到以风、气为物候之先导的观念，这种观念一直延续到现在。很显然，正是这种观念奠定了候气法得以成立的基础。就《鹖冠子》而言，出现在《环流》篇生成序列中的“事”与“约”，《夜行》篇都认为是“有验，有所以然者”，而非像“道”那样难以言说、“图弗能载，名弗能举”的东西。《太一生水》《恒先》《庄子·天地》《淮南子·天文训》和《吕氏春秋·大乐》篇中的生成论，都通过详尽、完整的生成序列来说明秩序和万物生成过程的可认知性。这种对确定性的强调本是哲学话语区别于神话话语的一个特征，但《环流》篇的作者似乎没有这种刻意的追求，而是将气的两

[1] 参见李零著：《子弹库帛书（下）》，文物出版社，2017年，第57—58页。
[2] 冯时著：《中国天文考古学》，中国社会科学出版社，2017年，第233页。

种身位加以混合。这样一来，“为法”的“一”与作为“一”之子孙、“法”之发端的“气”，不但都同时具有了秩序生成与万物生成的功能，也都显示出作为哲学话语与神话话语的双重性质。

三、大传统——韵律、图像与结构

文学人类学派按照符号学的分类指标来重新审视文化传统，将由汉字编码的文化传统叫作小传统，把前文字时代的文化传统视为大传统。[1] 从文学史的角度来看，人们把以押韵为代表的、基于语音或语义重复的文学语言，视为口头传统在文本中的主要遗存形式，也就是诗歌。与之相区别，散文这种文体的出现和成熟，则被视为读写能力提升和读写传统占据优势地位的象征。大小传统的分类法具体运用到晚周秦汉之际的生成论研究，又可回到引言中所讨论的口头传统与读写传统的关系问题。不过，这并不是说本文讨论的几种生成叙述与口头传统有直接的联系。值得讨论的是，在本文中作为论述重点的两种生成论所属的作品——《老子》与《鹖冠子》的文学语言，似乎都对诗化语体有特别的爱好。

《老子》大量使用韵语，处处体现出诗体或格言体的语体风格，前人多有论述。[2]《鹖冠子》是子书中的冷门，关于其文学形式或用语习惯的研究，可谓凤毛麟角，但其对韵语的运用和开拓，不但体现出远超《老子》的自觉性，且在整个诸子时代都甚为罕见。本文主要讨论《鹖冠子》的用韵情况。

关于《鹖冠子》的用韵，江有诰的《先秦韵读》、姚文田的《古音谱》都曾有过统计。[3] 笔者参考前人对上古音和战国楚方言的研究成果重新统计之后，认为有以下四点值得注意。其一，《鹖冠子》各韵部自谐共100韵次，互谐共117韵次。对比其总计16 000字左右的篇幅，这一用韵频率在诸子散文

---

[1] 叶舒宪：《中国文化的大传统与小传统》，《党建》，2010年第7期，第49—51页。

[2] 关于《老子》与《庄子》中的诗化语言，可参见汤漳平：《散文化的诗与诗化的散文——简论〈老子〉与〈庄子〉的文学特质》，《诸子学刊》，2018年第2期，第20—33页。

[3] 参见（清）江有诰著：《音学十书·先秦韵读》，清嘉庆道光间江氏刻本。（清）姚文田著：《古音谱》，清道光元年归安元氏刊本。

中已名列前茅。其二,《鶡冠子》中韵部互谐的情况与赵彤先生在《战国楚方言音系》中统计的“屈宋庄”和楚简情况基本吻合。[1] 据此可以认为,《鶡冠子》的用语习惯具有战国楚文学的特点。其三，广泛、灵活地使用短入声韵，是《鶡冠子》韵文引人注目的一大特色。并且，就笔者目前掌握的材料来看，《鶡冠子》中大量存在元音、韵尾都不相同的短入声字互谐现象，仅于《诗经》《文子·符言》等个别材料中有少量用例，是与某种口头传统极为亲近的一大特色。其四,《鶡冠子》的作者自觉地构建起一套声韵与句式体系相互配合的文学话语模式，并使之与文章的意义系统融合，达到高度统一。这说明《鶡冠子》中多见韵语的原因并非只是口头传统的遗留，而是自觉、有意识的利用。

如果将口头传统与神话话语的言说方式联系起来，那么口头传统在文学中的遗存或使用情况，也应该是论证神话话语“继绝”或重新介入的重要组成部分。作为口头传统最重要的区别特征之一，用韵无疑是首先值得考虑的一点。以往学者多依据《老子》中大量且极有可能是无意识的韵语使用，来论证其文本可能并非是由稳定作者撰写的哲学著作。上述第四点足以从相反的立场说明，自觉、有意识地运用韵语，是先秦哲学家，尤其是道家思想家重要的言说手段。

《鶡冠子》集中出现押韵和句式变换之处，都是经过精心设计的长篇说理段落。大段说理文是诸子文章的标志，在《鶡冠子》中，韵文成为精深哲理的主要言说方式。实际上，不只《鶡冠子》,《老子》同样在表述重要内容时使用诗化的韵语而在补充说明时使用散文。这种情况绝不能简单解释为用韵习惯的遗存，而应认识到其为口头传统对哲学话语的重新介入。赋《诗》在春秋时期成为重要的外交手段、“赋”这一文体成为汉代宫廷文学的主要形态，其动机无疑也都与对韵语的某种神圣性的主动运用有关。

文学人类学派又提出四重证据法，将出土文物及图像资料作为人文学科研究的第四重证据。[2] 这一新方法，亦有助于认识生成论问题中大传统与小传统

[1] 参见赵彤著:《战国楚方言音系》，中国戏剧出版社，2006年。

[2] 叶舒宪:《第四重证据：比较图像学的视觉说服力——以猫头鹰象征的跨文化解读为例》,《文学评论》，2006年第5期，第172—179页。

的互动。如果将这一方法用于本文所讨论的话题，最有代表性的例子，首推长沙子弹库楚缯书：

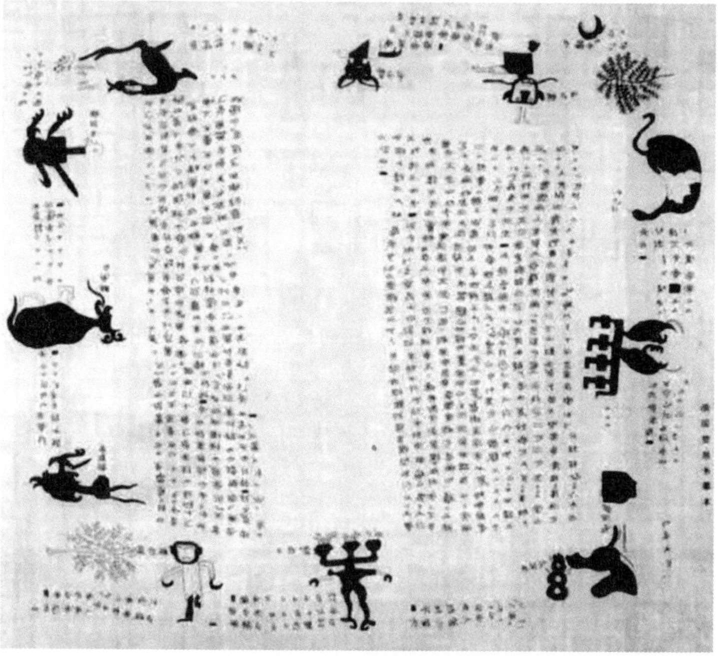

图1　子弹库楚缯书图影

（引自李零著：《子弹库帛书（下）》，文物出版社，2017年，夹页）

缯书完整地呈现了战国时期以四时、日月为中心的一种创世神话，其中的图像材料，除了对应十二月的十二种怪神形象外，还有右上角和左下角的社木。缯书内容中关于创世论的部分，虽然也贯穿了包戏（伏羲）、女填（女娲）甚至帝夋（冯时释读）等历史传说人物，但从包戏、女填生四时之神的叙述中，就能看出这一文本主要是自然神话，而神话的主要内容，自然就是在图像层面着墨最多的四时、十二月了。在哲学话语传统中，与帛书最接近的，是从《太一生水》到《月令》《吕氏春秋》的系列。不过，这一系列中能够称得上生成论的，只有《太一生水》。

缯书中的社木作为一种常用元素，多见于汉代以后的图像材料。而其与哲学传统之间的关系，可以从一幅帛画中找到更多线索：缯书神话中没有“太一”的位置，四时是由男性和女性祖先嬬和而生，帛画所体现的神话思想，则

图2　马王堆一号汉墓T形帛画线描图（上部）(线描图由湖南省博物馆绘制)

已经从男、女祖先神演化为一位主神。这位主神的形象是人面蛇身，与早期文献对伏羲（包戏）的描述相似。帛画中看不到明显象征四时的元素，反而对日月及相关意象大加渲染（如乌、蟾、奔月等）。这与缯书神话强调通过秩序纠正日月星辰之乱逆，似乎没有太多共鸣。

与帛画关系最为密切的生成论，仍属《太一生水》。首先，上引图像中没有展现的T形画下半部分，发掘者认为描绘的是人间和冥府的图景。[1] 作者利用T形的画布形制，区分天与地上、地下，这与《太一生水》重天轻地的观念相一致。其次，帛画的三个部分都有意识地表现阴阳观念。以上引天的部分为例，就有六处体现出阴阳之别。第一处，我们可以通过日月的位置辨别处主神左侧为阴，右侧为阳，而月呈现的是新月形象，这或许是月正处于生命力最脆弱之阶段的象征。第二处，相对应地，主神与日、月之间的鸟，左侧为两只，是偶数，右侧为三只，是奇数。第三处，与第二处相似，日月下方的两条龙，左侧龙尾分

[1] 参见湖南省博物馆、中国科学院考古研究所、文物编辑委员会编辑：《长沙马王堆一号汉墓发掘简报》，文物出版社，1972年。

岔，其数为二，右侧不分岔，其数为一。第四处，与缯书相似，帛画中也有相对分布的两株社木。左侧的社木位于左下角，在双岔尾龙的下方，似乎生命力孱弱而难以生长；右侧的社木从右下角开始，呈现向上生长的形态，直通日上，并与单尾龙缠绕在一起。第五处，双岔尾龙有双翅（侧面表现为单翅）而单尾龙无翅，不过，单尾龙所处的右侧还有七个象征星辰的圆形与龙身、社木交错在一起，七星与双翅，亦形成奇偶的对比。第六处，作为补充，左侧社木的末端表现为与龙之双岔尾相同的形状，也是偶数，右侧社木的末端则为三岔形，是奇数。

帛画仅在占其三分之一的部分，就通过如此多的细节表现阴阳的区别，很像是《太一生水》独重阴阳（而不将阴阳视为“气”的属性）之观念的发展。其强调唯一主神的构图，也与《太一生水》将“道”主体化的做法如出一辙。通过这一例证，可以一窥上古神话与民间传说、哲学文本间相互渗透的复杂关系。

正如本文第一节所述，对自然规律的关注既是神话传统发展的必然结果，也是哲学发生的必要条件。而高度发展的神话话语，又无一不像上述帛书和众所周知的《旧约·创世记》那样重视对时间秩序的表述。大传统中的这一要素，直接影响了晚周秦汉之际宇宙生成论的文本结构。本文所涉的生成论文本，几乎都采用以线性时间序列为主干的文本结构。

虽然《老子》第42章可能是最早提出生成论、并使用线性序列表述生成过程的文本，但“道生一,一生二,二生三,三生万物”这一序列对线性时间的表现并不突出。《太一生水》的生成论话语，在诸种文本中最为完整、简洁，可能是此类文本结构的早期形态。下面，就对《太一生水》生成论部分的结构进行梳理，并制图式与之对应：

① 大一生水。水反辅大一，是以成天。天反辅大一，是以成地。天地复相辅也，是以成神明。神明复相辅也，是以成阴阳。阴阳复相辅也，是以成四时。四时复相辅也，是以成滄热。沧热复相辅也，是以成湿燥。湿燥复相辅也，成岁而止。

② 故岁者，湿燥之所生也。湿燥者，沧热之所生也。沧热者，【四时之所生也】。四时者，阴阳之所生【也】。阴阳者，神明之所生也。神明者，天地之所生也。天地者，大一之所生也。

③ 是故大一藏于水，行于时，周而或（又）【始，以己为】万物母。一缺一盈，以己为万物经。[1]

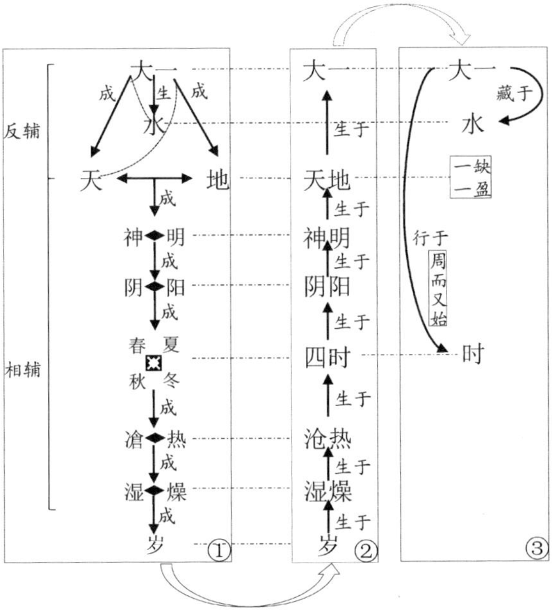

图3 《太一生水》生成论图式

(本图及下文所列生成论图式，引自雷欣翰：《〈鹖冠子〉宇宙生成论中的“气”》，《中国出土资料研究》22号（东京），2018年7月刊)

《太一生水》对作为秩序生成过程的时间和现世时间似乎有所区分——“四时”的诞生而非“太一生水”，才是现世时间的开端。不过，这一区别是通过第三序列，对太一“行于时”的论说显现出来的，因此很可能并非作者的意图，而只是论说中产生的一个矛盾而已。在其他几种生成论中，这一区别都没有显现。《恒先》是以“气”为生成主体，并以秩序与“气”之互动为原始生成动力的生成论。它的文本结构比《太一生水》复杂，以类似《太一生水》的三序列为主干，并将说明性文字掺杂其间：

以下左图中的三个序列整理自《恒先》中的三段论说的主干部分：

Ⅰ恒先无有，质、静、虚。质大质，静大静，虚大虚。自厌不自

[1]《太一生水》文本主要依据刘钊著：《郭店楚简校释》，福建人民出版社，2005年，第42页。部分文字、断句有改动。

忍，或作。有或焉有气，有气焉有有，有有焉有始，有始焉有往者。

Ⅱ 或，恒焉，生或者同焉。昏昏不宁，求其所生。……求欲自复。复生之生行，浊气生地，清气生天。

Ⅲ 有出于或，生出于有，音出于生，言出于音，名出于言，事出于名。

横向的说明性文字共有四部分，见于右图。这部分文字在原文中与主干部分掺杂，兹列举如下：

① 未有天地，未有作行，出生虚静，为一若寂，梦梦静同，而未或明、未或滋生。

② 异（翼）生异（翼），鬼（畏）生鬼（畏），韦（伟）生非（悲），非（悲）生韦（伟），哀生哀。……气信神哉，云云相生，伸盈天地，同出而异性，因生其所欲。察察天地，纷纷而复其所欲。明明天行，唯复以不废。知既而荒思不实（殄）。

③ 同出而异性，因生其所欲。察察天地，纷纷而复其所欲。明明天行，唯复以不废。

④ 或非或，无谓或。有非有，无谓有。生（性）非生（性），无谓生（性）。音非音，无谓音。言非言，无谓言。名非名，无谓名；事非事，无谓事。[1]

《恒先》处于两种生成论融合的初期，同时还吸收了其他学说，因此掺杂了不少说明性文字，显得比较臃肿。不过，其以“有”“生”“出于”等谓词联结线性序列的言说方式，明显与《太一生水》的“成”和“生于”属于同类。经过战国中晚期的发展，太一学说与气论在《鹖冠子·环流》篇中形成简明扼要、条理分明的形态。而其言说方式，仍然延续了《太一生水》的三段式传统：

① 有一而有气，有气而有意，有意而有图，有图而有名，有名而有形，有形而有事，有事而有约。约决而时生，时立而物生。

[1] 对《恒先》的释读主要依据马承源主编：《上海博物馆藏战国楚竹书（三）》，上海古籍出版社，2003年，第288—294页。部分文字、断句有改动。

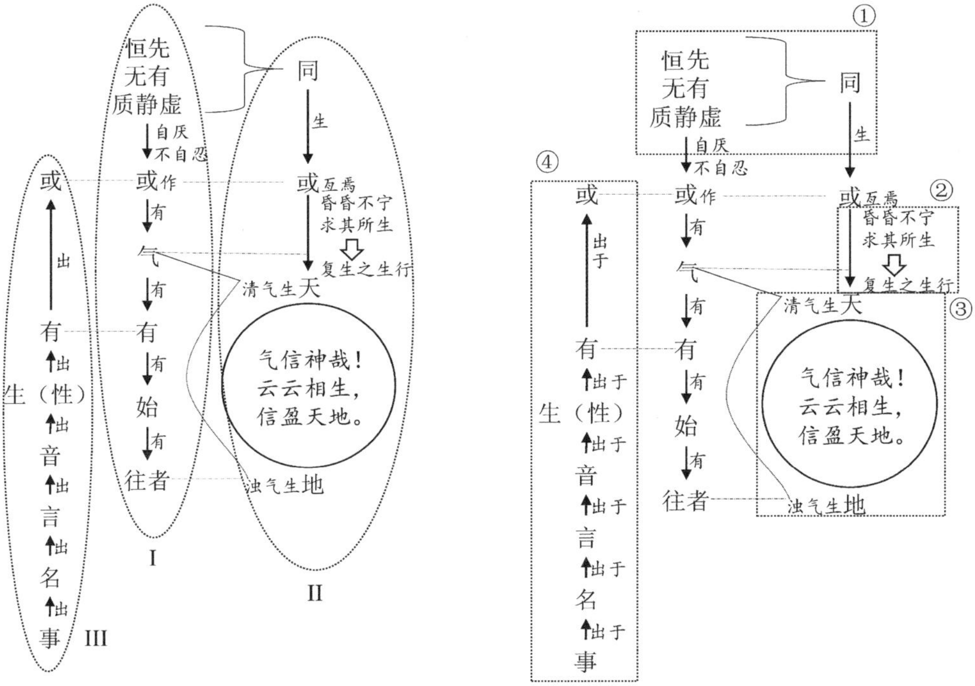

图4 《恒先》生成论图式

② 故气相加而为时，约相加而为期，期相加而为功，功相加而为得失，得失相加而为吉凶，万物相加而为胜败。

③ 莫不发于气，通于道，约于事，正于时，离于名，成于法者也。法之在此者谓之近，其出化彼谓之远。近而至故谓之神，远而反故谓之明。[1]

《环流》篇的三序列，看似比《恒先》简单，实则其序列间的关系，不再像《太一生水》或《恒先》那样只是简单的回溯或互相补充，而是各有其主题：第①序列描述的是万物生成，第②序列是对《鹖冠子》中另一重要概念——“势”之来源的解释，第③序列则高度精练地描述了秩序生成的几个重要关节，并一一点明其作用。

对时间秩序的认识是神话传统高度发展的结果，这一大传统在小传统中的

[1] 黄怀信撰:《鹖冠子校注》，中华书局，2014年，第65—71页。

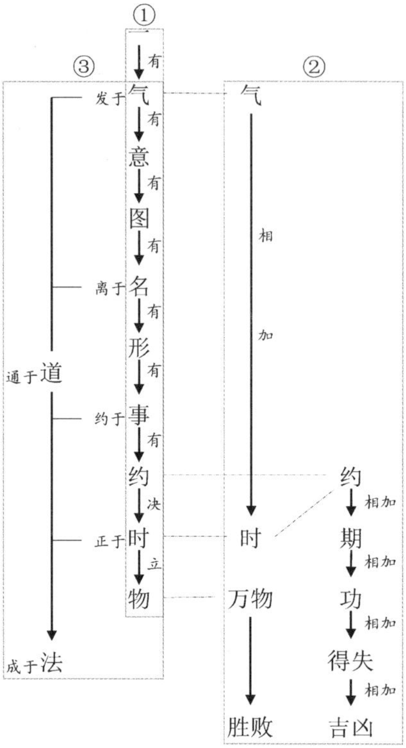

图5 《环流》篇生成论图式

发展，是从对时间秩序的理性化描述（“太一行于时”）到对空间秩序的强调（“伸盈天地”）再到对自然法（法、吉凶）与物之秩序（胜败）的认识。相似文本结构中所承载的内容上的这种变化，反映的是抽象化的过程。生成论中的这种文本结构，虽然未必是神话话语中线性时间重新介入的结果，但其作为对神话传统的“继绝”和新变，则是毋庸置疑的。

四、结语

本文以晚周秦汉之际宇宙生成论中的一部分材料为分析对象，试图研究读写传统形成初期，哲学话语与神话话语的互动关系，而尤以前者对后者的继承、利用为主。这一研究方法直接受到柯克、摩尔根等学者研究古希腊神话与哲学之方法的启发，希望作为比较古典学的一种尝试，起到抛砖引玉的作用。

就中国古典时期的实际情况而言，本文的研究进路，目前至少可以看到以下三点不足。在此提出，暂且作为本文的结语，亦可资下一步研究准备、参考。

第一，宇宙生成论虽然纵贯战、汉，但其核心文献都是道家文本，并不能全面观照这一时期的思想进展。并且，本文以生成论为分析对象，是因为生成论与神话话语中的创世论有不言而喻的共通性，亦不能全面覆盖这一时期的哲学进路。如果由此得出神话对哲学影响重大的结论，势必会出现说服力不足的问题。

第二，虽然二元对立的预设是从阴阳思想到《老子》都遵循的讨论方式，但预设神话与哲学之对立的做法是否合适，早已有学者提出质疑。即便二元说可以基本成立，神话与哲学的张力是否就是在哲学与生成论鼎盛的战国时期达到顶峰？在小传统的早期阶段——甲骨文、金文和春秋时期——的材料中，体现的又是神话与哲学的何种关系？

第三，作为思想史材料的出土文献日渐丰富，难以归入神话传统或哲学传统的“中间材料”，也不可忽视。如本文涉及的帛书与帛画中的学说、神话，就多被视为民间信仰。对“神话与哲学”这个话题而言，此类材料在很大程度上会干扰讨论的聚焦——既不能武断地将它们视为大传统的延续，又不能简单地将它们看作小传统的社会基础。它们对大传统的“继绝”乃至延续、发展显然要强于小传统，但又确实地参与了小传统对抗性的建构活动。在神话与哲学之间，如何恰当地处理这些“中间材料”？这一任务的完成程度，将直接影响本文所提出的研究进路的解释力。

附录　如何探寻文化的“底牌”
——“中华创世神话上海论坛”会议综述

孙梦迪[1]　唐启翠[2]

（1，上海交通大学，上海，200240）
（2，上海交通大学，上海，200240）

摘要：作为对上海市委宣传部“开天辟地——中华创世神话文艺创作与文化传播工程”和上海市社会科学创新基地建设工程的积极回应，2017年12月22日，“中华创世神话上海论坛”在上海交通大学徐汇校区举行。上海交通大学创世神话基地与神话学研究院揭牌成立，这是上海市成立的首个新一轮社会科学创新基地，并汇聚全国学术精英力量的学术平台。本次论坛主题为“中华创世神话的文化精神”，下设三个分论坛：① 创世神话的理论研究及当代意义；② 中华创世神话的类型与谱系；③ 中华创世神话的艺术性转化研究。与会专家学者从各个角度展开了讨论，并达成共识：中华创世神话蕴含着中华民族精神、文化基因和生存智慧，创世神话及其相关仪式活动展演为文化共同体奠定了基本价值观和思维模式。中华创世神话具有文化底牌意义，相关学术研究要走出书斋，走向公众，转化成民众喜闻乐见的文化成果。

关键词：创世神话；文化精神；大历史；谱系；玉石

中华创世神话作为中华优秀传统文化重要组成部分，有着生生不息的强健活力，蕴含着永恒艺术魅力和民族文化智慧。为了响应十八大以来习近平总书记关于传承中华优秀文化传统、增强文化自信的重要指示，以及党的十九大报告指出的“人类共同命运体”理念。作为对上海市委宣传部“开天辟地——中华创世神话文艺创作与文化传播工程”和上海市社会科学创新基地建设工程的积极回应，2017年12月22日，由中共上海市委宣传部主办，上海市社会科学界联合会、上海市文学艺术界联合会和上海交通大学承办的“中华创世神话上海论坛”在上海交通大学徐汇校区举行。中共上海市委宣传部副部长燕爽，上海市文学艺术界联合会党组书记尤存，上海市社会科学界联合会专职副主席任小文，上海交通大学党委常委、副校长奚立峰，上海市社科规划办主任李安方，以及来自全国各高校的多民族专家学者，文艺界知名人士，各高校文科负责人，精裕人文基金理事长施永敏等100余人参加了此次论坛。论坛由任小文副主席主持。本次论坛有两项主要议题：其一，上海交通大学创世神话研究基地和神话学研究院揭牌成立仪式；其二，“中华创世神话的文化精神”研讨会。

上午开幕式上，奚立峰、燕爽从管理者和国家文化战略角度致辞。奚立峰首先代表上海交通大学致欢迎辞，他高度肯定了中华创世神话在中华优秀文化传统中的根脉意义。上海交通大学积极响应上海市“开天辟地——中华创世神话文艺创作与文化传播工程”，对接新成立的上海市社会科学创新基地建设，协调校内外相关学科力量，成立上海交通大学神话学研究院，努力建设国内和国际领先的一流学科，让神话学重新讲述的中国故事和中国经验，迈出让“中国文化走出去”的坚实的一步。燕爽的致辞高屋建瓴地指出，中华创世神话学术研究是上海市委宣传部着力推进的“开天辟地——中华创世神话文艺创作与文化传播工程”的重要组成部分，“中华创世神话上海论坛”的举行，是上海中华创世神话学术研究高地建设工程全面启动的标志，中华创世神话学术研究要走出书斋，走向公众，转化成民众喜闻乐见的文化成果。上海交通大学中华创世神话基地是上海市成立的首个新一轮社会科学创新基地，期待上海交通大学能够切实加强对基地的领导，提供有效的支持和保障，搭建好神话研究的学术平台。

燕爽和奚立峰为上海交通大学中华创世神话研究基地和上海交通大学神话学研究院揭牌。尤存和杨庆存为首批承担学术课题研究的15位专家颁发特聘研究员聘书。作为新一轮上海社会科学创新基地评选的第一个基地，中华创世神话研究基地具有示范性、先锋性、典型性的重要意义。

上海交通大学讲席教授、文学人类学研究会会长、中华创世神话基地首席专家叶舒宪，中国人民大学原副校长杨慧林教授，上海市文艺评论家协会主席、复旦大学中文系汪涌豪教授，上海交通大学人文学院院长杨庆存教授分别在论坛上做了学术主题发言。叶舒宪《创世神话作为文化的“底牌”》从人们习以为常的各种景观或物象，如天水伏羲庙匾额“开天明道”、取法《周易》开天辟地神话模式的紫禁城中的太和殿及匾额“建极绥猷”、乾清宫、坤宁宫、交泰殿、昆明市中心的开天辟地门以及随处可见的宇宙卵的中国变体——吉祥葫芦，形象直观地展示了创世神话对世人生活和思维模式的潜移默化式型塑。深入浅出地揭示了作为万物起源叙事的创世神话所具有的文化底牌意义：不仅型塑文化共同体的基本价值观、历史观和思维模式，而且是永不枯竭的文化资本和文化自信力的源泉。杨慧林《创世神话的现代理解——从“圣言创世”到“谓词的自足性”》则从中西文化比较的角度，提出通过“故事”建构“意义”的创世神话，其价值不在于真实，而是借助“叙述”编织起自己的语言结构和符号系统。语言作为西方哲学的基本问题，从《圣经·创世记》中“圣言创世”的“不可理解性”到巴丢的“谓词式的描述是自足的”的观点，可以找到深刻的关联。杨庆存《新时代神话研究的新视域与着力点》从人类意识、国家观念、现实意义、学科建设、前瞻愿景、原创成果六个层面高屋建瓴地论述了神话研究的现实意义：神话是人类思考“人从哪里来、人的生存发展、人与宇宙自然关系”的重要形式，神话学研究对人类文化寻根和诠释人类命运共同体意义重大。中华创世神话研究是为中华民族溯源铸魂、培根固元的基础工程，是重述中华文明历史、实现民族振兴之梦的新机遇，也是形成世界神话研究中心、创建世界一流学科的着力点。神话学成为开拓和引领人文研究的热点，已经发展为文化寻根、民族记忆与文明发生史研究的重要方面。

下午的研讨会围绕主题分设三个论坛：① 创世神话的理论研究及当代意义；② 中华创世神话的类型与谱系；③ 中华创世神话的艺术性转化研究。与会专家学者从各个角度展开了讨论，具体如下。

一、创世神话的理论研究及当代意义

创世神话在各民族的神话中具有源头性意义。新时期以来，伴随着新一轮的西学东渐之风，中国的创世神话研究也逐渐接受了文化研究方法和西方结构主义的研究范式。特别是文学人类学者，将神话置于跨学科和交叉学科研究视域，从文学文本延伸至文化文本，大大拓展了神话的研究范畴。与此同时，文学人类学派积极创立具有中国话语影响力的本土理论体系，如四重证据法、文化大传统、神话历史、N级编码理论、玉石神话信仰等，在理论创新和个案研究方面均取得重大突破。这种探索充分体现在本分论坛的讨论中。与会学者提交的论文大体可分为两种类型：

第一类立足于文化文本，特别是利用考古发现的新材料，以具体个案展示中华创世神话理论研究的当代意义。上海交通大学创世神话研究基地首席专家叶舒宪为本次论坛提交了两篇文章，其中《创世神话的思想功能和文化多样性》这样总结了文学人类学的创世神话研究路径：“文学人类学经过三十余年的发展，将中国的创世神话研究从与神话哲学、思想史的发生学研究拓展至与神话历史渊源、因果关系的探讨。”论文通过关注两个具有创世神话意味的人类终极疑问“我从哪里来”“我该向何处去”，结合当代全球史、大历史的写作潮流，提出创世神话具有人类思想范型的重要功能。创世神话通过讲述宇宙起源和人类由来的故事，给族群奠定最基本的文化观念和命运共同体意识。中华多民族遗产中蕴藏着大量的创世神话作品，这些遗产具有被当代激活和创造性转化的潜能，也是文化多样性的表现。叶教授提交的第二篇论文《天熊伏羲创世记——四重证据法解读天水伏羲文化》结合文献记载伏羲“黄熊氏”（一重证据），楚帛书天熊伏羲创世神话（二重证据），天水伏羲神话传说、熊戏与华夏能量系统的关联、日本北海道原住民的猎熊传统（三重证据），天水出土镶嵌绿松石熊形铜牌解读（四重证据），重建了天熊神话从史前图腾崇拜到先秦楚国神话文本的建构过程。该文再次示范了如何利用新材料和四重证据法开展创世神话研究。文学人类学研究会前会长萧兵的《世界的创新》，从人们既熟悉又陌生的饺子、馄饨、粽子、爆竹和元旦的“岁且更始”引入话题，认为世界的创造是多次完成的，每一次的创造都是一次革新，都是一次开放。从哲学的角度来看，创世就是光明战胜了黑暗，秩序战胜了混沌，文明战胜了蒙昧，是人类从无知走向智慧、走向理性，不断看见光明，积累知识，积累智慧，以至于不断创造的过程。创世神话是一个除旧布新、历久弥新的神话。中国传统文化中“吃馄饨”“点爆竹”都有破除黑暗，迎接光明的意义，揭示了创世神话就传承在我们的节庆仪式生活中。上海交通大学唐启翠的《创世神话与神话历史：以大禹治水—禹赐玄圭为中心》，立足龙山文化晚期以来的洪灾遗迹和玉礼器实物，从一个被研究者忽略的事件及器物“禹赐玄圭”视角，重新考察了大禹治水神话与创世神话的关系。大禹平治水土神话不仅是公元前2000年之际对华夏潜水型（息壤）创世神话的重演，而且宣告成功和象征天命的“玄圭”即“禹赐玄圭”正是开创夏朝和华夏新世纪的标志性事件，并成为后世德功垂世的理想开国模式。玄圭是夏禹功德和天命瑞令王天下的核心圣物，因此也成为改朝换代创世记的瑞令。中国社会科学院文学研究所谭佳的《中国有没有创世神话：以〈春秋〉为例》，通过学界对华夏是否有创世神话的对立看法出发，思考中国文明起源特点及中国文化特质问题。中国文明起源特点以及传承方式突出体现在天人有机一体的持续运作中，不是在神人二元对立的创造和启示中。以《春秋》为例，元年春王正月是创世神话的隐喻，这样一种叙事方法体现在以玉为代表的文化功能背后。

第二类立足于创世神话中人的主体性及其认知原理，探讨创世神话研究的当代意义。如厦门大学彭兆荣在《神圣“中心”——创世神话中的认知原理》中认为，创世神话不仅意味着历史的产生，也意味着人类的产生。创世神话其实是一种认知，是以人为中心来看待世界之创生的。中国一方面是世界的中心，同时又是世界的远东，在近代历史中，中华民族自己的文化被排挤到非常边缘的地步。我们今天强调中华民族的创世神话，一方面要与西方的话语权力抗争，争夺话语权；另一方面要注意到中华文明也存在自我中心的问题。四川大学徐新建的《万物有灵的世界与智能主导的历史》，针对人工智能对人文的挑战，认为人类拥有另外一种潜在力量，根基性地决定着人类的生存方式，这就是万物有灵信仰。保存这种滋养自身文化的传统灵性特征，是创世神话的前提。神话，是人与万物相互关联的故事，是人们在同外界和自我交往中对生命存在于宇宙的认知、理解、表达。神话，不仅是进化论认为的那种蒙昧的认识，作为有机整体的思维方式，神话不但是过去的、也是指向未来的。在人工智能时代全面来临之际，神话也将再度登场。上海交通大学高宣扬的《创世神话：人类命运共同体的最原始畅想曲》认为，人类从诞生之日起就在不断追求最优化的生存方式。人类创造了一系列的神话来表达理念，抒发情感，并总结生活经验。因此，神话建构了人类文化创造的基本模式。创世神话隐含着生命的奥义，记载了人类从动物变成人、从自然走向文化的故事，并永远讲述着文化与自然既可伸又可缩的灵活关系。在当今西方文化占据霸权地位的情势之下，重新发掘中华创世神话的价值观，是建构人类命运共同体的保障。上海交通大学胡建升的《人是什么——中华创世神话的原初智慧与心性结构》认为，重提中华创世神话，可以重新发现中华优秀文化中的“非人本中心主义”思想元素，为人类解决自身文化危机提供了新模式。文章梳理了自《周易》到《三五历记》的中国古代典籍，整理成中华创世神话的生成图式，根据原型编码理论分为原初大道（0-0）、太极混沌（0-1）、天地阴阳（0-2）和万物生成（0-N）编码体系。中央民族大学林继富的《如何理解创世神话中的“人”》，同样从关注“人”的角度出发，认为创世神话本身是人创造的，但中国神话学的研究没有特别关注人。在创世神话中，原始人从一开始就意识到自身的存在，并且对于自我生活范围的环境有明确的感知，即创世神话展现了原始人对自我力量的一种认识过程。林教授将创世神话分为自生型（大自然是气体、元素的交合运动，人的因素比较少）、动物型、巨人化身型、动物被化身型、祖宗型五类。从中可见人的力量、意识是如何一步一步地被发现，进而促使人类发现自我的过程。四川大学李菲的《嘉绒藏地的“世界”想象：创世神话、神山信仰与生境传说》，以嘉绒地区流传的“鹏鸟卵生”创世神话、族源神话、

“墨尔多”神山信仰和金川“神仙包”山川传说为例，通过多重文本间的比较和关联尝试指出，“世界”在创世神话/族源神话、神山信仰与生境传说中均是核心要素。

还有从创世神话与中华民族认同关系进行探讨的，如广西民族大学徐杰舜的《中华民族认同的原生形态》，认为创世神话涉及中华民族的认同问题，是后者的原生形态。以往对中华民族认同的研究都是“流”，“源”的问题尚无人探讨。中华创世神话上海论坛是一个很好的开端。上海文艺出版社徐华龙的《创世神话是对远古时期的文化记忆》认为，创世神话表现的是真实历史，体现了创造人类文明的过程。对创世神话的研究具有重要价值：弥补中华民族早期历史的空缺和不足，有助于中华民族的团结与认同。

综上，本分论坛与会专家通过研讨达成基本共识：创世神话的理论研究具有重要意义，各民族的创世神话以各种形式留存于世，与当代社会文化、认知方式、人类命运共同体有深刻关联。与会专家普遍注意到中华创世神话在当代的独特价值和意义，凸显发掘中华创世神话资源，建构中国神话思想体系、学术体系、话语体系的使命意识；同时紧密结合文学人类学的理论研究成果，将创世神话与神话历史、玉石神话信仰结合起来，通过深入的个案研究予以突破，积极推进创世神话研究从“中国神话”向“神话中国”的转化。

二、中华创世神话的类型与谱系

分类是对创世神话做整体研究的学术基础。中华创世神话的类型和谱系的专题研究已有很多学者做过述评工作。本次上海论坛研讨除对中华创世神话类型、谱系、母题、演进路径做了进一步的梳理和深化以外，重点是经典文本中创世神话的新发现和田野调研资料的新认识，为进一步研究奠定了基础。本分论坛讨论大体分为三种路径：

第一类是对经典文本中创世神话的新发现、新解读。如山东大学刘宗迪的《〈山海经〉与中国创世神话》，认为《山海经》本身是图画，要根据画面的节奏来阅读。刘教授以《大荒经》为例，一般来说，按照文本阅读的习惯，应从《大荒东经》读起，但若从画面的角度，《海内经》叙述的才是画面正中心的位置，也是最重要的内容。《海内经》最后一段中的洪水滔天、填海造地的故事就是中国的创世神话，是《山海经》神话体系的创世记。陕西师范大学李永平、黄群英的《德福配享神话：宝卷创世神“无生老母”信仰溯源》认为创世女神的原型是普通的母亲，神话提供了母亲原型的诸多变体，无生老母就是创世神话中一位善良慈爱的母亲。在我国少数民族神话里也不乏有母神的影子，这体现了人们对女性生殖力和创造力的崇拜与好奇。在哲学层面上，德福一致在某种程度上被视为一种神话伦理。上海海关学院尹荣方的《创世神话与〈诗经〉玄鸟》认为，我国创世神话的演绎常与新年结合，《诗经》玄鸟陈述的仪式就是新年仪式。玄鸟展现了当时人们在殷代制度下人民安居乐业、天人和谐的境界。中山大学蒋明智的《〈精卫填海〉神话的文化内涵》一文，从三个方面总结了《精卫填海》的文化内涵。一是精卫填海和女娲补天一样属于开辟神话，展现了世界的毁灭和重建；二是精卫死后化为鸟，栖息于栗树之上，栗树是灵魂再生之所，因为此精卫填海包含着再生与复活的主题；三是精卫填海体现了中华民族生生不息的抗争精神，对中华创世神话的传承有着重要的意义。

第二类是对创世神话类型和谱系的宏观勾勒和理论阐释，如中国社会科学院民族文学研究所王宪昭的《中国创世神话母题的类型与体系——以〈中国创世神话母题（W1）数据目录〉为例》，探讨了创世神话母题目录的主要构成、应用价值及目录建设的相关问题。华东师范大学田兆元的《创世神话的概念、类型与谱系》，将中国创世神话的基本框架列为开天辟地、人类创生、万物创造、建德立伦和制度开创五大类。田教授认为创世神话并不是一开始就有，而是人类思维和社会发展到较高阶段的产物，具有文化统一性、社会整合性、思维系统性等特点。上海交通大学高有鹏的《关于中华创世神话谱系与神话重构问题》认为，目前神话重构中文献使用的问题需要得到关注，过度摈弃文献的倾向应该得到矫正。从文献中可见，中华创世神话中的盘古神话是在不断重构和变异的，尧舜禹神话也是后人根据自己的文化诉求不断修正的。厦门大学张开焱的《从组合型向世界祖宗型的发展演化——楚帛书创世神话类型研究》认为，楚帛书原文本创世神话类型，基本是一个世界祖宗型框架中的组合型神话，这个神话中的创世元神是楚人祖神伏羲，但参与创世的诸神中，除了“四神”外，其余神祇与伏羲在原文本中均无血缘关系，它们分别是夏商神祖，楚人在创世神话中将他们纳入了自己的创世神话体系，但并未完成将他们都血缘化和世系化的工作。这些神祇与伏羲的血缘化与世系化是在汉和汉以后的历史进程中完成的。山东大学郑杰文的《创世神话传说的内容及其文化扩展》，认为中国创世神话主要有天地开辟和人类始祖两类，各有相应的文化延伸。天地开辟类神话传说包括天地开辟、抵御灾害、工具创造；文化延伸有宇宙结构理论的诞生和原始五行思想的发生。人类始祖类神话传说包括抟土造人、聚气为人；文化延伸有生死关系的思想命题等。上海政法学院沈海波的《略论中国创世神话的演变》从微观视角探寻了中国古代创世神话的生成和演变规律，认为神话与特定上古社会状况有紧密联系，随着上古社会的进步，创世神话亦有演进的特点，如大禹疏水与古代水利技术的进步相吻合。

第三类是对某一类型或某一族群创世神话的深入研究，如上海社会科学院毕旭玲的《中国水神话的演进路径及其谱系》，分析了中国创世神话三大谱系之一的水神话谱系，梳理出一条演进路径：混沌（帝江）——无夷（冯夷）——共工——鲧——禹。华中师范大学孙正国的《中华白虎神话的文化谱系与文化认同》通过三个重要的考古发掘引入中华白虎神话的三种形态——创世神、西方主神、镇宅除恶之神，梳理了白虎神话的文化谱系，指出作为中华文化“四象体系”之一的白虎神话的文化认同作用。北京大学刘树森的《希腊创世神话与秩序的构建》认为，古希腊神话将宇宙起源与秩序的构建联系在一起，二者相辅相成，构成一个整体，成为古希腊神话乃至整个古希腊文明的核心内涵之一，并由此产生了重要而深远的影响。作为西方文明的重要源泉之一，古希腊神话中有关宇宙起源与秩序的构建之间所具有的密切关系，对后世文明的发展具有母题的价值与意义。西北民族大学宁梅的《藏族的尸体化生型神话》主要探讨了藏族龙母化生型的神话、相关的龙神信仰及其与苯教“三界宇宙观”的关系问题。中央民族大学那木吉拉的《阿尔泰创世神话的分类与谱系》从语言学的角度研究神话，将阿尔泰语系民族视为整体，并与其他民族神话进行了比较研究。湖北民族学院柳倩月的《“推原”与神话历史：土家族创世神话论》聚焦武陵山区土家族民族史诗《摆手歌》中的创世神话内容，认为

《摆手歌》中的“天地、人类来源歌”“民族迁徙歌”等包含着推原性质的想象逻辑，再造了根源谱系、建构了确立根本的秩序法则，正是土家族人创造的神话历史。

从以上讨论中可见，中华创世神话类型和谱系的研究路径更加多样化，加入了大数据、人类意识过程、古代技术水平等角度新颖的分类方式，并注意到谱系研究应延伸至当代仪式表演的实践层面。富有创新意义的、深入的多民族田野调查材料，是未来研究的期望。

三、中华创世神话的艺术性转化研究

文学人类学者积极推动神话与文化符号、文化创意产业研究：《文化与符号经济》是国内第一部研究各国神话学资源现代产业转化的著作，已经对中国的文创产业发挥出重要作用；《文化符号学——大小传统新视野》，初步实现了中国版文化理论体系的创建。本次上海论坛的艺术性转化研究，涉及玉路和玉器纹饰、铜鼓日纹、墓葬艺术等物质文化以及大洋洲土著神话、巫咸孝文的仪式表演等非物质文化遗产。学者们深入探究了这些器物、仪式背后的信仰模式和文化内涵，并反思当代神话资源的传承意义和方法。相对来说，创世神话艺术性转化为文化成果的途径分析较为少见。本分论坛主题也可分为三类：

第一类从实物与图像的神话研究意义切入，考古发现绵延9000年的玉文化、玉料运输、治玉技术、玉器及其信仰传播的玉石之路，不仅凸显了中华文明的独特性，也蕴藏着神话密码和神话景观。中国社会科学院考古研究所王仁湘的《攻玉：史前中国造神运动中的第二次艺术浪潮》通过展示良渚文化玉器图片的双线条效果图，说明这些玉器突出刻画了神面，尤其是神的眼睛，这与仰韶文化的彩陶一脉相承。彩陶与玉器纹饰上的神之眼，可能与太阳神崇拜有关，这些构图说明史前时期的中华大地存在一个一以贯之的信仰系统。中国社会科学院考古研究所邓聪的《东亚最早玉器与玉路的探索》认为，研究玉文化、玉神话需要更大的文化地理景观。空间上要涵盖整个欧亚大陆和非洲，时间上要上溯至3万年前。因为欧亚大陆两三万年前所用的工具都非常相似，西伯利亚西南部、中部的贝加尔湖的玉料非常重要，我国东北地区以及受东北地

区影响的黄河流域、长江流域的文化工艺技术、类型也都是一以贯之的。中国社会科学院民族学人类学研究所易华的《试论中华建国神话》认为，创世神话包含建国神话。自尧舜时代到如今，中华建国神话包含着两种传统。一是尧、舜、禹时代以玉帛为象征，通过契约、玉帛之礼禅让建立国家；二是炎帝、黄帝、蚩尤时代以武力为建国的模式。这两个神话体系在中国历史传统中或并列或交叉，一直存在。

第二类从神话-仪式展演的视域切入，如东南大学汪小洋的《"洪水造人"神话的死亡结构与重生信仰意义》，认为"洪水造人"神话的表层结构分为"多人造人"和"单人造人"，都具有死亡的内容和大难后重生的性质；深层结构则是在原始社会生殖崇拜的背景下洪水来临与生育过程的相似性。洪水神话中的生死问题一直紧密结合在一起。此外，在中国本土宗教中存在着大量关于"重生"的宗教现象，如绵延数千年之久的墓葬艺术中的"重生"内容。上海交通大学安琪的《铜鼓日纹的神话原型与文化解读》重点考察了中国南方铜鼓的日纹背后隐藏的观念和信仰功能，以地方性仪式和神话为中心来考察，揭示出铜鼓的原发性功能与"祀日"和"祓社"的农业祭祀存在紧密关系。重庆文理学院刘壮的《神人二元与神话演述：基于巫咸孝文的调查与反思》对巫咸孝文这样一个特定的文化事项，从非物质文化遗产的保护、民间仪式活动行为的"叙述"意义以及巫咸孝文的叙事模式等方面进行介绍，进而反思神话与历史的关系问题。扬州大学王倩、悉尼大学赵晓寰的《论大洋洲原住民创世神话研究趋向》，梳理了20世纪以来英文学界对澳大利亚与毛利神创世神话的研究成果。指出大洋洲创世神话的研究在表述中出现了两种值得注意的现象：一是土著学者对文化与认同的认识，更多毛利学者倾向于在重要的学术场合以口传和仪式这两类方式来表演其创世神话；二是白人学者对原住民创世神话的再表述，既是对原住民神话的间接的脚注，也是一个是艺术再创造的过程。大洋洲创世神话研究对反思中华创世神话研究也有一定的借鉴意义。

第三类从理论上讨论原始艺术或创世神话传承的方式和意义。如北京大学陈岗龙的《潜水神话的当代意义》从英雄史诗的起源与潜水神话关系入手，认为潜水神话是创世神话的一个类型，包含着世界的创造、秩序的建立。陈教授认为创世神话的研究不能仅仅局限在神话这个层面上，还应该把神话、史诗、民间故事都结合在一起进行整体研究。潜水创世神话的当代意义也很丰富，比如理解《老人与海》的创作源头、理解因众神分配不均而导致的矛盾与今天的国际关系问题等等。兰州大学程金城的《原始意象与当代价值——中华创世神话再认识》认为，在当代的历史语境下，中华创世神话负载着宇宙发生论、人类起源史和中国哲学雏形的原始意象。中华创世神话在当代的阐释为人类重新审视历史、反躬自省提供宝贵的机会。上海大学黄景春的《创世神话的当代传承方式》认为，创世神话的传承方式非常多样，当下的口头讲述和各种影视剧、动画片对创世神话的表述不可忽略。神话研究仅仅依靠文献是远远不够的。

论坛闭幕式由上海交通大学文科建设处吴建南教授主持，三个分论坛主持人分别介绍各组讨论情况后，任小文主席总结发言。任主席认为此次中华创世神话上海论坛的研讨为文艺创作、文化传播工作奠定了坚实的学术基础，为进一步提高中华文化的影响力、国际影响力、打破西方文化中心论，中华文化走向世界并与西方文化平等对话创造了条件。中华创世神话具有文化底牌意义，相关学术研究要走出书斋，走向公众，转化成民众喜闻乐见的文化成果。任主席还提出了关于中华创世神话工程的几大纲领性设想，包括编撰中华创世神话研究大系，举办国际论坛，加强研究基地建设、创办学术刊物、成立学术社团等。此次论坛的召开，标志着中华创世神话学术研究高地建设工程的全面启动。

开展中华创世神话研究、文艺创作与文化传播工作有着重要意义，是中国文化培根固元的基础工程，是为中华民族塑魂铸魂的文艺复兴工程，是实现中华民族伟大复兴梦想、增强文化自信、提高文化软实力的时代命题。中华创世神话研究，是推进中华优秀传统文化传承发展工程及中华文化走出去战略的重要选择之一。中华创世神话研究服务于上海市文化战略发展需求，推进中华创世神话研究，有助于不断提升文化产业竞争力和影响力，打响上海文化品牌，推进上海文化发展，传承弘扬中国优秀传统文化，为建设国际文化大都市做出应有贡献。